国家职业教育铁道交通运营管理专业教学资源库配套教材
职业教育·铁道运输类专业教材

铁路重载运输

叶清贫　杜卫芳　**主　编**
杨　沁　刘盛蓝　吴文英　曾　毅　**副主编**
　　　　　　　　侯安泽　熊　华　**主　审**

人民交通出版社股份有限公司
北　京

内 容 提 要

本书为国家职业教育铁道交通运营管理专业教学资源库配套教材、职业教育铁道运输类专业教材,主要面向铁道运输企业车站值班员、调度员、信号员等行车相关岗位,以及货运员、货运检查员等货运相关岗位,在融入岗位职业能力、岗位工作标准和职业技能考核标准的基础上,帮助学生系统掌握铁路重载运输组织工作的知识和技能。全书共分七个模块,包括铁路重载运输概述、铁路重载运输设施设备、铁路重载运输货运站作业组织、铁路重载运输技术站作业组织、铁路重载运输中间站作业组织、铁路重载运输安全管理、重载铁路运输组织案例。

本书可作为职业院校铁道交通运营管理专业及其他铁道运输相关专业的教材,也可作为铁道运输行业岗位培训或自学用书,同时可供铁道运输从业人员学习、参考。

本书配套丰富的助教助学资源,请有需求的教师通过加入职教铁路教学研讨群（QQ 群 211163250）获取。

图书在版编目(CIP)数据

铁路重载运输 / 叶清贫, 杜卫芳主编. — 北京：人民交通出版社股份有限公司, 2022.12
ISBN 978-7-114-18069-9

Ⅰ.①铁… Ⅱ.①叶…②杜… Ⅲ.①铁路运输—重载铁路—职业教育—教材 Ⅳ.①U239.4

中国版本图书馆 CIP 数据核字(2022)第 110282 号

国家职业教育铁道交通运营管理专业教学资源库配套教材
职业教育·铁道运输类专业教材

书　　名：	铁路重载运输
著 作 者：	叶清贫　杜卫芳
责任编辑：	钱　堃
责任校对：	赵媛媛　龙　雪
责任印制：	刘高彤
出版发行：	人民交通出版社股份有限公司
地　　址：	(100011)北京市朝阳区安定门外外馆斜街 3 号
网　　址：	http://www.ccpcl.com.cn
销售电话：	(010)59757973
总 经 销：	人民交通出版社股份有限公司发行部
经　　销：	各地新华书店
印　　刷：	北京虎彩文化传播有限公司
开　　本：	787×1092　1/16
印　　张：	15.25
字　　数：	390 千
版　　次：	2022 年 12 月　第 1 版
印　　次：	2024 年 6 月　第 2 次印刷
书　　号：	ISBN 978-7-114-18069-9
定　　价：	49.00 元

(有印刷、装订质量问题的图书,由本公司负责调换)

前言

【编写背景】

货运重载化是世界铁路发展的重要方向之一,也是一项庞大的系统工程。铁路重载运输是铁路现代化的重要标志之一,它是指在一定的铁路技术装备条件下,采用大功率内燃机车或电力机车,增加列车编组长度,提高列车轴重和牵引质量,采用特殊运输组织方式等措施,使牵引质量和输送能力达到一定标准的运输方式。

"客运看高铁,货运看重载"。我国重载运输线路已形成主要的通道,如西煤东运通道大秦铁路、朔黄铁路、瓦日铁路,北煤南运通道浩吉铁路。这些重载铁路线路在我国大宗货物运输中发挥着重要的作用。

【教材定位】

铁路重载运输是高等职业教育铁道交通运营管理专业的一门专业拓展课,课程目标包括掌握铁路重载运输线路、机车车辆、通信信号和供电基本知识;掌握铁路重载运输货运站、技术站、中间站作业组织;掌握铁路重载运输安全管理;了解铁路重载运输车站的设计技术标准等。

本书是国家职业教育铁道交通运营管理专业教学资源库"铁路重载运输"课程的配套教材,也是国家职业教育铁道交通运营管理专业教学资源库的核心成果之一。为实现课程培养目标,本书的内容选择和教学设计是通过校企双元合作,在大量企业调研工作的基础上完成的。本书既可作为职业院校铁道交通运营管理专业拓展课程的配套教材,也可作为铁路运输企业职工培训教材。

【特色创新】

本书在编写过程中深入贯彻党的二十大精神,贯彻落实《国家职业教育改革实施方案》(国发〔2019〕4号)(又称"职教20条")、《职业院校教材管理办法》(教材〔2019〕3号)等文件精神,融入最新教育、教学和教材开发理念,将课程思政理念有机融入教材对应学习项目中。本书主要有以下特色创新:

1. 教学设计体现模块化学习理念

遵循技术技能人才成长规律和学生认知特点,在对行车相关岗位、货运相关岗位进行职业能力分析的基础上,对接企业岗位工作标准和技能鉴定标准。以真实生产项目、典型工作任务、案例等为载体组织教学内容。全书设计了七个模块,模块一铁路重载运输概述,介绍了铁路重载运输的基本概念、铁路重载运输组织形式以及国内外铁路重载运输的发展;模块二铁路重载运输设施设备,介绍了铁路重载运输线路、车站、机车车辆、信号系统、通信系统及供电设备;模块三铁路重载运输货运站作业组织,介绍了铁路重载运输货运站作业组织内容以及单元式重载列车的装卸车作业;模块四铁路重载运输技术站作业组织,介绍了铁路重载运输技术站组合方法、组合过程、分解方法等;模块五铁路重载运输中间站作业组织,介绍了铁路重载运输中间站的接发列车作业及摘挂补机作业、越行站作业;模块六铁路重载运输安全管理,介绍了铁路重载运输安全监控设备、途中被迫停车的处理方法以及事故后的应急救援办法;模块七重载铁路运输组织案例,介绍了我国朔黄铁路运输组织、大秦铁路运输组织。根据每个模块的职业能力要求,本书为每个模块设计了学习任务单。

2. 内容融入了新知识、新工艺、新规范

近年来,铁路运输设备不断更新、升级。本书在编写过程中,结合现场实际,介绍了铁路运输新设备,引用了最新的标准和规范,如《重载铁路设计规范》(TB 10625—2017)、中国铁路太原局集团有限公司 2021 年制定的《重载运输技术管理规则》。

3. 教材中渗透了课程思政元素,注重开阔学生专业视野

结合学习目标,书中灵活设置了"模块导读""视野拓展"等小栏目,为教师开展课程思政教学提供了良好的素材;将树立遵章守纪、安全意识,弘扬精益求精的专业精神、职业精神、工匠精神以及增强民族自信融入这些栏目中,拓展学生对课程的认识深度和广度。

4. 适应"互联网+职业教育"发展需求,推动线上线下混合式教学的应用

本书与国家职业教育铁道交通运营管理专业教学资源库"铁路重载运输"课程相配套,配备丰富的数字化资源,为学习者提供丰富的素材和多样的学习模式,形成了以课程动画、微课视频和虚拟仿真为主,课程标准、教案、案例分析、习题、学习任务单、网络课程等为辅的多样化教学资源,为学习者构建立体化学习空间。

在线开放课程

5. 方便活页式装订,已印刷活页孔位置

为更好地贯彻执行《国家职业教育改革实施方案》(国发〔2019〕4 号)中"倡导使用新型活页式、工作手册式教材并配套开发信息化资源"的理念,全书印刷了活页孔位置,教师和学生可根据自身需求,将教材拆分打孔后放入 B5 纸张 9 孔型标准活页夹,装订成活页式教材使用。装订成活页式教材后,本教材可根据实际教学需求进行灵活调整,实现"教材""学材"的融合与提升。

【编写分工】

本书编写团队由武汉铁路职业技术学院的叶清贫、杜卫芳、杨沁、吴文英、曾毅和四川铁道职业学院的刘盛蓝组成。叶清贫、杜卫芳担任主编,杨沁、刘盛蓝、吴文英、曾毅担任副主编。编写分工如下:模块一和模块三由叶清贫编写,模块二单元一至单元三由杜卫芳编写,模块二单元四至单元六由吴文英编写,模块四由刘盛蓝编写,模块五由曾毅编写,模块六、模块七由杨沁编写。本书由中国铁路太原局集团有限公司侯安泽、中国铁路武汉局集团有限公司熊华担任主审。

【致谢】

本书编写团队参考了大量文献,在此谨向这些文献的作者表示衷心感谢。

限于编者的理论知识和业务水平,书中难免有不妥之处,衷心希望读者给予批评指正。

编　者
2022 年 5 月

目录

模块一　铁路重载运输概述 ·· 1

  任务发布 ·· 2
 单元一　铁路重载运输基本概念 ·· 3
 单元二　铁路重载运输组织形式 ·· 7
 单元三　国外铁路重载运输概况 ·· 11
 单元四　我国铁路重载运输概况 ·· 17
  任务实施 ·· 23

模块二　铁路重载运输设施设备 ·· 25

  任务发布 ·· 26
 单元一　重载铁路线路设施设备 ·· 28
 单元二　重载铁路车站 ·· 39
 单元三　重载运输机车车辆 ·· 46
 单元四　重载运输信号系统 ·· 66
 单元五　重载运输通信系统 ·· 70
 单元六　重载运输供电设备 ·· 74
  任务实施 ·· 83

模块三　铁路重载运输货运站作业组织 ·· 85

  任务发布 ·· 86
 单元一　重载运输货运站概述 ·· 87
 单元二　重载运输装车站作业组织 ·· 88
 单元三　重载运输卸车站作业组织 ·· 98
 单元四　单元式重载列车装车作业组织 ·· 109
 单元五　单元式重载列车卸车作业组织 ·· 119
  任务实施 ·· 131

模块四　铁路重载运输技术站作业组织 ······ 133

　　任务发布 ······ 134
单元一　重载运输技术站作业组织概述 ······ 135
单元二　重载列车的牵引方式与编组 ······ 141
单元三　重载铁路技术站组合列车的组合作业 ······ 144
单元四　重载铁路技术站组合列车的分解作业 ······ 151
单元五　重载列车换重作业组织 ······ 153
单元六　重载铁路技术站列车技术检查与票据交接 ······ 155
单元七　重载铁路技术站列车技术作业计划编制 ······ 157
单元八　重载铁路车站调度指挥 ······ 164
　　任务实施 ······ 167

模块五　铁路重载运输中间站作业组织 ······ 169

　　任务发布 ······ 170
单元一　接发列车作业 ······ 171
单元二　摘挂补机作业组织 ······ 176
单元三　越行站作业组织 ······ 178
　　任务实施 ······ 181

模块六　铁路重载运输安全管理 ······ 183

　　任务发布 ······ 184
单元一　重载运输安全保障 ······ 185
单元二　重载列车运行安全问题及处理办法 ······ 200
单元三　重载列车应急救援 ······ 205
　　任务实施 ······ 209

模块七　重载铁路运输组织案例 ······ 211

　　任务发布 ······ 212
单元一　朔黄铁路运输组织 ······ 213
单元二　大秦铁路运输组织 ······ 223
　　任务实施 ······ 233

参考文献 ······ 235

模块一

铁路重载运输概述

学习目标

1. 知识目标
(1) 掌握铁路重载运输的定义;
(2) 掌握铁路重载运输的组织形式;
(3) 了解国外铁路重载运输的发展概况;
(4) 了解我国铁路重载运输的发展概况。

2. 能力目标
(1) 能正确判定铁路重载运输的组织形式;
(2) 能正确判定铁路重载列车的开行条件。

3. 素质目标
(1) 具有文献检索和资料分析、总结能力;
(2) 具有对新知识和新技术的学习能力;
(3) 热爱铁路行业相关工作。

4 课时。

模块导读

国际重载协会(International Heavy Haul Association,IHHA,协会标志见图1-1)于1986年成立,是非营利性质的非政府性科技组织,是一个致力于改进重载铁路运营、维护和技术的非政府国际组织。现有中国、美国、加拿大、澳大利亚、南非、俄罗斯、巴西、瑞典、印度九个会员国。

国际重载协会的宗旨是追求铁路重载运输运营、维护和技术的最佳,追求卓越化,主张通过重载解决铁路运输能力问题,并推进国际铁路及其成员之间在重载技术上的合作和交流。

国际重载协会至今举办了十多届国际重载运输大会。1982年9月,在美国召开的第二届国际重载运输大会上,通过决议决定成立国际重载运输委员会。1986年在加拿大召开的

第三届国际重载运输大会上,将国际重载运输委员会更名为国际重载协会。

图 1-1　国际重载协会标志

　　请阅读上述资料并查阅相关资料数据,弄清以下问题:我国是在哪一年加入国际重载协会的? 到目前为止,国际重载协会召开了多少届国际重载运输大会? 我国哪些城市召开过国际重载运输大会? 我国在国际重载协会中扮演着怎样的角色?

任务发布

　　请学习本模块内容,完成"任务实施"中本模块学习任务单。(本任务根据本模块部分学习目标设计。在实际教学中,教师可根据本模块学习目标,灵活设计学习任务。)

任务目标

(1)掌握国际重载协会在 1994 年及 2005 年对重载铁路的界定;
(2)掌握铁路重载运输的组织形式;
(3)掌握我国对重载列车运行速度的规定。

任务分组

建议学习者组建学习小组,共同完成相关任务。

姓　　名	学　　号	分　　工	备　　注
			组　　长

任务准备

引导问题1　　铁路重载运输应具备哪些条件?

引导问题2　　铁路重载运输的组织形式有哪几种? 各有什么特点?

引导问题3　　我国对重载列车运行速度是如何规定的?

引导问题4　　我国铁路重载运输发展经历了哪几个阶段? 各有什么特点?

> **知识储备**

铁路重载运输出现于 20 世纪 50 年代。货运重载化是世界铁路发展的重要方向之一，是铁路运输的一项重大改革，也是一项庞大的系统工程。铁路重载运输的主要特点是列车编组长度加长、牵引质量加大，可实现全程直达运输，采用大功率交流传动机车、大轴重和低自重货车、列车同步操纵控制技术等，铁路运量大、成本低的优势更加凸显，可大幅提升铁路在中长距离的大宗货物运输市场的竞争力，目前引起世界各国广泛重视。特别是对于我国这样幅员辽阔、资源分布不均衡的国家，发展铁路重载运输对于快速提升运输能力、突破运能瓶颈、提高运输综合经济效益具有广阔的市场空间和重要的战略意义。

单元一　铁路重载运输基本概念

一、铁路重载运输

铁路重载运输的发展源于大宗货物运输、节能环保需求。铁路重载运输的发展以轴重变化为标志。历届国际重载运输大会对世界铁路重载运输的发展起到了推动作用。

铁路重载运输是指在一定的铁路技术装备条件下，采用大功率内燃机车或电力机车（单机、双机或多机），增加列车编组长度，提高列车轴重和牵引质量，采用特殊运输组织方式等措施，使牵引质量和输送能力达到一定标准的运输方式。

二、重载铁路

1. 国际重载协会对重载铁路的界定

为了推动世界铁路重载运输的发展，在历届国际重载运输大会上，国际重载协会对重载铁路进行了界定。

1986 年 10 月，在加拿大温哥华召开的第三届国际重载运输大会上，对重载铁路的特点进行了讨论，认为重载铁路至少符合下列三条标准中的两条：

(1) 列车牵引质量至少达到 5000t；

(2) 轴重 21t 及以上；

(3) 年运量 2000 万 t 以上。

牵引质量（行业惯用语为牵引重量、牵引总量）是指列车的装备质量（自重）和载重量（简称"载重"）之和。影响列车牵引质量的因素很多，如牵引力、制动力、车站站线有效长（度）、起动能力等。

轴重是指一个轮对轴所承受的机车或车辆质量，反映了轨道承受的静荷载强度，它决定了各部件交变应力的平均应力水平。比如铁路货车，有 2 个转向架、4 根车轴的，自重一般为 20t，满载情况下质量为 100t，以满载情况下的质量作为轴重计算依据，轴重为 100t 除以 4，即 25t。

随着铁路重载运输的发展和时代的进步，1994 年国际重载协会重新修订了标准，认为重载铁路必须至少满足以下三条标准中的两条：

(1) 经常、定期或准备开行总重至少为5000t的单元列车或组合列车；

(2) 在长度至少为150km的铁路区段上，年计费货运量最少达到2000万t；

(3) 经常、定期或准备开行轴重为25t及以上的列车。

单元列车是指一列固定机车车辆成为一个运营单元的列车，并以此作为运营计费的单元，它利用加大其每列每车载重量和加快列车周转速度的方法，增加其产量（吨公里），以达到尽可能降低单元运输成本的目的。

组合列车是指两列或两列以上普通货物列车或单元式重载列车首尾连接，机车分别在列车头部、中部或尾部，在运行图上占用一条运行线，运行到前方技术站或终到站再分解的列车。

在2005年国际重载协会理事会上，对重载铁路下了定义，并设置了很高的门槛，对新申请加入国际重载协会的重载铁路，要求至少满足以下三条标准中的两条：

(1) 列车牵引质量至少达到8000t；

(2) 轴重27t及以上；

(3) 在长度不小于150km线路上年运量达到4000万t及以上。

2. 我国对重载铁路的界定

为满足重载铁路建设和发展需要，统一重载铁路设计技术标准，使重载铁路设计符合安全可靠、先进成熟、经济适用的要求，中国国家铁路集团有限公司（简称"国铁集团"）根据我国货物运输需求和机车车辆技术装备的发展，研究制定、发布了《重载铁路设计规范》（TB 10625—2017）。《重载铁路设计规范》（TB 10625—2017）是2014年以来继《高速铁路设计规范》（TB 10621—2014）和《城际铁路设计规范》（TB 10623—2014）后我国第三部铁路工程建设综合性技术标准，是我国第一部重载铁路行业标准，也是世界上首部系统完整、内容全面的重载铁路设计规范，填补了重载运输领域技术标准的空白，进一步丰富和完善了铁路行业工程建设标准体系，为重载铁路建设提供了重要的技术支撑。

《重载铁路设计规范》（TB 10625—2017）规定，重载铁路为"满足列车牵引质量8000t及以上、轴重为270kN及以上、在至少150km线路区段上年运量大于40Mt三项条件中两项的铁路"。

我国大秦铁路、瓦日铁路、浩吉铁路满足国际重载协会2005年的标准，而朔黄、京广、京哈等干线满足国际重载协会1994年的标准。

三、重载列车

1. 重载列车的定义

重载列车是指满足下列两个条件中的一个的货物列车：

(1) 列车牵引质量至少达到8000t；

(2) 列车编组辆数不少于80辆。

其中，空车底编组的重载列车称为"重载（组合或单元）列车空车"，重车底编组的重载列车称为"重载（组合或单元）列车重车"，以上两种列车统称"重载列车"。2018年12月4日，首列C_{96}型重载列车在日照港成功接卸，如图1-2所示。2019年9月20日，71402次列车从中国铁路西安局集团有限公司神木西站缓缓开动，标志着陕西首列万吨重载列车开行成功，如图1-3所示。

图 1-2　C_{96} 型重载列车抵达日照港　　　　图 1-3　神木西至曹妃甸西万吨重载列车首发

2. 我国重载列车重车在货物列车中运行等级顺序

我国重载列车重车原则上按牵引质量从大到小进行排序，在货物列车运行等级中排序如下：

(1) 重载组合 2 万 t 列车。

列车牵引质量达到 2 万 t 的组合列车。2004 年 12 月 12 日，我国在大秦线首次进行 2 万 t 重载组合列车试验并取得成功。2017 年 2 月 20 日，在朔黄铁路开行了 2 万 t 重载组合列车。

(2) 重载组合 1.5(1.6) 万 t 列车。

列车牵引质量达到 1.5(1.6) 万 t 的组合列车。目前大秦铁路常态化开行重载组合 1.5 万 t 列车。2020 年 7 月，1.6 万 t 重载组合列车在朔黄铁路神池南站发车，标志着朔黄铁路 1.6 万 t 重载组合列车正式开行。

(3) 重载单元 1 万 t 列车(含重载单元 1.2 万 t 列车)。

列车牵引质量达到 1 万 t 的单元列车。我国在大秦铁路、瓦日铁路、朔黄铁路、神朔铁路、大准铁路、北同蒲线大新站至韩家岭站等线路开行 1 万 t 的重载单元列车，该列车固定车底车辆，中途不进行解编作业。

(4) 重载组合 1 万 t 列车。

列车牵引质量达到 1 万 t 的组合列车，由 2 列 5000t 重载列车组合成 1 万 t 的重载列车，在途中技术站进行列车分解、组合和机车乘务员换班作业。目前在浩吉铁路、瓦日铁路均开行重载组合 1 万 t 列车。

(5) 直达普通货物列车。

在装(卸)车站或技术站编组，通过一个及以上编组站不进行改编作业的普通货物列车，包括始发直达列车、阶梯直达列车、空车直达列车、循环直达列车、技术直达列车等。

始发直达列车是指在一个车站装车后组成的直达列车，如图 1-4 所示。阶梯直达列车是指在同一区段或相邻区段的几个站装车后组成的直达列车。空车直达列车是指在一个或数个卸车站或技术站由空车编组而成的货物列车。循环直达列车是指以一定的类型和数量的货车编组而成，在固定的装卸站间不拆卸、循环往返运行的直达列车。技术直达列车是指在技术站编组的直达列车，如图 1-5 所示。

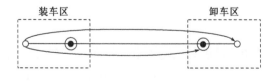 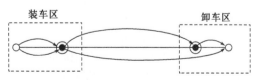

图 1-4　始发直达列车　　　　　　　　　　图 1-5　技术直达列车

(6)直通普通货物列车。

在技术站编组并通过一个及以上区段站不进行改编作业的普通货物列车。

(7)自备车货物列车。

为运输大宗、固定的货物往返运行于特定区段内,全部以企业自备车编组而成的货物列车。

(8)区段普通货物列车。

区段普通货物列车又称区段列车,是指在编组站或区段站编组,运行于一个区段内,一般无摘挂作业的列车。区段站是指办理通过货物列车的接发作业,兼顾改编货物列车的解体、编组作业,并为驶往相邻区段的列车提供技术状态完好且处于运转整备状态机车的铁路车站。区段是指铁路上两区段站间的路段,其长度与机车交路和乘务制度有关,每一区段中设有若干中间站。

(9)超限列车。

挂有装载超限货物车辆并冠以超限列车车次的列车。

(10)小运转列车。

在技术站和邻接区段规定范围内的几个车站间开行或在枢纽内车站间开行的列车。它可分为区段小运转列车和枢纽小运转列车。

开往事故现场救援、抢修、抢救的列车,应优先办理。特殊指定的列车或列车种类,其等级应在指定时确定。

3. 我国对重载列车运行速度的规定

(1)由 C_{70} 型、C_{80} 型、C_{76} 型车编组的同一车型的整列空车,列车按 90km/h 速度运行。

(2)整列装运空集装箱的组合列车按 80km/h 速度运行。

(3)整列重车按 80km/h 速度运行。普通空重混编列车以及除 C_{70} 型、C_{80} 型、C_{76} 型以外的其他车型编组的空车列车,按 80km/h 速度运行。整列重车、空重混编、空车列车均不得编入非提速货车,遇特殊情况编入时,列车运行速度按非提速货车运行管理规定执行。

(4)运行线路允许速度低于上述规定速度时,按线路允许速度运行;有其他特殊限速要求低于上述规定速度时,按特殊限速要求运行。

4. 重载列车的开行条件

(1)线路条件。

运输通道的线路轨道、路基、桥涵隧、限制坡道、曲线半径等要满足开行重载列车的要求,保证重载列车能在运输通道上安全行驶。

(2)站场条件。

运输通道的车站和车场应当具备开行重载列车的条件,车站应设置满足重载列车开行的万吨到发线,例如大秦铁路、朔黄铁路设置适应 2 万 t 列车接发的到发线,同时装卸及组合分解站的股道有效长(度)也要满足重载列车的组合及拆解作业要求,车站咽喉区的道岔也要满足能开行重载列车的条件。

(3)机车和车辆设备。

运输通道开行重载列车必须配备牵引和制动能满足重载运输需求的机车。重载运输主要运用的机车型号有韶山 4 型电力机车(SS_4)及和谐 1 型电力机车(HXD_1),电力机车主要用于重载列车在通道区间的走行牵引,同时企业还配备了相应的内燃机车用于车站内的调车作业。重载列车的车辆使用较为固定,需要在减小车辆轴重的同时尽可能增加车辆载重。

(4)装卸设备。

运输通道开行重载列车必须有满足重载运输要求的装卸设备。装卸车作业是运输企业生产组织的重要作业,装卸设备能力过低,将会影响重载列车的开行,降低整个通道重载列车的接发车效率。

(5)具有经济性。

运输通道重载列车的开行不仅要考虑技术条件,也要考虑重载运输的经济性。运输通道开行重载列车需要对企业货运需求和现有运输能力进行匹配。开行重载列车应当在相同货流的情况下,充分利用煤炭运输通道现有技术设施设备,方便运输作业,提高通道运能,高质、经济地满足运输需求。

单元二　铁路重载运输组织形式

根据货源、货流的不同,重载运输组织形式分为以北美(包括美国、加拿大等国)为代表的单元式重载列车、以我国为代表的整列式重载列车,以及以俄罗斯为代表的组合式重载列车。

一、单元式重载列车

单元式重载列车是指由装车地到卸车地固定机车车辆,固定发站和到站,固定运行线,运输单一品种货物,在装、卸站间往返循环运行,中途列车不拆解、不进行改编作业的重载货物列车。

单元式重载列车起源于美国,如图 1-6 所示,盛行于北美,进而推广到澳大利亚、巴西、南非等国。美国铁路的单元式重载列车是从整列运输的固定编组直达列车演变而来的。固定编组直达列车即循环直达列车,是指以一定的类型和数量的货车编成,在固定的装卸站间不拆解、循环往返运行的直达列车。固定编组直达列车的机车可不固定,所运输的货物也不一定都是固定一个品种、一个货主。而单元式重载列车在组织形式和组织方法上都比固定编组直达列车更高级,其机车车辆都是固定编组,循环运用,而且是固定一种车型,运送一个货主的一个品种的货物。

图 1-6　美国单元式重载列车

【视野拓展1-1】

固定车底循环直达列车

固定车底循环直达列车是指以一定类型和数量的货车编成,在固定的装卸站之间不拆解,并循环往返运行的直达列车。它具备装车地始发直达运输所具有的一系列优点。

1. 固定车底循环直达列车特点

(1) 以固定车底在装卸站间循环往返运行。

(2) 在卸车站卸空后,仍原车返回装车地点。

(3) 可能产生较高的空率和空车走行公里数。

(4) 大大缩短车辆在站的停留时间(包括解体、编组、车辆集结、向装卸地点取送车辆等)。

(5) 装卸机械与货车车辆配套,可实现机械化与自动化。

2. 组织固定车底循环直达列车运输应具备的条件

(1) 单一货物,同一发到站,货物流量大,流向集中、稳定。

(2) 装卸设备与固定车型配套,装卸线路、仓库、堆料场满足整列装卸或大车组装卸的需要。

(3) 能够利用回空车底装运与空车同一到站或者途中站卸下的(组织车底套用时)货物,或固定车底的回空方向与原空车调整计划方向一致,采用固定车底循环直达方式可不增加空车走行公里数。

采用单元式重载列车的优点是,在机车车辆充足的情况下,采用单元式重载列车可最大限度地减少运营支出,降低运输成本,但要求货源充足,货物品类单一,货物到发地点统一,机车车辆、线路站场、装卸仓储等设备要配套,并要采取最合理的运行图及最佳周转方案;缺点是货车车辆运用率较低,货物到达目的地卸车后只能空车返回。我国在神朔线、大准线、北同蒲线大新站至韩家岭站等线路开行5000t至1万t的单元式重载列车。

单元式重载列车适合专用的货运铁路,比如我国的运煤专线大秦铁路、朔黄铁路以及美国、澳大利亚、南非等国的重载运输线路。单元式重载列车需具备以下开行条件:

1. 要有稳定集中的货源、货流

单元式重载列车的组成和运行方案的决定因素是货源、货流,这是组织单元式重载列车循环运行的基本条件。一般由生产单位和消费者双方签订长期供货合同,铁路则在供货合同的基础上,按照运量、运距和列车周转时间来选定列车的最佳组成和运行方案。

2. 要求产运销协调一致,保证装、运、卸各个环节的能力能够相互适应、匹配

组织单元式重载列车为产、运、销三方都带来一定的经济效益。铁路由于降低了单位运输成本从而可以降低单元式重载列车的运价,而产、销双方则可以降低成本,这就有可能从中提取部分款项,用于投资改建或新建装卸设施,提升装卸能力,使之适应单元式重载列车的作业要求。

3. 要求铁路技术装备重型化,以便尽可能地提高每一列车的载重量

单元式重载列车可以通过提高牵引定数并采用自重小的大型专用货车,尽可能地增加

载重量。列车牵引定数是指在一定的机车类型和线路纵断面条件下,机车能够牵引的车辆自重和货物质量的总和。

单元式重载运输方式运用范围广,经济效益也最显著。美国、加拿大、澳大利亚等国均采用此方式,组织开行从装车地到卸车地之间的单元式重载列车,通过货物集中发送、快速装卸,加速机车车辆周转来降低成本,从而获得较大的收益,提高了与其他运输方式之间的竞争能力。

单元式重载列车作为我国重载列车的一种形式,已经在基地煤炭外运通道上开行。由于装卸线的数量、长度,装卸形式以及上述重载列车开行条件不同,单元式重载列车的形式也多样。

二、整列式重载列车

整列式重载列车是由单机或多机牵引,机车挂于列车头部开行的重载货物列车。列车由不同形式和载重量的货物车辆混合编组,达到规定的重载标准。这种运输方式对于列车的要求低于单元式重载列车,既不要求固定车底、固定装车站、固定卸车站,在运输途中可根据实际需要进行改编,也不要求整列装卸或整列入段检修,因此其具有较大的通用性和灵活性,组织形式具有"短、轻、快"的特点。

整列式重载列车由挂于头部的一台机车或者多台机车联合牵引,牵引的车辆一般种类较多,运输过程中可解体和重新编组。整列式重载列车运输组织比较灵活,适用于运能比较紧张的铁路。我国主要铁路干线包括京沪、京广、京九等线路,在运能紧张的情况下,这些繁忙既有干线上开行了整列式重载列车。图1-7 所示为京广线上的整列式重载列车。

图1-7 京广线上的整列式重载列车

整列式重载列车能够实现多种货品混编重载运输,缓解客货混运繁忙、铁路运力不足的问题,货车车辆运用率较高,但车列解编作业相对复杂。

整列式重载列车采用普通货物列车的作业组织形式,列车到达、解体、编组、出发、取车、送车、装车、卸车和机车换挂等作业均与普通列车相同,只是牵引质量较一般列车大幅度提高。整列式重载列车适用于货流增长不大、固定设备和移动设备能够满足牵引质量提高要求的线路。

这种组织形式对车种、车型不限,货物品种多样,可单机、双机牵引,行车组织形式与既有普通列车相近,投资最少,未来可能是应用最为广泛的重载形式。

三、组合式重载列车

组合式重载列车是把两列及以上符合运行图规定的质量和长度、开往同一方向的单个列车首尾相接连成一个重载列车,机车分别挂在列车的前部、中部或后部,在运行图上占用一条运行线,运行到前方某一站或终到站再分解的货物列车。例如,在我国大秦线开行1万t、1.5万t和2万t单元重载列车的组合式重载列车。

组合式重载列车适用条件与运输组织,线路的繁忙程度,车流、货流的集散情况以及装卸站、组合分解站等情况有关。其可以根据不同情况进行组合与分解,运输组织较为灵活,通过增加列车载重量的办法减小了运输密度,最大限度地提高通过能力。但组合式重载列车对机车同步操纵和运输组织各环节有更多限制。

图1-8 组合式重载列车

组合式重载列车可分为两种类型。第一种类型的组合式重载列车由两列及以上同方向运行的普通货物列车首尾相接、合并组成。机车分别挂于原各自普通货物列车首部,由最前方货物列车的机车担任本务机车,运行至前方某一技术站或终到站后,分解为普通货物列车。这种重载运输方式始于苏联,如图1-8所示。我国曾在20世纪80年代中期在丰沙大等线路上开行组合式重载列车,但由于组织复杂和设备条件所限已基本停开。

第二种类型的组合式重载列车由两列及以上同方向运行的单元式重载列车首尾相接、合并组成。根据需要,机车有不同的连挂方式。我国大秦线所开行的 2×1 万 t 重载列车就是采用的这种组合方式。

与单元式重载列车和整列式重载列车相比,组合式重载列车更加灵活,它既可在装车站(集运站)或编组站内组合成列,整列进入卸车站;也可在途中适当地点分解成原列进入卸车站,或在解体站分解为两列后再进入卸车站。

这种组织形式的优点是,组合运行完毕后分部运行较容易,但其对机车操纵控制技术和运输组织各环节有更多要求,在世界范围内应用不太广泛。

开行组合式重载列车需具备以下条件:

(1)要有合适的列车流来源,可以是自编列车,也可以是中转列车,但要符合编开组合式重载列车的条件。对中转列车要检查其编组确报的内容,对自编列车要控制装有重质货物车辆的单独集结,注意车辆的编挂顺序要求,有计划地安排到达解体列车的解体顺序和自编列车与中转列车的配对。

(2)如编开组合式重载列车的目的在于提升区段总的运输能力,当因某种原因组合式重载列车运行线前有空闲运行线可以利用时,宁可单开两列单编列车,也不开组合式重载列车,以增强运行调整的灵活性。

(3)加强计划性,防止出现有线无流、有流无线以及有流有线而货车停留时间过长等情况,保证组合式重载列车的开行有较高的效益。

国内外铁路开行重载列车的三种组织形式,具有不同的编组形式、牵引方式、特点以及适用条件,如表1-1所示,具体可结合线路、站场、机车运用等条件,选择重载列车的开行组织形式。

重载列车组织形式对比　　表1-1

项目	单元式重载列车	整列式重载列车	组合式重载列车
编组形式	固定机车车辆(机车与一定编成数量的同一类型专用货车)组成运输单元	不同类型与载重的货车车辆进行混合编组	两列及以上同方向运行的单元式重载列车首尾相接、合并组成
牵引方式	大功率机车牵引	大功率单机或多机牵引	根据需求机车有不同的连挂方式

续上表

项目	单元式重载列车	整列式重载列车	组合式重载列车
特点	需固定车底、固定装车站、固定卸车站；运行过程中不可改编；货物装卸时不摘机车、整列装卸；规定走行公里数后整列入段检修，运营成本低	作业方式与普通列车基本相同，具备"短、轻、快"的特点，在运输途中可以根据实际需要进行改编，不必整列装卸或整列入段检修	组织灵活，既可在装车站或者编组站内组合成列，整列进入卸车站，又可在途中的合适地点分解成原列或者在分解站进行分解后再进入卸车站
适用条件	适用于路网规模大、行车密度小、货运占比高、运能较富裕的情况	通用性更高，可以根据实际条件开行不同载重量的整列式重载列车	适用于列车数量多、行车密度大、运能和运量矛盾突出的铁路线路，但对机车操纵控制技术与运输组织各环节要求较高

单元三　国外铁路重载运输概况

世界铁路重载运输的萌芽可以追溯到20世纪50年代，战后经济发达国家铁路进入内燃化和电气化时代，由于内燃机车（图1-9）、电力机车（图1-10）比蒸汽机车性能优越、操纵便捷，通过多机牵引方式可以获得更大的牵引总功率，牵引更多的车辆，故其大幅度增加列车载重量，提升运输能力，加快货物运输速度，降低运营成本，提高运输效益。因此，以开行长大列车为主要手段的铁路重载运输应运而生。

图1-9　内燃机车

图1-10　电力机车

20世纪60年代中期，长大列车投入正常运行，此后铁路重载运输技术迅速推广，逐渐形成强大的生产力。据统计，对于煤炭等大宗货物的运输，与公路相比，铁路重载运输的成本为其1/4~1/3，能耗约为其1/14，吨公里事故损失额约为其1/73。铁路重载运输是全球公认的最具发展可持续性的交通运输方式及铁路货运发展的主流方向，在全世界范围内迅速推广，如加拿大、美国、巴西、挪威、瑞典、俄罗斯、中国、印度、南非、澳大利亚。

一、美国铁路重载运输发展概况

美国是世界上最早发展重载运输的国家。随着重载运输技术的不断发展，铁路运输一直处于有利的竞争地位。美国铁路自20世纪60年代开始发展重载运输，主要是在货运专线上开行单元式重载列车,尤其是煤炭运输,半数以上煤炭是由单元式重载列车运输的。重载运输线主要运输集装箱、拖车、粮食、煤炭、砂石、化学品等货物。

美国铁路重载运输的发展历程分为三个阶段:

(1)20世纪50年代至70年代末,牵引动力的现代化改造,新型大功率机车快速发展。

(2)20世纪70年代末到90年代末,轴重提高,装载能力提升。

(3)进入21世纪后,加强交流内燃机车和轮轨界面等技术领域的研究,进一步提高铁路重载运输效率和生产率。

美国70%以上的铁路实现了重载运输,是世界上铁路重载运输较发达的国家,目前普遍开行大宗货物单元式重载列车和双层集装箱列车,如图1-11、图1-12所示。

图1-11　美国西部单元式重载列车

图1-12　美国双层集装箱列车

【视野拓展1-2】

美国铁路等级

铁路等级既是新建铁路的主要技术标准之一,又是确定其他一些主要技术标准的依据。其划分关系其他技术标准及建筑结构物的选定,如线路平、纵、横断面标准,车站到发线有效长(度)和站坪长度等。美国按年货运量、每昼夜客车对数以及年车辆发送量将铁路划分为四级:

A级干线:年货运量超过20Mt、客车超过3对的线路;

B级干线:年货运量为5Mt～20Mt的线路;

A级支线:年货运量为1Mt～5Mt的线路;

B级支线:年货运量小于1Mt的线路。

保德里弗盆地联合线(Powder River Basin Joint Line)是美国最繁忙、运输密度最高的货运铁路线,全长225.6km,轴重32t,美国伯灵顿北方圣太菲铁路运输公司(BNSF公司)和联合太平洋铁路公司(UP公司)在该联合线上共同开行煤炭列车,单列最大载重可达1.5万t,列车总重达1.9万t。保德里弗盆地联合线煤炭年运量可达3.26亿t,日均开行76列,高峰时可达到80列。由于大力发展铁路重载运输技术,美国Ⅰ级铁路的运营效率和经济效益大幅提高。

美国重载铁路95%以上的列车采用单元式、大轴重列车进行编组,列车编组辆数一般为135～150辆,牵引质量为1.75万～2万t。重载列车采用大容量、低自重的货车,最大允许轴重可达38t。重载列车一般采用大功率内燃机车多机牵引,将7～8台机车采用2-3-2或3-3-2分前、中、后三组布置,配合使用机车遥控技术。在车体材料方面,美国90%的重载列车采用铝合金车体。重载运输铁路采用重型钢轨,最大轨重可达 70kg/m。而且车辆为专用车辆,列车通常为单元式重载列车。

美国重载铁路线路多为单线,运量大,自动化程度高,运输效率高,其运量增长主要依靠提高单列车载重量来实现。美国在重载运输技术优化方面采取如下措施:

(1)优化检修维护资源,提高装备利用率。

(2)采用交流内燃机车、电力机车提升牵引功率,大大改善了轮轨的黏着力,转向架的导向性能大幅度提高。

(3)研发应用新材料,延长零部件使用寿命。新材料的使用(包括铝合金、不锈钢和合成材料)降低了车体的自重,运能得到大幅度提高。采用电空制动后,闸瓦磨耗降低 20%,车钩和钩舌断裂率降低约 20%。

(4)研发高性能车轮和钢轨,提高抗疲劳性能。用高强度钢或贝氏体代替传统钢材,提高了新型钢轨的动力学性能。弯道的稳定性也因预应力混凝土轨枕和新型紧固件的应用得以加强。为了更好地控制转向架的横向性能,以及提高其在曲线和直线上的导向性能,重载货车的设计运用了转向架摇枕和侧架连杆结构。

(5)推行装备健康监测系统。车辆、线路健康监测系统包括道旁检测、相控阵缺陷检测、无人机检测系统等,保证及时发现故障,最大限度地保证运行安全,如图 1-13 所示。

(6)提高生产力,减少劳动用工,降低成本。

a)　　　　　　　　b)　　　　　　　　c)　　　　　　　　d)

图 1-13　美国重载铁路运输监测系统

二、澳大利亚铁路重载运输发展概况

澳大利亚铁路重载运输年运量高达 54.5 亿 t,占澳大利亚货运市场的 40%。澳大利亚最早的重载铁路是由窄轨铁路改造而成的。20 世纪 60 年代初,昆士兰州对 1067mm 窄轨铁路进行了技术改造,实现以运煤为主的窄轨铁路的重载运输。到 20 世纪 60 年代中期,澳大利亚改建和新建的重载铁路里程已经达到约 4000km,其中 1067mm 轨距的铁路占很大比例。20 世纪 70 年代以后又新建了几条重载铁路,主要包括必和必拓集团(BHP Billiton,BHP)的纽曼山铁路,力拓集团(Rio Tinto)的哈默斯利铁路线、罗伯河铁路线,福特斯克金属集团(FMG)的皮尔巴拉铁矿至涸德兰铁路线等。纽曼山—海德兰重载铁路列车如图 1-14 所示。

图 1-14　纽曼山—海德兰重载铁路列车

1. 昆士兰铁路

昆士兰铁路公司是澳大利亚最大的铁路公司，昆士兰铁路的窄轨运输技术世界领先。昆士兰窄轨线路全长约为1万km，货车以轴重30t、载重95～98t为主，最高运行速度115km/h，主要用于煤炭运输，年运量约为3.8亿t。其重载铁路的轨距1067mm，列车轴重26t，全列重1万t以上，采用电力机车和内燃机车牵引。

2. BHP铁矿铁路和哈默斯利铁矿铁路

BHP铁矿铁路和哈默斯利铁矿铁路是澳大利亚标准轨重载铁路的代表。这些铁路用于向外运输澳大利亚西部的铁矿，已形成了铁矿-铁路-港口一体的重载运输体系。BHP铁矿铁路中最为著名的便是全长426km的纽曼山单线重载铁路。哈默斯利铁矿铁路重载列车一般编组为226辆货车，牵引质量为2.8万t。

3. FMG铁路

FMG的主要铁矿都在皮尔巴拉地区。FMG铁矿的铁路总里程达到620km，其重载线路长305km，轴重40t，重车运行速度低于80km/h。该线于2006年开建，2008年运行，2010年运行40t轴重列车。2015年，澳大利亚FMG铁路顺利将允许最大轴重从40t提至42t，成为当时世界上轴重最大的铁路。FMG铁路每天开行矿石运输车13班次，列车编组250辆，最大载重3.5万t，列车头部采用两台机车牵引，后部有两台机车作为补机，采用电控空气制动（ECP），线路最高运行速度为80km/h。

澳大利亚重载铁路均采用单元式重载列车，自动化程度高，线路多为单线，主要为矿区服务或由矿区开采公司经营，运输线路大多较为封闭，单列车载重量很大，列车绝大多数为直达，列车运行速度低，线路行车密度小。75%的煤运重载列车运行的铁路为电气化铁路。澳大利亚重载铁路机车由美国制造，车辆为专用车辆，货车多由中国制造，如图1-15、图1-16所示。

图1-15　中国为FMG公司造矿石敞车

图1-16　中国造煤炭漏斗车

澳大利亚重载铁路通过应用在线监测系统（图1-17），保证列车更高效、更安全地运营，通过应用数据科学提高铁路运营的可靠性、可用性和能力。

图1-17　澳大利亚重载铁路在线监测系统

三、南非铁路重载运输发展概况

南非现有铁路里程约 3.1 万 km,轨距有 1067mm 和 1435mm 两种,其中 1067mm 轨距线路约占 97.3%,1435mm 轨距准轨线路全长 861km,约占 2.7%。南非现有铁路货车 7 万多辆。铁路网和装备主要由南非国家运输公司(Transnet 公司)管理。

南非的重载运行路线主要有两条:理查兹湾(Richards bay)的运煤专线和萨尔达尼亚(Saldanha)矿石运输专线,如图 1-18 所示。虽然这两条线只占南非国家运输公司(Transnet 公司)全部铁路货运网的 7%,但这两条线的货运量却占全网运输总量的 62%。

a)　　　　　　　　　　b)

图 1-18　南非 342 辆货车编组的动力分散编组重载列车

1. 理查兹湾的运煤专线

该线为德兰士瓦煤田经埃尔梅洛至理查兹湾的 COALlink 运煤重载铁路的窄轨复线,全长 748km,运行不锈钢煤车和耐候钢煤车,车辆轴重 26t,列车编组 200 辆,编组长度 2.2km,牵引质量 2.08 万 t,2016 年运输能力 0.94 亿 t。

2. 萨尔达尼亚矿石运输专线

该线为矿石运输线,即西部赛申至萨尔达尼亚港的 Orex 铁矿石重载准轨单线,全长为 861km,车辆轴重 30t,列车编组 342 辆,编组长度 4km,牵引质量 4.104 万 t,2016 年运输能力 0.6 亿 t。

以南非为代表的非洲国家有针对大宗的矿石、煤炭等货物组织单元式重载运输,采用规划型运输组织模式,自动化程度相对不高,线路运量一般,单列列车载重量大,线路行车密度低,运输繁忙程度较低,车辆为专用车辆,运输组织复杂程度低。

南非在重载运输规划上采用动力分散牵引技术(图 1-18)、集成列车通信技术、ECP 技术和列车道旁安全监控技术等,保证重载运输安全,尽可能降低运输成本,提高运输经济效益,发挥重载运输作用。

四、巴西铁路重载运输发展概况

巴西铁路总长度约 3 万 km,主要重载铁路由巴西淡水河谷公司(VALE)和拉丁美洲物流公司(ALL)经营。巴西有 3 条主要的重载铁路。

1. 卡拉雅斯(EFC)铁路

连接卡拉雅斯矿山与马德里亚角港口的卡拉雅斯铁路,是巴西最负盛名的重载铁路,如图 1-19 所示。VALE 公司卡拉雅斯铁矿石重载铁路为 1600mm 宽轨,复线,长 979km,最小曲线半径 859m。货车最大轴重 32.5t,最高运行速度 80km/h,货运列车编组为 330 辆(或 334 辆)货车 +3 台(或 4 台)机车,如图 1-20 所示,牵引质量 4.3 万 t。拥有 16137 辆铁矿石敞车、2021 辆通用货车和 261 辆柴油机车,2016 年运铁矿量 1.51 亿 t。

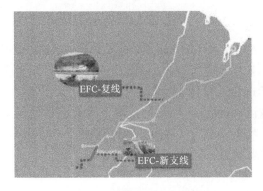 

图 1-19　卡拉雅斯(EFC)铁路线　　　　图 1-20　卡拉雅斯铁路矿石列车

2. 米纳斯重载铁路

VALE 公司米纳斯重载铁路线为 1000mm 窄轨,长 905km,货车最大轴重 27.5t,最高运行速度 65km/h,货运列车编组为 2 台机车 + 168 辆货车、3 台机车 + 252 辆货车,列车总载重量最大为 2.5 万 t。拥有 12234 辆铁矿石敞车、2983 辆通用货车和 323 辆柴油机车,2016 年运铁矿量 1.1 亿 t。

3. 洛基斯蒂卡重载铁路

ALL 公司洛基斯蒂卡重载铁路线长 7228km,其中复线 231km。重载矿石车轴重 32.5t,载重量约 109t,列车编组 300 辆,牵引质量 3 万 t 以上,最高运行速度 60～75km/h,年均粮食运量 9472 万 t,其他货物 5307 万 t。重载粮食车轴重 25t,载重量约 74t。

巴西重载铁路采用先进的监测系统,包括轴承声波探测,车轮外形、轨道形状探测,蛇行稳定性探测,以提高重载列车运营安全可靠性。采用无人机技术监控桥梁、坡道、沟渠,及时发现线路和桥梁的不良情况,及时维护,保证行车安全。

五、俄罗斯铁路重载运输发展概况

俄罗斯铁路运行条件特殊,以客货混运为主,运输距离长,环境温度变化范围大(-50～30℃)。4 条重载运输线总长度约为 3.15 万 km,复线,主要运输钢铁、煤炭和矿石。

重载列车轴重大部分为 23.5t,部分提高到 25t。新造货车采用 27t 轴重、新型转向架。牵引质量单元列车 0.6 万～0.9 万 t,组合列车 1.2 万～1.4 万 t。目前重载列车采用了"Elbrus"自动化列车调度系统,优化能源配置,提高了列车的线路运营安全性。

俄罗斯对 5 条运输专线中总长度 1600km 的线路进行改造,推广应用 27t 轴重重载列车,牵引质量 18900t、21300t。到 2030 年,俄罗斯计划增加 1 万～1.5 万 km 线路。俄罗斯规划发展重载运输,包含列车操控智能系统、货物运输新技术应用、开行 18900t 和 21300t 编组列车的线路结构需求研究、改造贝加尔—阿穆尔线以适应重载运输运行,进一步发展基础设施和车辆监控系统(包括可视化系统),车辆及线路的新材料、新技术研究应用。图 1-21 所示为俄罗斯重载铁路监测系统。

六、印度铁路重载运输发展概况

2010 年前,印度投资 55 亿美元,建东部和西部 2 条货运线路。西部货运专线长 1499km,轴重 32.5t,开展煤炭和集装箱运输。东部货运专线长 839km,通过双层集装箱来运输铁矿石。德里—加尔各答—孟买黄金通道上已开行重载列车,最高速度为100km/h。

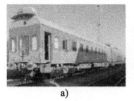
a)

b)

c)

d)

图1-21　俄罗斯重载铁路监测系统

七、瑞典—挪威铁路重载运输发展概况

连接瑞典北部矿区与挪威北部出海口的LKAB矿山铁路全长540km,共有3个矿山码头、12个装货点。该线路重载列车如图1-22所示。1888年线路开通时轴重仅11t,1915年实现电气化,1997年前开行25t轴重、每列52辆编组、全列总重5200t重载列车。1997年线路加固改造后将轴重提高到30t,2000年开行30~35t轴重、68辆编组、740m长、8500t牵引质量的重载列车。2015年,测试了32.5t轴重列车运行性能。

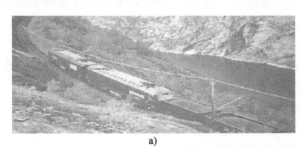
a)

b)

图1-22　瑞典—挪威铁路重载列车

单元四　我国铁路重载运输概况

同其他国家相比,虽然我国铁路重载运输起步较晚,但经过30多年的发展,也取得了较大的成就。我国铁路重载运输技术已经走在了世界的前列,目前每列重载列车牵引质量已经达到1万~2万t,远超国际重载协会的标准。我国的铁路重载运输大致经历了五个阶段。

第一阶段(1984—1985年):改造既有线,开行组合式重载列车。

在学习苏联经验的基础上,1984年11月铁道部成立了组合式重载列车开行试验领导小组,以晋煤外运通道的丰台—沙城—大同线和北京—秦皇岛线为试点,将同方向运行的两列普通货物列车连挂在一起向区间运行,机车分别挂于车列头部和中部,占用一条运行线,以提高区间通过能力。采用 ND_5 型内燃机车(图1-23)双机牵引7400t的组合式重载列车,

图1-23　ND_5型内燃机车

使用 C_{63} 型缩短型敞车和装有配套技术的新型车辆 C_{63A} 车辆,向秦皇岛港Ⅰ、Ⅱ期码头运输煤炭。

【视野拓展1-3】

<h3 style="text-align:center">ND_5 型内燃机车</h3>

ND_5 型内燃机车是我国铁路使用的柴油机车车型之一,其中"N"代表内燃机车,"D"代表电力传动,"5"代表我国第五种进口电传动内燃机车。ND_5 型柴油机车是由美国通用电气公司(GE)运输系统商业分公司制造的干线货运用内燃机车。丰台机务段于1984年起配备 ND_5 型内燃机车,担当丰沙大铁路(丰沙铁路、京包铁路大同至沙城段的合称)、京秦铁路、京原铁路的重载货物列车及煤炭组合列车牵引任务。

根据货流的特点,采取了固定车底、固定机车、固定发到站、固定运行线,从大同西站出发直达秦皇岛东站,卸车后原列空车返回,进行循环拉运的方式。通过一系列运营试验,从1985年3月正式开行时起,到1985年年底,各线共开行10339列,相当于多运货物2385.6万t。与此同时,在山海关至沈阳间试验开行"非固定"的7000t组合式重载列车。后又在平顶山至武汉间开行双机牵引6500t的组合列车,在徐州北至南京东间开行双机牵引7000~8000t的组合列车,但这种"非固定"组合式重载列车的组织形式在车站组合时要占用区间,对区间通过能力有不利影响,而且多机联控问题无法彻底解决,随后逐步停开。

第二阶段(1985—1992年):新建大秦铁路,开行单元式重载列车。

借鉴北美、澳大利亚等国家及地区开行单元式重载列车的经验,我国于1992年自行设计建成了国内第一条双线电气化重载运煤专线大秦铁路,其线路图如图1-24所示。线路全长653.2km,以8K型电力机车和 C_{63} 型专用车辆(采用旋转式车钩、ABDW型制动机和大容量缓冲器),开行单机牵引6000t、双机牵引10000t的重载列车。运输组织采用固定车辆、固定编组,循环直达运行,全程无改编作业。自1992年8月1日起,大秦铁路每天开行6000t单元式重载列车6列,到1992年年底共计开行900多列。1992年9月,大秦铁路正式开行双机牵引1万t列车,每周1列,后改为每月1列,最终因装卸、集结、运行等方面问题,万吨列车停开。

图1-24 大秦铁路线路图

第三阶段(1992—2003年):改造繁忙干线,开行5000t重载混编列车。

为满足不断增长的客货运输需求,路网繁忙干线在客运列车不断提速的同时,结合既有线路改造,调整牵引机型、采用大功率机车、进行电气化改造等,通过调整机车车型和延长车站到发线有效长(度)至1050m,开行5000t重载混编列车。整列式重载列车于1992年8月开始运营试验,陆续在京广线武昌以北,京沪线丰台至南仓、济南至上海及沈山线间采用 SS_4 电力机车或双 ND_3、双 DF_{4B}、DF_{8B} 等内燃机车,开行整列式的总重5000t或5300t的重载列车。如

1992年8月6日在徐州北至南京东间,利用两台内燃机车牵引64辆货车,总重5134t;1992年8月12日在石家庄至郑州北间,由两台北京型机车牵引65辆货车,总重5119t。

第四阶段(2003—2014年):大秦线开行2万t重载列车,提速繁忙干线,开行5500~5800t重载列车。

2003年以后,全国电煤供应全面紧张,迫切希望铁路运能增加。大秦铁路在进行站场改造(到发线延长至1700m,部分延长至2800m)的基础上,采用NJ_2大功率电力机车,C_{70}及C_{80}型重载货车,开行1万t、2万t单元式重载列车。1万t列车采用双机牵引,机车分别位于列车头部和中部;2万t列车采用4台机车牵引,机车分别位于列车头部、中部和尾部。通过开行重载列车和优化运输组织,大秦线运能增加,有效缓解了电煤紧张的状况。2006年6月1日,大秦线开行的重载列车牵引重量达到2万t,跨入了国际先进行列。2014年4月,大秦铁路3万t组合列车运行试验顺利完成。

【视野拓展1-4】

3万t组合列车运行试验成功　车长3971m

2014年4月2日18:56,随着满载3万t煤炭的55001次试验列车安全驶入柳村南站,大秦铁路3万t组合列车运行试验顺利完成。这次试验取得成功开辟了我国铁路重载运输新纪元,是世界重载铁路发展史的一个重要里程碑。

试验列车于2014年4月2日6:31从中国铁路太原局集团有限公司(以下将中国铁路××局集团有限公司简称为"××铁路局集团公司")北同蒲线袁树林站始发,于18:56到达终点站柳村南站,运行时长12小时25分,运行里程达738.4km。3万t列车由4台机车牵引,总编组320辆,总长3971m。

大秦铁路从2014年3月开始进行3万t组合列车试验。试验的目的主要是对大秦铁路在既有设备条件下首次采用机车同步操纵系统开行3万t组合列车的牵引方式进行探索性试验研究,系统测试3万t组合列车的综合性能,监测试验列车正常运行工况下的安全性,评估列车运行品质。试验内容共分为静态试验和运行试验两部分,3月13—20日,在北同蒲线袁树林站成功进行了静态试验。3月21日、3月27日、4月2日,在袁树林站至柳村南站分别进行了2.3万t、2.9万t、3万t组合列车运行试验。

第五阶段(2014年至今):自主设计轴重为30t的重载铁路线路。

利用大秦线开行重载列车的经验,集(宁)包(头)线、瓦日铁路等一系列新建重载铁路陆续开工建设,并逐步投入运营。至此,重载运输在我国初具规模。如图1-25所示,瓦日铁路又称晋中南铁路,是我国第一条按30t轴重设计、施工的重载铁路,西起山西省吕梁市兴县瓦塘镇,东至山东省日照港,横贯山西、河南、山东三省,设计货运能力2亿t/年;2009年12月开工建设,2014年12月建成通车,2018年1月16日起开行万吨重载列车。

2019年9月28日,世界上一次性建成并开通运营里程最长的重载铁路——浩吉铁路(图1-26)开通运营,我国铁路版图新增一条纵贯南北的能源运输大通道。

截至2019年年底,我国铁路营业里程达到13.9万km,普速铁路10.4万km,其中重载铁路约1万km,重载铁路里程占普速铁路里程的比重为9.6%。如图1-27所示,从我国铁路重载运输发展历程来看,我国重载铁路通过提升重载专用通道技术水平,实现铁路重载运输的降本增效。

20 铁路重载运输

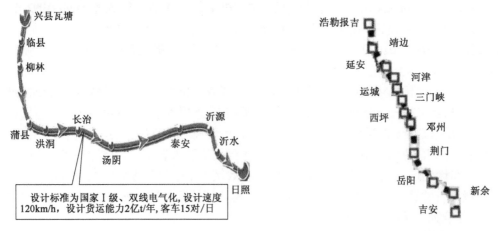

图 1-25　瓦日铁路线路图　　　　　图 1-26　浩吉铁路线路图

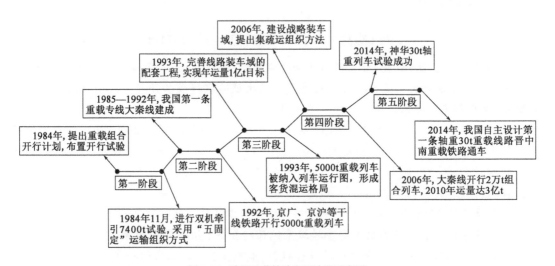

图 1-27　我国重载铁路发展阶段示意图

【视野拓展 1-5】

我国首列智能驾驶重载列车正式开行

2019 年 10 月 16 日，我国首列智能驾驶重载列车正式在神朔铁路开行，这是我国重载货运铁路技术发展史上的新突破，标志着我国重载铁路发展迈入了新的阶段。

首列车 7033 由 108 节车厢组成，整车长度 1530m，装载煤炭超万吨。始发站是陕西神木北站，终点站是山西朔州的神池南站。

神朔铁路是我国西煤东运的大通道，为国家Ⅰ级电气化重载铁路。作为一条重载铁路，神朔线最小转弯半径只有 400m，最大坡度为 12‰，可以说是坡陡弯急。全线桥梁、隧道、涵渠众多，导致重载列车的安全性和平稳性很难保证，设备损耗严重，需聘用大量的司乘人员，人工成本极高。

为了克服困难，保证行车安全，国家能源集团神朔铁路分公司与中车株洲所、中车株机厂联合攻关地理、线路、气候、长大坡度"四大难题"，成功开行神朔铁路智能驾驶重载列车。

这趟列车创造了国内多个重载列车技术第一：首次实现重载万吨列车自动驾驶；首次在重载铁路应用运营商网络；首次实现列车自动车钩连挂、解挂，无线重联编组；首次在重载铁路设置异物入侵检测系统等。智能驾驶万吨重载列车的成功开行，标志着我国已经掌握了智能货运重载列车控制领域的核心科技。

班级:_____ 姓名:_____ 学号:_____ 日期:_____

任务实施

模块一　学习任务单

知识认知	1. 2005 年国际重载协会对重载铁路是如何界定的? 2. 铁路重载运输的组织形式有哪几种?分别有什么特点? 3. 我国对重载列车运行速度是如何规定的?
能力训练	1. 我国哪些铁路符合 1994 年、2005 年国际重载协会对重载铁路的界定? 2. 我国哪些铁路开行重载组合 2 万 t 列车?(本书已列举的除外) 3. 我国哪些铁路开行重载组合 1.5(1.6)万 t 列车?(本书已列举的除外) 4. 我国哪些铁路开行重载单元 1 万 t 列车(含重载单元 1.2 万 t 列车)?(本书已列举的除外) 5. 我国哪些铁路开行重载组合 1 万 t 列车?(本书已列举的除外) 6. 请查资料,找出世界各国年运量超过 1 亿 t 的重载铁路,分析这些铁路符合哪一年的铁路重载运输标准,并分析其重载运输的组织形式。

任务评价

任务评价表

评价指标	组长评价	自我评价	教师评价
1. 知识学习效果			

续上表

评 价 指 标	组 长 评 价	自 我 评 价	教 师 评 价
2.能力目标达成度			
3.素质提升效果			
本模块最终评价			
个人总结与反思			

注：组长评价、自我评价、教师评价和本模块最终评价可采用等级表示，如优、良、中等、及格、不及格。

模块二

铁路重载运输设施设备

学习目标

1. 知识目标
(1)掌握铁路重载运输线路相关知识;
(2)掌握铁路重载运输车站相关知识;
(3)掌握铁路重载运输机车车辆相关知识;
(4)掌握铁路重载运输通信信号相关知识;
(5)掌握铁路重载运输供电设备相关知识。

2. 能力目标
(1)能对重载铁路等级进行划分,能简述重载铁路主要技术标准和线路设计原则;
(2)能简述铁路重载运输车站分布的原则及车站设置应注意的问题;
(3)能简述铁路重载运输对铁路机车车辆设备的特殊要求;
(4)能说出我国铁路重载运输专用车辆的主要类型;
(5)能简述铁路重载运输通信信号的发展趋势;
(6)能简述铁路重载运输供电设备的使用方法。

3. 素质目标
(1)具有文献检索和资料分析、总结能力;
(2)具有对新知识和新技术的学习能力;
(3)具有团队沟通协作能力;
(4)具有大局观及安全责任意识;
(5)热爱铁路行业相关工作。

建议课时

10课时。

 模块导读

《重载铁路设计规范》(TB 10625—2017)

《重载铁路设计规范》(TB 10625—2017)自2017年5月1日起实施,是继《高速铁路设

计规范》(TB 10621—2014)和《城际铁路设计规范》(TB 10623—2014)后我国第三部铁路工程建设综合性技术标准、第一部重载铁路行业标准,也是世界上首部系统完整、内容全面的重载铁路设计规范,填补了重载运输领域技术标准的空白,进一步丰富和完善了铁路行业工程建设标准体系,为重载铁路建设提供了重要的技术支撑。

规范编制时针对重载铁路的功能定位、适用范围、运输组织形式等进行深入研究,充分总结吸纳了我国大秦、朔黄等重载铁路工程建设及运营实践经验和重载试验科技成果,贯彻了质量安全、节能降耗、环境保护等国家有关规定,在保证安全、可靠的前提下,注重提高运输效率。针对重载铁路的特点,规范科学、系统地规定了设计荷载、列车开行方式、车站分布、牵引计算、机车同步操控系统、可控列尾等主要技术标准及各专业设备配置要求,明确了满足大轴重、大运量的 ZH 荷载图式(中华人民共和国重载铁路设计列车荷载标准的简称)、路基填料、沉降控制、桥梁离心力、隧道内轮廓、轨道结构形式等主要设计内容,并提出轻重车流分方向确定技术标准的原则,充分体现了规范的经济适用性和创新性。

请阅读上述资料并查阅相关资料数据,弄清以下问题:《重载铁路设计规范》(TB 10625—2017)有什么作用和意义?其在技术方面有哪些创新?其与国外的重载铁路设计标准有哪些不同?

任务发布

请学习本模块内容,完成"任务实施"中本模块学习任务单。(本任务根据本模块部分学习目标设计。在实际教学中,教师可根据本模块学习目标,灵活设计学习任务。)

任务目标

(1)能够掌握铁路重载运输线路的主要技术标准以及路基、轨道、平面纵断面设计要求;

(2)能够掌握铁路重载运输车站分布基本原则以及车站的类型与办理的主要作业;

(3)能够掌握铁路重载运输机车、车辆设备选用要求及主要型号,了解不同型号机车、车辆设备优缺点;

(4)能够识别地面信号机、信号标志;

(5)能够熟练操作计算机联锁控制台;

(6)能够熟练使用列车无线调度电话。

任务分组

建议学习者组建学习小组,共同完成相关任务。

姓　名	学　号	分　工	备　注
			组　长

任务准备

引导问题 1　双线重载铁路应采用＿＿＿＿移频自动闭塞。

引导问题 2　涉及行车安全的铁路信号系统及电路,必须符合铁路信号＿＿＿＿原则。

引导问题 3　区间设置地面通过信号机,信号机点灯装置宜采用＿＿＿＿型。

引导问题 4　机车同步操纵信息传送采用＿＿＿＿系统。

引导问题 5　长度为＿＿＿＿km 及以上隧道内应设置隧道应急电话系统。

引导问题 6　牵引变电所应采用独立双电源、双回路受电,供电电源宜采用＿＿＿＿kV 及以上电压等级。

引导问题 7　接触网的标称电压为＿＿＿＿kV。

引导问题 8　牵引网正线应采用＿＿＿＿供电方式,联络线和编组场等可采用＿＿＿＿供电方式。

引导问题 9　我国重载铁路等级是如何划分的?

引导问题 10　重载铁路车站分布应遵循哪些原则?

引导问题 11　重载运输对铁路车辆设备有哪些要求?

引导问题 12　重载运输机车选择时需注意哪些问题?

引导问题 13　什么是联锁关系?

引导问题 14　联锁的基本条件是什么?

引导问题 15　铁路无线调车灯显设备包括哪些?

引导问题 16　重载铁路通信系统由哪些子系统构成?

引导问题 17　重载铁路牵引供电系统总体要求是什么?

铁路设施设备是发展铁路重载运输的物质技术基础。在发展铁路重载运输过程中,世界各国铁路都积极研究和开发重载运输设施设备,包括修建新线或对既有线路进行改造、研究采用新型大功率内燃机车和电力机车、研制安装机车同步牵引遥控和通信联络操纵系统、研制大型专用货车、应用高可靠性的牵引供电设备和先进的通信信号设备等,以及在运营工作中实现货物装卸机械化和行车调度指挥、运营管理自动化等。所有这些,都极大地推动了铁路重载运输技术水平的不断提高。

单元一　重载铁路线路设施设备

一、重载铁路线路主要技术标准

铁路主要技术标准一般是对铁路建筑物和设备的类型、能力和规模等所作的基本规定,体现了铁路线路在路网中的作用、性质、功能定位等。《铁路线路设计规范》(TB 10098—2017)指出,铁路主要技术标准应根据线路在铁路网中的作用、运输需求和输送能力、地形和地质条件等因素,按系统优化的原则比选确定。《重载铁路设计规范》(TB 10625—2017)提到了重载铁路主要技术标准应包含的内容(图2-1),并指出轻重车流方向明显的重载铁路可分方向确定技术标准。下文对重载铁路线路技术标准中的线路等级、设计轴重、正线数目、设计速度、最小平面曲线半径、限制坡度进行介绍。

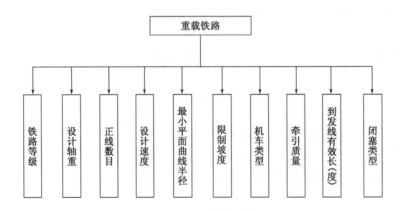

图2-1　重载铁路主要技术标准

(一) 铁路等级

《铁路线路设计规范》(TB 10098—2017)指出,铁路等级应根据线路在路网中的作用、性质、设计速度和客货运量确定,分为高速铁路、城际铁路、客货共线铁路、重载铁路。此外,兼顾客运的重载铁路线路设计应按客货共线铁路标准执行。

【视野拓展 2-1】

客货共线铁路等级

客货共线铁路分为Ⅰ、Ⅱ、Ⅲ、Ⅳ级,其划分应符合下列规定:

(1) Ⅰ级铁路:铁路网中起骨干作用的铁路,或近期年客货运量大于或等于20Mt者;

(2) Ⅱ级铁路:铁路网中起联络、辅助作用的铁路,或近期年客货运量小于20Mt且大于或等于10Mt者;

(3) Ⅲ级铁路:为某一地区或企业服务的铁路,近期年客货运量小于10Mt且大于或等于5Mt者;

(4) Ⅳ级铁路:为某一地区或企业服务的铁路,近期年客货运量小于5Mt者。

(二)设计轴重

重载铁路设计轴重应根据大宗货物品类和流向、运输组织方案、相邻线条件、工程经济性等因素,经技术经济比选确定。《重载铁路设计规范》(TB 10625—2017)将重载铁路设计轴重按250kN、270kN、300kN三档划分设计标准,以满足设计采用不同轴重标准的需要。

(三)正线数目

重载铁路正线数目应根据项目功能定位、运输需求、工程条件等因素,结合牵引质量、限制坡度、机车类型等技术标准的选择,经技术经济比选确定。

修建双线或者预留双线的临界运量,可根据单线铁路的最大运输能力确定。近期年运量大于单线运输能力时,应一次修建双线;近期年运量小于单线运输能力,远期年运量大于单线运输能力时,宜按照双线设计,分期实施;远期年运量虽未达到单线运输能力,但远期年运输能力大于单线运输能力时,可预留双线。例如,我国的南北煤运通道浩吉铁路,浩勒报吉至岳阳段为双线;岳阳至吉安段为单线,在岳阳至吉安区段预留双线。

一般情况下,当重载铁路近期年运量大于或等于60Mt时,宜一次修建双线;远期年运量达到上述标准时,宜按双线设计,分期实施。

(四)设计速度

重载铁路设计速度应根据运输需求、机车车辆类型和工程条件等因素确定。《重载铁路设计规范》(TB 10625—2017)将重载铁路设计速度划分为80km/h、100km/h两个等级。设计中根据项目功能定位、运输需求、工程条件等因素研究确定设计速度。

(五)最小平面曲线半径(以下简称"最小曲线半径")

铁路线路最小曲线半径是指铁路全线或某一路段内规定的圆曲线半径的最小值。重载铁路线路曲线半径根据运输性质、运行安全、地形条件、经济因素,结合工程条件、维修工作量等因素确定。

重载铁路最小曲线半径不应小于800m,困难条件下不应小于600m,特殊困难条件下经技术经济比选确定。重载铁路最小曲线半径(R)的取值如表2-1所示。

重载铁路最小曲线半径 R 规定　　　　　　　　　　表 2-1

设计速度(km/h)		100	80
最低行车速度(km/h)		70	50
h_{max}(mm)		150	150
R_h(m)	一般	536	343
	困难	492	315
R_j(m)	一般	430	329
	困难	335	256
R_{jj}(m)		一般 800,困难 600	
R_{min}(m)	一般	800	800
	困难	600	600

注:h_{max} 为最大超高,mm;R_h 为列车最高行车速度要求半径,m;R_j 为均磨半径,m;R_{jj} 为经济半径,m;R_{min} 为最小曲线半径,m。

(六)限制坡度

限制坡度又称最大持续坡度,是指单机牵引普通货物列车在持续上坡道上最终以机车计算速度等速运行的坡度。它是限制坡度区段的最大坡度,是货物列车牵引质量的计算依据,也是铁路线路的主要技术标准之一,与铁路运输能力有直接关系。

影响限制坡度选择的因素众多,而不同决策的经济效益差异甚大,且限制坡度在线路建成后不易改动,故应根据地形类别、牵引种类、牵引质量和运输要求经比选确定。

通常情况下,一条线路上下行方向以采用相同的限制坡度为宜。但是当轻、重车方向货流显著不平衡,远期也不至发生巨大变化,且分方向采用不同限制坡度有显著经济价值时,可分方向选择限制坡度,这样既可满足运营需要又可节省大量工程投资。一条长大干线所经地区的地形类别差异较大时,可分若干区段选择不同的限制坡度,用调整机型或机车台数的方法统一、协调全线的牵引定数。

目前我国新建重载铁路是单方向的重载运输铁路,一般以运输矿产为主,货流方向空重分明,因而分方向设置限制坡度,能最大限度地适应地形,降低工程造价。一般而言,我国重载铁路限制坡度值建议如下:重车方向为 4‰~10‰,空车方向为 12‰~30‰。

二、重载铁路线路平、纵断面设计

(一)设计原则

重载铁路线路平、纵断面设计的基本原则是在保证线路平顺和行车安全的前提下,力争节省工程投资,与良好的运营条件达到高度协调,并使线路尽可能短直。

根据对列车动力作用和线路参数之间关系的理论分析及列车运行实际情况的调查,对重载铁路线路平、纵断面设计没有过高的要求,一般遵循如下原则:

1. 应满足一次铺设区间无缝线路或跨区间无缝线路要求

为提高线路的稳定性与平顺性,减少因重载列车高速通过钢轨接头时造成的纵向冲击以及对列车运行安全的影响,减轻线路维修保养尤其是钢轨修理的压力,降低维修成本,新建重载铁路建议铺设无缝线路,以为重载列车提供安全、稳定的运行环境。

2. 应重视轮轨磨耗,减少线路养护维修工作量,为运营创造较好的条件

重载铁路轴重大、年通过总质量大,钢轨磨耗较常规的客货共线铁路严重,特别是小半径曲线地段,钢轨磨耗更加明显;大坡道地段,列车下坡需要制动,也会加剧钢轨磨耗。当小半径和大坡道同时存在时,对钢轨磨耗影响更大,会显著缩短换轨周期,增加维修投入,干扰正常运营。

(二)重载铁路线路平面设计标准

重载铁路线路平面设计标准如下:

(1)新建线路平面的圆曲线半径应结合工程条件、减少维修等,因地制宜,合理选用。最小曲线半径不应小于800m,困难条件下不小于600m,特殊困难条件下经技术经济比选确定。

(2)双线铁路两线线间距不变的并行地段的平面曲线,宜设计为同心圆。双线同心圆和改建既有线的曲线半径可为零数。

(3)新建铁路不应设计复曲线(compound curve)。改建既有线在困难条件下,可保留复曲线。

(4)直线与圆曲线间应采用三次抛物线型缓和曲线连接,缓和曲线长度应根据曲线半径、路段列车设计行车速度和工程条件确定。

(5)最小圆曲线或夹直线的长度、区间线路线间距及其加宽、区间线路线间距变更应符合《重载铁路设计规范》(TB 10625—2017)的相关规定

(6)特大桥、大桥宜设在直线上。困难条件下必须设在曲线上时,宜采用较大的曲线半径。

(7)隧道宜设在直线上。如果因地形、地质等条件限制必须设在曲线上时,曲线宜设在洞口附近并采用较大的曲线半径,隧道不宜设在反向曲线上。

(8)重载列车长度范围内,不宜设置两个以上连续反向的曲线。

(9)车站正线的平面设计标准应符合下列规定:

①组合分解站及区段站应设在直线上。特殊困难条件下,经技术经济论证,可设在曲线上,但其曲线半径不得小于800m。

②改建车站时,若受既有设备及车站两端大型桥、隧等建筑物的控制,改建有特殊困难时,可保留低于上述规定的曲线半径,以免改建施工时严重干扰运营或引起巨大工程。为慎重起见,需经技术经济论证。

③横列式车站不应设在反向曲线上。纵列式区段站设在曲线上时,每一运行方向的到发线有效长度范围内不应有反向曲线。

④车站曲线宜采用较小的偏角。

⑤车站咽喉区范围内的正线应设在直线上。

(三)重载铁路线路纵断面设计标准

重载铁路的主要特点是列车牵引质量和年通过总重比常规铁路大得多,因此,重载铁路线路纵断面设计必须与该特点相适应。根据国内外重载铁路的运营经验,重车方向限制坡度均较缓(一般为4‰~10‰)。由于重车方向列车牵引质量大,不仅要求有足够长的站线,而且为了使列车在限制坡道上运行速度不低于最小计算速度,在纵断面设计时必须考虑列

车出站有足够长的加速缓坡地段;否则,列车将长期处于低速运行状态,影响铁路的运输能力和效益。

1. 线路的限制坡度

(1)线路的限制坡度应根据地形条件、牵引质量、机车类型和运输需求经比选确定,并应与邻接线路的限制坡度相协调。

(2)空、重车方向货流显著不平衡,远期也不至发生巨大变化,且分方向采用不同限制坡度有显著经济效益时,可分方向选择限制坡度,并应进行重车方向的下坡制动安全验算。

重载铁路轻车方向的最大坡度值不宜大于重车方向最大坡度值的 2 倍;当设计线的货流具有完全单方向性时,也不应大于重车方向最大坡度值的 3 倍,并应进行重车方向的下坡制动安全验算。

(3)改建既有线时,局部超过限制坡度的地段若降坡将引起工程难度增加,且运营实践和牵引计算检算证明列车可以利用动能以不低于机车计算速度通过,则其坡度可予以保留,但既有线为双线时,不应妨碍自动闭塞的采用。增建第二线时,既有线超过限制坡度的地段可作为单方向行车的下坡线,但不应妨碍自动闭塞的采用。

(4)限制坡度应按规定的计算公式进行坡度减缓或折减。

(5)相邻坡段的连接宜设计为较小的坡度差。相邻坡段的最大坡度差一般不得大于 8‰,困难条件下不得大于 10‰。改建既有线经技术经济论证,其相邻坡段的坡度差可保留原数值。

(6)纵断面宜设计为较长的坡段,最小坡段长度一般不应小于 400m;凸形纵断面顶部为缓和坡度差而设置的分坡平段的长度不应小于 200m;困难条件下,因坡度减缓或折减而形成的坡段和长路堑内为排水而设置的人字坡坡段的长度均可减至 200m。改建既有线和新增第二线的坡段长度在困难条件下可减至 200m。

(7)竖曲线的设置应符合下列规定:
①相邻坡段的坡度差大于 3‰时,应以圆曲线型竖曲线连接,竖曲线半径采用 10000m。
②缓和曲线地段和正线道岔范围内不得设置竖曲线。

竖曲线示意图如图 2-2 所示。

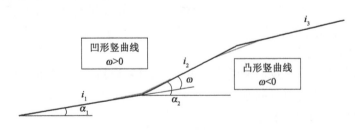

图 2-2 竖曲线示意图

(8)隧道内的坡道可设置为单面坡或人字坡(图 2-3),地下水发育的长隧道宜采用人字坡。其坡度值不宜小于 3‰,在最冷月平均气温低于 -5℃ 的地区地下水发育的隧道内可适当加大坡度。

2. 车站站坪坡度

(1)站坪宜设在平道上。困难条件下,可设在坡度不大于 1‰的坡道上;特殊困难条件下,有充分技术经济论证依据时,会让站可设在坡度不大于6‰的坡道上,但不应连续设置。改建车站在特殊困难条件下,如有充分技术经济论证依据,可保留既有坡度,但应采取防溜安全措施。

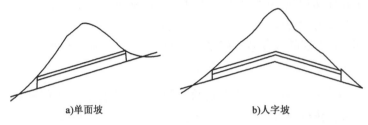

图 2-3 坡道形式

(2)咽喉区的正线坡度宜与站坪坡度相同。特殊困难条件下,可将咽喉区设置在限制坡度为2‰的坡道上,但区段站咽喉区的正线坡度不得大于2.5‰。咽喉区外的个别道岔和渡线可设在不大于限制坡度的坡道上。

(3)车站的站坪坡度均应保证列车的顺利起动。

3. 环形装车线、卸车线坡度

环形装车线是提高重载列车装车效率的有效设施。环形装车线的线路条件必须满足列车低恒速运行的要求,以达到准确、均匀装车的目的。因此,环形装车线坡度一般可设计为1‰~2.5‰,但在装车点前后应设计为平坡。

为了提高卸车效率,也可采用环形卸车线,线路条件需满足:在车钩压缩状态下卸车翻车机前后应设计为平坡直线,其他条件与环形装车线相同。

三、重载铁路路基

国内外的路基病害经验表明:边坡较高的高路堤、深路堑,尤其是特殊岩质和土质高堤深堑的基床下沉、边坡冲刷、滑塌失稳等病害较普遍,造成慢行和中断行车事故,增加养护维修费用。所以,对于重载铁路的路基边坡高度,一般路堤边坡高度不宜超过15m,路堑边坡高度不宜超过30m;路堤的路肩宽度不应小于1.0m,路堑的路肩宽度不应小于0.8m。对难以避免的高路堤、深路堑和特殊岩土的路基,可通过采取提高压实质量、适当加固处理地基、增加边坡稳定性和加强防排水等综合措施,减少运营后路基病害的发生。

四、重载铁路轨道

重载列车的机车和车辆轴重、列车总重和长度都比普通列车大,对线路的破坏力加大;并且,长大重载列车长期大运量运营,对线路的承载能力和疲劳寿命都会造成很大影响。为保证重载列车的安全运行,减少维修成本,必须强化重载铁路轨道的承载能力,使其具有高度的耐久性、可靠性和平顺性。轨道一般由钢轨、道床、轨枕等组成,如图2-4所示。

图 2-4 轨道的基本组成

(一)钢轨

1. 基本要求

(1)钢轨应有足够的抗弯强度。

(2)为延长实际使用寿命,轮轨接触表面应有足够的耐磨性能及抗剥离能力。
(3)为提高横向稳定性并保证足够的支撑面,钢轨应有足够的轨底宽度。
(4)钢轨断面合理,从经济方面考虑,质量(成本)和刚度(保持稳定)都应适度。
(5)为减少钢轨疲劳损伤,从材质上要求其非金属夹杂物含量最小。
(6)钢轨应具有良好的可焊性,以便进一步发展焊接长钢轨。

根据这些要求,对不同的运营条件应采用不同类型、不同材质的钢轨。

2. 钢轨类型

重载铁路多选用60~75kg/m的重型钢轨。国外重载铁路普遍采用60kg/m及以上的重型钢轨,美国部分重载铁路铺设了65kg/m以上的钢轨,最高达78kg/m;澳大利亚重载铁路铺设了68kg/m钢轨;俄罗斯重载铁路大多铺设了65kg/m和75kg/m钢轨。我国重载铁路轨型以60kg/m、75kg/m为主。

3. 钢轨选择

钢轨是重载铁路最主要的轨道部件。国内外运营经验表明,重载铁路钢轨应具备较大的抗弯刚度,其目的是提高轨排强度和稳定性,同时列车垂直荷载可分配至更多轨枕,减轻单根轨枕的荷载,降低枕下道床的应力,延缓重载铁路道砟的破碎粉化,延长道床使用寿命,减少轨道维修作业量。另外,钢轨使用寿命直接影响轨道维修费用,影响线路的运输效益,因此重载铁路钢轨需要有良好的强度、刚度、硬度,以及抗磨损和疲劳性能,从而延长钢轨使用寿命,延长线路换轨周期,减少线路的养护维修工作量,降低线路维修费用。我国重载铁路轨型以60kg/m和75kg/m钢轨为主,具体轨型选择应考虑合理大修周期。从养护维修周期考虑,年通过总重小于250Mt时,重车线可采用60kg/m钢轨,其中年通过总重大于100Mt且小于250Mt并且设计轴重大于或等于300kN时,重车线宜采用75kg/m钢轨;年通过总重大于或等于250Mt时,重车线宜采用75kg/m钢轨。

(二)道岔

道岔是轨道的薄弱环节。由于道岔存在平面、纵断面的几何不平顺,列车通过时会产生附加动力作用,使道岔零部件损坏,影响行车速度。重载铁路道岔如图2-5所示。在重载运输条件下,由于通过重型机车和大轴重的货车,一方面,机车车辆施加的附动力增大,给道岔较大的垂直动力和横向水平力,造成部件损伤,影响行车安全;另一方面,重载机车车辆产生较大的车辆弹簧下加速度,使道岔扣件松弛,道床下沉,轨道产生残余变形。为了使道岔更好地适应重载运输,应当对道岔从材质、结构设计等方面加以改进。

1. 道岔轨型

重载铁路使用的道岔应当与区间线路技术标准相适应。我国重载铁路道岔轨型主要为60kg/m、75kg/m两种类型。

2. 辙叉号码

单开道岔的辙叉号码选择是根据运输条件及侧向允许通过速度而定的。我国国家铁路使用的道岔多为9号、12号,在重载铁路上

图2-5 重载铁路道岔

应当铺设12号及更大号的道岔,以提高重载列车侧向通过速度和运输能力。

3. 平面几何形态

道岔平面的几何形态包括导曲线线型、尖轨线型、尖轨护轨及翼轨缓冲段的冲击角、尖轨与基本轨的平面连接及轨距等。

(1)重载铁路道岔导曲线的线型基本上以圆曲线为主。

(2)尖轨线型,以曲线型中半切线型为最常用。

(3)固定式辙叉从辙叉咽喉至心轨实际尖端之间、翼轨及护轨缓冲部分之间不可避免地存在冲击角。

(4)道岔范围内的轨距,为适应重载要求,一般有缩减趋势。

4. 纵断面不平顺的缓解

道岔纵断面不平顺会增加车辆弹簧下附加惯性力,加速道岔部分损坏和永久变形。因此,根据轮轨相互作用的安全要求及列车运行速度,对不平顺坡度应施加一定限制。道岔设计中的尖轨纵断面与基本轨齐高、固定辙叉翼轨加高、用可动心轨辙叉道岔代替固定辙叉道岔等措施可缓解不平顺。

总之,重载线路的道岔设计应与重载铁路线路技术标准相适应。一般来说,优先采用大号码可动心道岔(图2-6、图2-7),以减少列车对辙叉心的冲击;对道岔尖轨的材质和断面形式需进一步优化以及采用其他新型道岔。

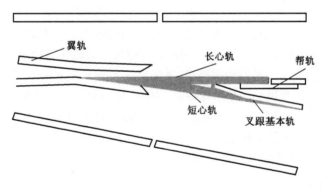

图2-6 可动心道岔示意图

图2-7 可动心道岔实物图

【视野拓展2-2】

腰　岔

车站的到发线上设置的中间道岔,称为中岔或腰岔,如图2-8所示。

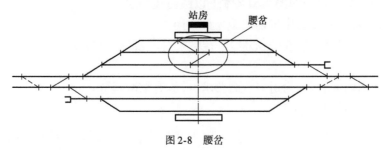

图2-8　腰岔

《重载铁路设计规范》(TB 10625—2017)规定:

(1)组合分解站宜采用横列式布置,空、重车场采用"2线夹1机走"的线束布置方案,即在2条重车线或2条空车线的中间夹1条机走线的布置形式,根据组合分解列车的长度,在重车线或空车线与机走线之间可设置腰岔渡线,腰岔间满足接发单元列车的需要。

(2)车站侧线股道腰岔处可根据需要设置三灯位"红、黄、白"矮型信号机或阻挡列车运行的"红、蓝、白"调车信号机。

(三)道床

道床是轨道框架的基础,传递由钢轨、轨枕传来的动荷载,并使其均匀分布到路基面上;它提供纵、横阻力,使轨道保持稳定并处于正确的几何位置。重载铁路轴重、行车密度增加,使道床的工作环境严重恶化,道床板结情况严重,道床累计残余下沉速率提高,几乎70%的线路养护维修工作是道床清洁、起道捣固等道床作业。因此,提高道床质量是重载铁路的关键工作。

按照《重载铁路设计规范》(TB 10625—2017)要求,正线宜采用有砟轨道。长度1km及以上的隧道内和隧道群地段经技术经济比选后可采用无砟轨道。无砟轨道与有砟轨道应集中成段铺设,不同轨道结构间应设置过渡段。

(四)轨枕、扣件

高强度的钢轨需要配套高强度的轨枕和扣件。重载铁路的轨枕采用钢筋混凝土轨枕,扣件采用高强度的弹性扣件。

(1)重载铁路重车线应采用与设计轴重匹配的钢筋混凝土轨枕(图2-9),每千米应铺设1667根;道岔区段应铺设混凝土岔枕。

(2)重载铁路重车线应根据设计轴重采用与轨下基础匹配的弹性扣件,其技术性能应符合相应标准的规定。重载铁路弹条Ⅶ型扣件如图2-10所示。

五、重载铁路线路养护与维修

重载铁路线路养护与维修的基本任务是长期保持线路状态的完好,使重载列车能以规定的速度安全、平稳和不间断运行,并尽量延长设备的使用寿命。养护与维修应实现机械化、自动化、专业化、信息化,严格责任制和检验制,坚持以预防为主、检测和保养并重、预防与整治相结合的原则,合理确定检修项目和检修周期,组织定期检查,加强日常维修,提高设备质量。基础设施、固定设备实行天窗维修制度,并推行预防性计划修、专业化集中修。

图 2-9　重载铁路钢筋混凝土轨枕　　　　图 2-10　重载铁路弹条Ⅶ型扣件

《重载铁路设计规范》(TB 10625—2017)中关于重载铁路维修设计原则的规定如下：

(1)重载铁路无旅客列车运行时,可以通过运输组织的调整,在特定时期、特定时间段内安排各专业集中维修(即采用集中维修方式),以提高作业效率,集约使用人员、机具,减少维修设施配备,节省工程投资。

(2)重载铁路轴重大、牵引质量大、运量大、线路负荷重,因而其基础设施的维修工作需要高质量和快速地完成,减少维修作业对运营的干扰。因此,为提高作业效率和维修质量,规定重载铁路应采用大型养路机械进行维修作业。

(3)为充分利用既有维修机构的人员和设施,减少重复投资,规定维修机构应结合路网布局统筹设置。

【视野拓展2-3】

重载铁路养护与维修工作

重载铁路养护与维修的主要工作包括钢轨涂油润滑和打磨,道岔的检修、保养,道床道砟的更换、补充,路基、桥隧的加固、养护,等等。对于运输繁忙的重载铁路而言,依靠过去人工养路的方式已经无法满足要求,必须采取现代化的检测养路技术。目前重载铁路常用的养路机械分为大修机械、维修机械、检查机械和修理机械。具体有大型清筛机和配套的维修机械、道岔打磨车及铺换设备、线路捣固车、配砟整形机、轨道动力稳定车等大型养路机械(图 2-11);钢轨探伤车、轨道检测车等基础设施设备状态检测车(图 2-12),利用这些设备能够大幅度提高作业效率和维修质量,从而提高线路的质量,保证运输安全,节省大量维修费用和人力。

a)线路捣固车　　　　　　　　　　　b)双向配砟整形机

图　2-11

c) 全断面道砟清筛机

d) 轨道动力稳定车

e) 道岔铺换设备

f) 道岔打磨车

图 2-11 大型养路机械

a) 钢轨探伤车

b) 轨道检测车

图 2-12 基础设施设备状态检测车

【视野拓展 2-4】

天窗维修

　　天窗是指在运行图中不铺画列车运行线,或者调整、抽减列车运行线用于维修施工的行车"空隙"。天窗给行车设备维修预留了时间,便于对线路、信号及供电设备等进行维修及更新改造,保证了运输的安全与质量,是解决列车运行与设备维修、施工之间矛盾的有效措施。天窗按用途分为施工天窗和维修天窗。综合维修"天窗"时间,单线不宜少于90min;双线不宜少于120min,采用大型养路机械维修时不应少于180min。

单元二　重载铁路车站

一、重载铁路车站分布

(一)重载铁路车站分布原则

重载铁路车站的分布与重载铁路的通过能力、工程造价、运营效益以及沿线交通运输有着密切的关系。一般情况下,重载铁路车站分布应遵循下列原则:

(1)满足输送能力需要。
(2)符合沿线货流分布,满足大宗货物货运量集疏运要求。
(3)满足铁路运营故障维修、列车避让要求。
(4)满足列车技术作业要求。

(二)重载铁路车站站间距

在进行重载铁路车站设置时,由于单线铁路与双线铁路存在一定差异,一般需分开考虑。单线重载铁路车站分布与货运量、运输组织及地形条件有关,工程设计中组织10000t列车时合理站间距可为15km左右,组织20000t列车时合理站间距可为15km～20km。双线重载铁路车站分布除需结合货运需求和工程条件外,还应结合维修天窗的设置、养护维修、列车救援、线路均衡运输的要求等因素综合确定,一般情况下,最大站间距可为40～60km。

(三)重载铁路车站设置需要注意的问题

重载铁路车站设置除需满足上述要求外,对于每个具体的车站,还需要注意如下问题:

1. 集运站

应调查沿线煤矿资源分布及开采情况,收集有关煤矿规划和既有交通道路资料。站位和运煤道路高程不宜相差太多,保证周围煤炭运输货车能够便捷地进入集运场地。周边企业有专用线接轨要求时应能满足铁路运输"直进直出"的要求。

2. 港口卸车站

处于铁路尽端的港口卸车站与堆场、煤栈桥、翻车机等设施密切相关,因此在选择卸车站位置时,应充分征求港口方对于铁路建设的意见,以符合港口规划为前提。

3. 组合分解站

组合分解站如果设置在干线上,为充分发挥干线的通过能力,宜选择接轨点作为组合分解站;如果设置在支线上,为尽量减少需改造车站数量,降低工程投资,一般选择靠近接轨点的车站作为组合分解站。

4. 一般中间站

对于没有客运要求的车站,应考虑运煤列车的污染和噪声对周围环境的影响,站位和居民点之间的距离不宜太近;对于有客运要求的车站,应结合地方要求和工程情况选定。

二、重载铁路车站类型和作业

根据重载列车的组合形式不同,重载铁路车站的技术作业性质和业务性质也不尽相同。重载铁路车站按技术作业性质可分为中间站、会让站、越行站、区段站、编组站、组合分解站,按业务性质可分为装车站、卸车站。

1. 重载铁路装车站和卸车站

重载铁路装车站和卸车站为办理重载列车装、卸作业的车站,办理的主要作业如图2-13所示。

图2-13 重载铁路装车站、卸车站办理的主要作业

2. 重载铁路中间站、会让站、越行站

重载铁路中间站办理的主要作业如图2-14所示。会让站主要办理列车的会让、越行业务,越行站主要办理列车越行业务。

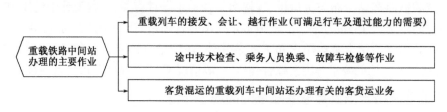

图2-14 重载铁路中间站办理的主要作业

3. 重载铁路途中技术作业站

重载铁路途中技术作业站包括区段站、编组站、组合分解站,其办理的主要作业如图2-15所示。

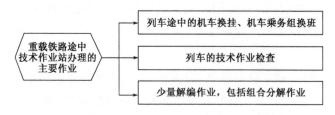

图2-15 重载铁路途中技术作业站办理的主要作业

三、重载铁路站场

(一)重载铁路站场设施设备

1. 重载铁路车站线路

重载铁路车站线路按用途可分为正线、站线、段管线、岔线及特别用途线。为保证重载列车能在车站安全办理各项作业,根据《铁路车站及枢纽设计规范》(TB 10099—2017)要

求，重载铁路车站线路设置需满足下列条件：

（1）车站线路直线地段的主要建筑物和设备至线路中心线的距离应符合表2-2的规定。

主要建筑物和设备至线路中心线的距离　　　　　　　表2-2

序号	建筑物和设备名称			高出轨面的距离（mm）	至线路中心线的距离（mm）
1	跨线桥、天桥柱、雨棚柱和接触网、电力照明等杆柱边缘	位于正线或车站最外侧站线一侧		1100及以上	≥3100
		车站相邻线间	位于通行超限货物列车的到发线一侧	1100及以上	≥2440
			位于不通行超限货物列车的到发线一侧	1100及以上	≥2150
		位于最外侧梯线或牵出线一侧		1100及以上	≥3500
2	高柱信号机边缘	位于正线或通行超限货物列车的到发线一侧	一般	1100及以上	≥2440
			改建困难	1100及以上	2100（保留）
		位于不通行超限货物列车的到发线一侧	一般	1100及以上	≥2150
			改建困难	1100及以上	1950（保留）
3	货物站台边缘	普通站台		1100	1750
		高站台		≤4800	1850
4	车库门、转车盘、洗车架和洗罐线、加冰线、机车走行线上的建筑物边缘			1120及以上	≥2000
5	清扫或扳道房和围墙边缘	一般		1100及以上	≥3500
		改建困难		1100及以上	3000（保留）
6	起吊机械固定杆柱或走行部分附属设备边缘至货物装卸线			1100及以上	≥2440

注：表列序号一栏，有大型养路机械作业时，各类建筑物至线路中心线的距离不应小于3100mm。

（2）车站线路曲线地段的各类建筑物和设备至线路中心线的距离及线间距应按《标准轨距铁路限界　第2部分：建筑限界》（GB 146.2—2020）的规定加宽。

（3）车站线路直线地段两相邻线路中心线的线间距应符合下列规定：

①两正线的线间距不应小于5.0m。

②两线路间无建筑物或设备时，正线与相邻到发线间、到发线间或到发线与其他线间的距离不应小于5.0m。

③两线路间设有建筑物或设备时，可根据表2-11中的建筑物和设备至线路中心线的距离和建筑物及设备的结构宽度计算确定。

④线间有列检作业时，可根据作业要求计算确定。

（4）进站信号机外制动距离内进站方向为超过6‰的下坡道时，车站接车线末端应设置安全线。

安全线的设计应符合下列规定：

①安全线的有效长（度）不应小于50m。

②安全线的纵坡应设计为平道或面向车挡的上坡道。

③安全线尾部不宜设置在桥梁上或隧道内。

④安全线应设置双侧护轮轨，尾部应设置车挡和缓冲装置，路基地段安全线尾部还应设

置止轮土基。

(5)新线、岔线、段管线与站内正线、到发线接轨时,均应设置安全线;新线、岔线与站内到发线接轨,站内有平行进路及隔开道岔并有联锁装置时,可不设安全线。

(6)新线、新建岔线不应在区间内与正线接轨。疏解线路在区间内与正线接轨时,接轨地点应设置线路所。

(7)对于新建重载铁路到发线有效长(度),当牵引质量为1万t时,宜采用1700m;当牵引质量为2万t时,宜采用2800m。改建重载铁路到发线有效长(度)可根据采用的机车车辆参数计算确定。

2. 重载铁路站线轨道

(1)重载铁路站线轨道类型应按表2-3规定选用。

重载铁路站线轨道类型　　　　表2-3

项目		单位	到发线		其他站线
			重车	轻车	
钢轨	类型	kg/m	60	50	50
	定尺	m	25	25	25
轨枕	型号	—	重载专用	新Ⅱ型	新Ⅱ型
	铺枕根数	根/km	1680	1600	1440
扣件		—	重载专用	弹条Ⅰ型	弹条Ⅰ型
道床	道砟材质	—	一级	一级	一级
	顶宽	m	3.1	2.9	2.9
	边坡	—	1:1.5	1:1.5	1:1.5
	厚度 非渗水土路基	m	0.35	0.35	0.25
	厚度 岩石、渗水土路基	m	0.25	0.25	0.20

(2)我国重载铁路车站,用于侧向接发万吨及以上列车的道岔不宜小于18号,正线上的渡线道岔不应小于12号,其他线路的道岔不应小于9号。

同时,根据站场道岔设计,应配置相应的道岔转辙装置:空重车正线全部采用外锁闭装置,多点牵引道岔采用分动控制方式,道岔转辙装置全部采用液压型,转辙设备应采用交流电液转辙机。

3. 重载铁路站场路基与排水

(1)对于站线中心至路基边缘的宽度,车场最外侧线路不应小于3.0m,有列检作业的车场最外侧线路不应小于4.0m,最外侧梯线和平面调车牵出线有调车人员上、下车作业的一侧不应小于3.5m。

(2)站内正线或进出站线路路基标准应与区间正线相同。站线路基的填料和压实度应按Ⅱ级铁路路基标准设计,路基基床表层厚度应为0.3m,基床底层厚度应为0.9m,基床总厚度应为1.2m。

(3)站线与正线共路基时,路基设计应符合下列规定:

①当站线与相邻正线间无纵向排水槽或渗管、站台等设施时,站线路基应采用与站内正线相同标准设计,路基面应采用三角形,其坡率宜为4%。

②当站线与相邻正线间设有纵向排水槽或渗管、站台等设施且到发线数量较多时,自正

线中心向外宽度为2m处、路基面以下1∶1边坡范围内,路基应按正线标准设计,路基面应采用三角形,其坡率不应小于4%。其余站线的路基应按站线标准设计。

(4)排水设备的数量、截面尺寸应按1/50洪水频率计算确定。

(5)侧沟、天沟、排水沟应进行基础、接缝和防渗设计。

(6)天沟不应向路堑侧沟排水。

(7)排入自然沟渠的天沟、排水沟,其末端应设置消能、沉淀设施。

(8)排水设施不宜与设备基础、接触网支柱等交叉。

(二)重载铁路车站平面布置

根据各种类型车站的作业方式、作业量和场地地形条件,重载铁路车站平面布置有以下几种情况。

1. 装车站

装车站根据装车设备和场地地形条件,可采用以下几种平面布置方式。

(1)一级二场横列式环线装车站。

一级二场横列式环线装车站布置图形(图2-16)适用于年运量大于1000万t、机械自动化程度高、作业量大、场地地形条件困难的煤矿山区尽头式装车站。

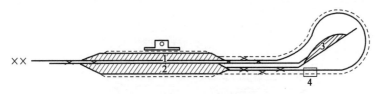

图2-16　一级二场横列式环线装车站

1-空车到达场;2-重车集结出发场;3-机务段;4-漏斗仓

装车环线数量应根据装车系统性能和装车量确定,一般长900m,当年运量大于1000万t而小于1500万t时,宜设置单环装车线;当年运量大于1500万t时,宜设置双环装车线。

该装车站平面布置的缺点为初期投资高,对工人的技术水平要求较高。优点主要包括:自动化程度高、装车精度高、劳动强度低、可缩短站坪长度、可减小铺轨长度。

(2)二级二场纵列式装车站。

二级二场纵列式装车站布置图形(图2-17)适用于年运量小于1000万t、作业量不大、场地地形狭长的通过式或尽头式装车站。

图2-17　二级二场纵列式装车站

1-到达场;2-装车场;3-漏斗仓

该装车站平面布置的优点为利用狭长场地,可节省较多工程费用。缺点主要有以下方面:

①设备不集中、管理不方便、车站定员多等。

②车列由装车场至到发场需反复牵出和换挂机车,作业复杂。

③机车车辆停留时间较长,较环线装车站多16min。

(3)一级二场横列式装车站。

一级二场横列式装车站布置图形(图2-18)适用于年运量小于600万t、作业量小、场地地形平坦宽阔的通过式或尽头式装车站。

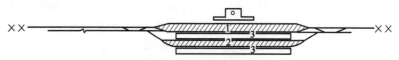

图 2-18　一级二场横列式装车站

1-到达场；2-装车场；3-装车站台

该布置的优点为作业简单、灵活，投资小。缺点主要有以下方面：

①占地面积大。由于要设置煤炭存放场并留出装载机行走及装煤时必要的旋转空间，装车线一般横向占地面积较大，宽度可达 30~50m。

②污染大，站区环境差。

③需要的装载机械数量较多，装车作业点分散，装车时间较长。

2. 组合分解站

根据作业量和场地地形条件，组合分解站可采用以下几种平面布置方式。

(1) 一级三场横列式组合分解站。

一级三场横列式组合分解站布置图形（图2-19）适用于枢纽把口位置，有多条线路引入，场地地形平坦宽阔，承担组合、分解、机车换挂、技检、扣修车维修等作业的大型技术作业站，如大秦线湖东站、朔黄线神池南站等。

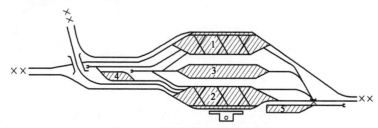

图 2-19　一级三场横列式组合分解站

1-重车到发场；2-空车到发场；3-调车场；4-机务段；5-车辆段

该组合分解站布置特点是正线外包，交叉少，空、重车到发场和调车场横列布置，分场作业互不干扰；但要求场地宽阔，占地多，工程投资大。

(2) 一级二场横列式组合分解站。

一级二场横列式组合分解站布置图形（图2-20）适用于在港口、电厂等支线与干线交会处，无调车作业，承担组合、分解等作业，通过车多，进入专用线或支线的列车需分解的中型技术作业站。

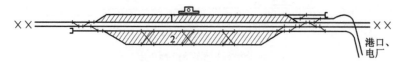

图 2-20　一级二场横列式组合分解站

1-重车到发场；2-空车到发场

该组合分解站平面布置特点是空、重车分场，作业简单，占地少，投资小；但适用范围受限，空车返回只能分散连挂，灵活性差。

3. 卸车站

卸车站根据作业量和场地地形条件，可采用以下几种平面布置方式。

(1) 一级二场横列式环线卸车站。

一级二场横列式环线卸车站布置图形(图2-21)适用于港口地区、作业量大、使用翻车机作业的专用车站,如大秦线柳村南站。

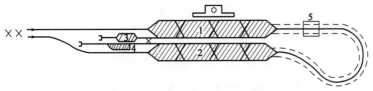

图2-21　一级二场横列式环线卸车站
1-重车到发场;2-空车到发场;3-机务段;4-站修段;5-翻车机

卸车环线数量应根据翻车机型号、性能和卸车量确定。1台翻车机的作业能力,单翻约600万t/年,双翻约1000万t/年,三翻为2500万~3000万t/年。卸车环线数量一般与翻车机数量相同。

该布置简洁、流畅,作业效率高,但占地面积大,投资较高。

(2)一级二场横列式尽头式卸车站。

一级二场横列式尽头式卸车站布置图形(图2-22)适用于港口地区、作业量较大、地形条件无法设置环线、使用翻车机作业的专用车站。

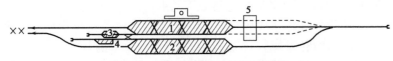

图2-22　一级二场横列式尽头式卸车站
1-重车到发场;2-空车到发场;3-机务段;4-站修段;5-翻车机

该布置简洁,适应长窄地形条件,但空车牵出作业频繁,作业效率不高。

(3)二级二场横列式尽头式卸车站。

二级二场横列式尽头式卸车站布置图形(图2-23)适用于港口和电厂地区、作业量较小、使用翻车机作业的专用车站。

图2-23　二级二场横列式尽头式卸车站
1-到发场;2-翻车场;3-翻车机

该布置车场分工细致,专业性强,但转场作业多,效率低。

4. 中间站

中间站承担列车到发、停电维修时列车临时停靠或列车越行等作业任务。

中间站到发线的设置与普通铁路相同,不同的只是到发线有效长(度)不同。设有货场或专用线引入的中间站还承担调车作业。若线路不仅运行重载组合列车,还运行普通列车,则要考虑长到发线和短到发线的配置。此外,为满足接触网开天窗维修和运量不断增长的需要,应适当预留车站到发线的数量。

(1)一般横列式中间站布置图形(图2-24)适用于无货场和无专用线接轨的一般会让、越行和临时停靠的中间站。

(2)设有货场、大机线和专用线接轨的横列式中间站布置图形如图2-25、图2-26所示。

(3)长、短到发线综合配置的横列式中间站布置图形(图2-27)适用于线路上不仅运行重载组合列车,还运行普通列车的中间站。

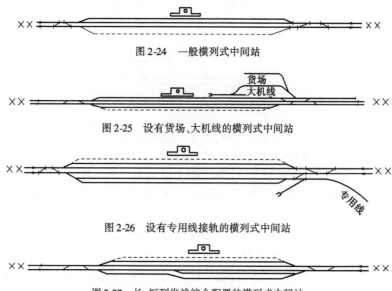

图 2-24　一般横列式中间站

图 2-25　设有货场、大机线的横列式中间站

图 2-26　设有专用线接轨的横列式中间站

图 2-27　长、短到发线综合配置的横列式中间站

在进行重载铁路车站平面布置时应注意以下几点：

（1）组合分解站宜选择在枢纽或线路把口位置，避免各支线上分别修建技术作业站而引起大量重复建设工程，达到资源共享、节省投资、提高作业效率的目的。

（2）组合分解站宜采用横列式布置，空、重车场采用"2 线夹 1 机走"的线束布置方案，即在 2 条重车线或 2 条空车线的中间夹 1 条机走线的布置形式，根据组合分解列车的长度，在重车线或空车线与机走线之间可设置腰岔渡线，腰岔间满足接发单元列车的需要。

（3）年运量大于 1000 万 t 的装车站和卸车站宜优先采用环线布置。装车站装车方式及设备配置应根据作业量及地形地质条件确定；卸车站宜设翻车机，处于港口的卸车站宜采用空、重车场横列和咽喉区环线连接的布置形式，专为电厂等企业服务的卸车站宜采用重车线及空车线中间夹机走线的布置形式。

（4）车站平面布置的选择需要结合车站作业量，并综合考虑机务设备、车辆设备、装车设备、卸车设备、地形地质条件等因素。

单元三　重载运输机车车辆

一、重载运输机车

由于重载铁路具有"轴重大、牵引质量大、运量大"的特点，它与普速客货共线铁路在功能定位和机车运用等方面都存在着显著差异。重载列车质量远超普通列车，需要大功率的内燃机车或电力机车牵引，要求具有足够的牵引能力、较高的制动力、良好的控制功能、较小的轮轨动力作用及较高的运用可靠性。各国重载列车，除美国和加拿大主要采用内燃机车牵引外，绝大多数国家均采用电力机车牵引。

（一）我国重载电力机车发展历程

从电力机车性能提升和运用需求两个不同维度来看，我国重载电力机车主要经历了两个阶段:第一阶段是直流机车向交流机车发展阶段;第二阶段是单机牵引向组合列车发展阶段。

1. 直流机车向交流机车发展阶段

我国自 20 世纪 50 年代开始研制直流电力机车以来,通过不断自主创新,在攻克了一系列技术难题的基础上,开发了系列化的直流机车产品,重载直流机车领域主要以 SS_3 型、SS_4 型、SS_{4B} 型、SS_{4G} 型韶山系列重载直流电力机车(图 2-28)为典型代表,它们在我国重载铁路发展初期得到了广泛应用。

a) SS_3 型电力机车

b) SS_4 型电力机车

c) SS_{4B} 型电力机车

d) SS_{4G} 型电力机车

图 2-28 重载直流电力机车

然而,随着时代的变迁、技术的进步,以及直流机车自身存在的不足等,铁路机车向性能更为优越的交流机车转变,出现了以 HXD_1 型、HXD_2 型、HXD_3 型、HXD_{1B} 型、HXD_{2B} 型、HXD_{3B} 型为典型代表的重载交流电力机车(图2-29)。目前,我国大秦铁路、瓦日铁路主要使用的就是 HXD_1 型、HXD_2 型重载交流电力机车。

a) HXD_1 型电力机车

b) HXD_2 型电力机车

c) HXD_3 型电力机车

d) HXD_{1B} 型电力机车

e) HXD_{2B} 型电力机车

f) HXD_{3B} 型电力机车

图2-29　重载交流电力机车

比较表2-4、表2-5、表2-6可以看出,相比于直流机车,在起动牵引力、机车功率、最高速度、持续速度等方面,交流机车的整体性能得到了较大幅度的提升。目前,我国已经形成了系列重载电力机车定型产品,搭建了轴重覆盖25t、27t、30t,轴式覆盖C_0-C_0、$2(B_0$-$B_0)$、$3(B_0$-$B_0)$,机车功率覆盖7200kW、9600kW、14400kW的大功率交流传动重载电力机车系列化产品平台。

重载直流机车主要性能参数　　　　　　　　　　　　　　　　表2-4

机车型号	SS_3	SS_4	SS_{4B}	SS_{4G}
机车功率(kW)	3445	6400	6400	6400
轴重(kN)	230	230	230	230
最高速度(km/h)	100	100	100	100
持续速度(km/h)	45	51.5	50	51.5
机车额定牵引力(kN)	317.8	436.5	450	450
轴式	C_0-C_0	$2(B_0$-$B_0)$	$2(B_0$-$B_0)$	$2(B_0$-$B_0)$

重载交流机车主要性能参数(一)　　　　　　　　　　　　　　表2-5

机车型号	HXD_1	HXD_2	HXD_3	HXD_{1B}	HXD_{2B}	HXD_{3B}
机车功率(kW)	9600	10000	7200	9600	9600	9600
轴重(kN)	230/250	230/250	230/250	250	250	250
最高速度(km/h)	120	120	120	120	120	120
持续速度(km/h)	70/65	70/65	70/65	81.9	76	68.2
机车额定牵引力(kN)	494/532	514/554	370/400	422	455	506
轴式	$2(B_0$-$B_0)$	$2(B_0$-$B_0)$	C_0-C_0	C_0-C_0	C_0-C_0	C_0-C_0

重载交流机车主要性能参数(二)　　　　　　　　　　　　　　表2-6

机车型号	神8	神12 (现更名为$CEA1_{A1}$)	HXD_{1F} (现更名为FXD_{1B})	HXD_{2F} (现更名为FXD_{2B})
机车功率(kW)	9600	14400	9600	9600
轴重(kN)	250	250	270/300	270/300
最高速度(km/h)	120	120	100	100
机车起动牵引力(kN)	760	1140	820/910	820/910
轴式	$2(B_0$-$B_0)$	$3(B_0$-$B_0)$	$2(B_0$-$B_0)$	$2(B_0$-$B_0)$

【视野拓展2-5】

HXD_1型、HXD_2型重载电力机车

HXD_1型电力机车是双节重联的八轴大功率干线货运用电力机车,由两节完全相同的单端司机室四轴机车通过内重联环节连挂成八轴机车,成为一个完整系统,司机可在任何一端司机室对两节机车进行控制。2007年7月底起,HXD_1型电力机车正式开始承担大秦线2万t组合列车的牵引任务,逐步代替了原来的韶山SS_4型电力机车。

HXD_2型电力机车是干线货运用八轴大功率交流传动电力机车,由两节完全相同四轴机车连挂而成。2007年12月4日,HXD_2型电力机车开始应用于大秦铁路,初期主要用于单机牵引1万t煤炭列车。

【视野拓展2-6】

神8、神12、神24 重载电力机车

"神华号"八轴电力机车(神8)是货运干线用机车,如图2-30所示。机车牵引电路采用由IGBT模块组成的四象限整流器和逆变器,采用三相异步牵引电动机,控制方式为轴控。机车采用独立通风方式,车体采用整体承载结构形式,转向架传动装置采用抱轴驱动方式,牵引装置采用低位牵引,基础制动采用轮盘制动,机车空气制动系统采用DK-2制动系统。机车具有无线远程重联同步控制功能。

"神华号"十二轴电力机车(神12)是货运干线用机车,如图2-31所示。该型机车根据实际线路及牵引定数情况,通过牵引计算,在"神华号"八轴大功率交流传动电力机车的基础上,确定了以动力单元为基础的模块化设计的十二轴电力机车组形式,A、B节机车的总体结构为单司机室加机械间方式,C节机车为单机械间方式,3节车采用贯通式中间走廊,开创了一种新型机车组牵引方式,符合世界重载货运机车技术发展潮流。

图2-30　HXD_1型"神华号"八轴电力机车

图2-31　$CEA1_{A1}$型"神华号"十二轴电力机车

"神华号"二十四轴电力机车(神24,图2-32)于2020年7月29日研制成功,采用"24轴技术"概念和设计思路,运用了16项技术创新,包括首创自适应配置网侧电路、网络动态编组控制技术,可实现16轴、20轴等灵活编组,能高效满足各种运力需求。2021年6月25日,全球首台最大功率电力机车"神24"在神朔铁路线上运行。

图2-32　"神华号"二十四轴电力机车

"神华号"新型大功率交流传动电力机车具有效率高、运行可靠、节能等优点,且有富余功率提高速度,可大大缓解目前机力、人力紧张的局面。

【视野拓展 2-7】

适应 30t 轴重重载铁路的机车：FXD_{1B}、FXD_{2B} 型机车

FXD_{1B}、FXD_{2B} 型机车原型号 HXD_{1F}、HXD_{2F}，是为适应 30t 轴重重载铁路而设计的八轴交流传动机车。机车采用高强度车体、大轴重转向架、重载驱动大功率水冷变流器、大扭矩异步牵引电动机、卧式牵引变压器、单轴控制、微机网络控制、电子控制制动、独立通风冷却、轮盘制动等技术。机车功率 9600kW，最高速度 100km/h，持续速度 50km/h，最大牵引力大于 910kN，持续牵引力大于 691kN。两机车在运用操作、部件互换、检修及整备接口、控制逻辑、安全及生活设施等方面实施了统一化，首次实现了不同厂家、不同型号机车的互联互通、重联运行。

2. 单机牵引向组合列车发展阶段

以我国最重要的重载专用运煤铁路大秦线和朔黄线的实际运行情况为例，长期以来，重载列车的牵引方式以单台电力机车牵引质量为 6000t 及 1 万 t 为主，如图 2-33 所示。在这种单机牵引方式下，牵引质量的增加对牵引机车性能提出了更高要求，而其在既定轴重限制条件下的提升空间有限。

后来，我国在以大秦线、朔黄线等为代表的重载专线逐渐采用组合式列车的运输模式，即在列车车头、列车中部甚至列车尾部各布置 1 台或多台机车，实现多台机车的远程合作组合牵引。这种牵引方式使得整体牵引质量从 1 万 t 提升到 2 万 t，如图 2-34 所示。

图 2-33　大秦线单机重载牵引列车　　　　图 2-34　大秦线重载组合列车

同时，由于各台牵引机车处于整列车的不同位置，所受的纵向作用力、横向作用力及轮轨黏着情况等不尽相同，因此，对于这种组合式牵引来说，牵引机车的协同控制、操纵模式优化、整车强度、重载钩缓等关键技术有待突破。

随着单机牵引向组合列车的发展，重载线路运能得到了极大的提升。例如，开行组合列车前的大秦线在 2005 年的运量约为 1.5 亿 t，开行组合列车后 2007 年的运量达到 3 亿 t，2019 年更是达到 4.3 亿 t。同样，朔黄铁路自 2016 年开行 2 万 t 重载列车以来，年运量增加超过 4000 万 t，2020 年的运量更是达到 3.45 亿 t。这些数字都验证了重载组合列车的优势。

(二) 我国重载电力机车发展方向

现阶段，我国重载牵引电力机车的单机牵引力、功率、运行速度等技术指标几乎正处在

轮轨关系的瓶颈阶段,所以在增加单机牵引力、功率等级等方面存在困难。要实现多拉快跑,主要需解决3个问题:提升牵引质量、提高行车速度和增加行车密度。提升牵引质量和提高行车速度主要体现在增加列车编组长度和提高机车、车辆轴重方面。

1. 增加列车编组长度

增加列车编组长度会使列车纵向冲击力增加,可能导致车钩横向失稳,在巨大压钩力作用下,车钩无法回到对中位置,失去了横向复位能力,甚至引起相邻车体错位,严重时还会发生列车脱轨事故,极大地威胁列车的运行安全。因而,增加列车编组长度,必须考虑如何降低列车纵向冲击力和提高列车牵引动力问题。降低列车纵向冲击力,可通过电控空气制动(Electronically Controlled Pneumatic,ECP)、异步控制等技术实现;而提高列车牵引动力,可通过多动力单元组合牵引技术实现。

2. 提高机车、车辆轴重

提高机车、车辆轴重是世界各国重载运输采用的一项重要举措。提升机车轴重,可提升单机牵引定数;提升车辆轴重,可提高单位编组长度的装载能力。

3. 增加行车密度

移动闭塞是增加行车密度的一项有效措施,它最显著的特点是取消了以地面信号机分隔的固定闭塞区间,后续列车根据与先行列车之间的距离和进路条件,自动设定运行速度。这种闭塞制式下,列车间隔并不固定,只要保证列车间距不小于后续列车的制动距离加上适当的防护距离即可,其可以使行车密度大大增加,是列车运行控制技术的发展趋势。

【视野拓展2-8】

移动闭塞技术再立新功,朔黄重载铁路实现重大技术突破

2021年6月19日上午,国家能源集团朔黄铁路重载移动闭塞技术发布及开通会在石家庄举行,标志着朔黄铁路成为我国第一条采用移动闭塞系统的重载铁路,是我国重载铁路技术上实现的重大突破性进展。

移动闭塞是国际铁路公认的提升安全指标和提高运输效率的最优列控制式。针对世界重载铁路安全与效率的两大痛点,朔黄重载铁路历经八年技术攻关和自主创新,经过1.8万h的室内模拟运行试验、1.2万km的现场实车运行试验、1.2万余项的专项技术测试验证,成功攻克八大关键核心技术:

(1) 超长移动体安全制动模型。
(2) 基于北斗卫星的列车再定位技术。
(3) 编组站连续发车能力提升技术。
(4) 不同闭塞制式动态切换技术。
(5) 多质点列车完整性检查技术。
(6) 行车许可多重可信计算技术。
(7) 智能运维健康管理技术。
(8) 多传感器信息融合技术等。

同时,取得了六项世界瞩目的重大成果,包括制定了一套重载铁路移动闭塞列控系统技术标准规范;攻克了一系列满足重载复杂场景的移动闭塞关键核心技术;研发了一套包括控制中心、轨旁、车载等的重载移动闭塞列控技术装备;搭建了一套重载铁路列控综合试验验证测试平台;培养了一批高素质的重载铁路列控技术人才;形成了一个高水平重载铁路列控装备产业。在世界范围内开启了智能移动闭塞新时代!

移动闭塞系统技术的运用,可实现列车平均发车间隔由原来的 11min 缩短至 7.3min,发车间隔缩短了 34%;朔黄铁路全线完成移动闭塞改造后年运量可提升 4000 万 t;可降低信号系统设备综合维修成本约 20%,对降低行车人员、维护人员劳动强度等也具有积极作用。

4. 运用新技术

未来重载列车技术的发展还应该考虑轨道牵引装备发展的最新成果,应用新一代技术,实现重载列车的绿色环保、智能,达到重载运输安全、可靠的目的。绿色环保方面主要有永磁直驱电动机技术、碳化硅变流技术;智能方面主要体现在故障预测与健康管理(Prognostics Health Management,PHM)技术和自动驾驶技术。

(1) 永磁直驱电动机技术。

传统的三相异步电动机效率已达到较高的水平,而采用齿轮传动方式则存在效率损耗及维护成本高的问题。

永磁电动机具有轻量化、高效率、高功率因数、低噪声等优点,直驱方式具有传动损耗低、维护方便、维护成本低等优点。永磁直驱电动机结构如图 2-35 所示。因永磁电动机效率提升及直接驱动减少了机械传动损耗,电力机车整车效率可从 85% 提高到 88%。目前,永磁技术在城轨和动车领域已经开始应用,可以预见其在重载大功率牵引领域也将有广阔的发展空间。

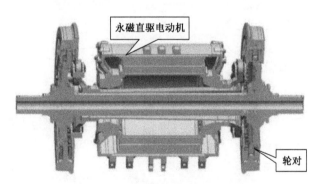

图 2-35 永磁直驱电动机结构示意图

(2) 碳化硅变流技术。

碳化硅(SiC)作为新型的半导体材料,具有非常优异的材料特性,可以突破 Si 器件的局限性。SiC 器件的优越性体现在高温、高压、高频、高效等方面。以三菱公司东京地铁银座线 SiC 辅助变流器为例,其损耗降低 30%,体积缩小 20%,质量减小 15%。目前,碳化硅变流技术在城轨和轻轨领域已有相关应用,建议开展碳化硅变流器件在重载轨道交通行业的运用研究,以提升机车效率。

(3) PHM 技术。

PHM 技术是为了满足自主保障、自主诊断的要求而提出来的,是基于状态的维修 CBM 的升级版。它通过对机车和车辆的状态感知,监控设备健康状况、故障频发区域与周期,通过数据监控与分析,预测故障的发生,从而大幅度提高运维效率,并为状态修、设计提供数据基础,如图 2-36 所示。

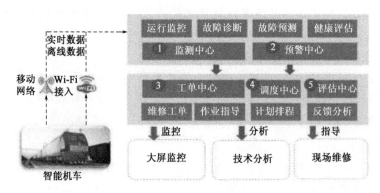

图 2-36　PHM 系统示意图

通过深入开展受电弓、钩缓系统、牵引系统等关键部件特性研究,搭建智能机车运维平台,预计可实现以下 3 个目标:提高运行安全性、可靠性,正线故障率降低 25%;减少停机维修时间,提高车辆的可用性,检修效率提升 30%;降低全生命周期成本,运维成本降低 20%。

(4) 自动驾驶技术。

采用司机操纵的重载列车,存在乘务员工作强度大、偶发误操作、操纵有差异等问题。现阶段重载列车自动驾驶技术,通过自动驾驶装置从列车运行监控装置(LKJ)主机获得相关信息后,综合机车的位置、限速、坡道、弯道等信息,经过计算,向机车网络控制系统输出牵引/电制动指令或向制动系统输出空气制动指令,如图 2-37 所示。

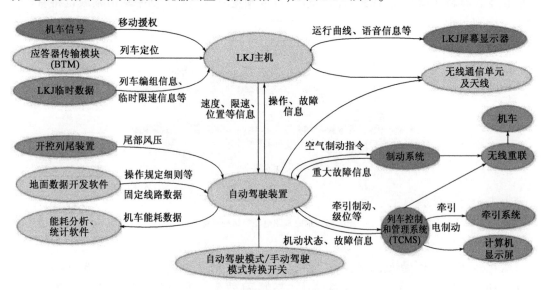

图 2-37　重载列车自动驾驶系统框图

自动驾驶技术的应用,在提升自动化水平的同时,可提升舒适性和平稳性,降低司机的工作强度,优化人员配置,降低人员管理的复杂度和难度,节省人力资源,降低人力成本;可通过列车运行规划与能耗优化模型,实现最优运行,降低能耗。目前,自动驾驶技术在地铁系统有较成熟的应用,未来在重载列车上将有广泛的应用前景。

二、重载运输专用车辆

重载铁路除了采用大功率机车牵引之外,还需要有特殊的车辆与之配套,这些铁路车辆的结构性能与普通的货车有着很大不同。为了更好地适应重载运输的需要,作为载运工具的铁路车辆的基本发展趋势应该是宽、短、强度高、自身质量小。在自重系数小的前提下,应增加轴重/轴数或者增大车辆的容积,降低重心高度,同时采用高强度车钩、大容量高性能缓冲器、高性能耐磨车轮、新型制动装置和转向架、完善的信联闭设备等,既要提高运输能力,也要保证重载列车运行安全。

(一)重载运输车辆设备

铁路车辆轻量化是实现高速重载的重要途径。重载运输的车辆应采用载重大、强度高和自重系数小的大型四轴货车,材料应使用铝合金、不锈钢和高强度钢等。

我国重载运输车辆设备主要有敞车和漏斗车两种。

1. 敞车

敞车主要供运送煤炭、矿石、矿建物资等大宗货物使用。若在所装运的货物上蒙盖防水帆布或者其他遮挡物,可代替棚车承运不能雨淋的货物,因此敞车具有很高的通用性,在货车组成中数量最多。

应用于重载运输的敞车主要分为两大类:一类是通用敞车,用于以京沪线为代表的混跑重载铁路上,如载重60t 的 C_{64} 系列和载重70t 的 C_{70} 系列通用敞车;另一类是专用敞车,用于以大秦线、朔黄线为代表的运煤专线重载铁路上,如载重61t 的 C_{63} 系列、载重75t 的 C_{76} 系列、载重80t 的 C_{80} 系列和载重96t 的 C_{96} 系列专用敞车。重载运输敞车主要技术参数见表2-7。

重载运输敞车主要技术参数 表2-7

货车型号	载重 (t)	自重 (t)	每延米重量 (t/m)	轴重 (t)	车辆长度 (mm)	构造速度 (km/h)
C_{70}	70	23.8	6.69	23	13976	120
C_{70A}	70	23	6.77	23	13726	120
C_{70B}	70	23.8	6.71	23	13976	120
C_{63A}	61	22.4	7.0	21	11986	100
C_{76}	75	25	8.33	25	12000	100
C_{76A}	76	24	8.33	25	12005	100
C_{80}	80	20	8.33	25	12000	100
C_{80B}	80	20	8.33	25	12000	100
C_{80E}	80	26.5	7.62	27	13976	100
$C_{96(H)}$	96	24	8.82	30	13600	100

(1) C_{64} 系列敞车。

1988年,为满足重载组合列车和翻车机卸货的要求,研制了 C_{64} 系列敞车并开始投入批量生产,到2005年,这18年间 C_{64} 系列敞车一直为新造铁路货车的主力车型,如图2-38所示。

图 2-38　C_{64} 系列敞车

(2) C_{63} 系列敞车。

为配合大秦运煤专线建设,1986 年研制了第一代装用转动车钩的 C_{63} 型单元列车敞车,如图 2-39 所示。该车装用 17 型固定车钩和 16 型转动车钩,能够在翻车机上不摘钩连续卸车。1990 年对 C_{63} 型敞车进行了改进和完善,定型为 C_{63A} 型敞车,如图 2-40 所示。

图 2-39　C_{63} 型敞车

图 2-40　C_{63A} 型敞车

(3) C_{76} 系列敞车。

为进一步提高大秦线的运输能力,1998 年研制了 $C_{76(H)}$ 型、C_{76A} 型、C_{76B} 型、C_{76C} 型 25t 轴重运煤专用敞车,车体采用浴盆结构,充分利用了机车车辆的下部限界空间,有效地增大了装载容积和载重量,载重大、重心低、自重轻;在相同站线长度和列车编组辆数条件下,$C_{76(H)}$ 型敞车(图 2-41)较 C_{63A} 型敞车年运量增加 24.6%,每列车多运煤炭 1080t,极大地提高了运输能力;采用 16 型、17 型车钩,可与相适应的港口码头拨车机、定位机和翻车机配套使用,实现不摘钩连续装卸。

图 2-41　$C_{76(H)}$ 型敞车

(4) C_{80} 型、C_{80B} 型敞车。

为满足国民经济快速发展对电煤运输的迫切需求,2003 年研制了 C_{80} 型铝合金运煤敞车(图 2-42),2005 年研制了 C_{80B} 型不锈钢运煤敞车(图 2-43)。C_{80} 型、C_{80B} 型运煤专用敞车,采用转 K6 型或转 K5 型转向架,轴重 25t,载重量 80t,商业运营速度 100km/h。车体采用铝合金或不锈钢材料,车钩缓冲装置采用 E 级钢固定式、旋转车钩、牵引杆和大容量缓冲器。在轴重 25t 不变的前提下,将载重提高至 80t,为大秦线顺利开行 2 万 t 重载列车提供了装备保障,带动了铁路货车设计、制造水平全面提升,推动我国重载铁路货车技术达到世界先进水平,标志着我国已经掌握铁路敞车采用铝合金型材的制造、加工、检修技术。

图 2-42　C_{80} 型敞车

图 2-43　C_{80B} 型敞车

(5) C_{70} 系列敞车。

2005年,在大秦线 C_{80} 系列运煤敞车成熟技术的基础上,研制了 C_{70} 型通用敞车(图2-44);之后又研制了适应既有装车设备和翻车机作业的 C_{70A} 型运煤敞车(图2-45);为提高车体耐腐性能、延长检修周期和使用寿命,研制了车体采用 TCS345 不锈钢的 C_{70B} 型通用敞车(图2-46)。

图2-44　C_{70} 型敞车

图2-45　C_{70A} 型敞车

图2-46　C_{70B} 型敞车

(6) C_{80E} 型敞车。

2014年,C_{80E} 型通用敞车通过评审并投入运营,它是中国铁路货车第四次升级换代产品;轴重27t,载重80t,是首次达到国际重载铁路货车标准的通用货车。C_{80E} 型通用敞车(图2-47)既能满足人工装卸,又能适应翻车机等机械化卸车作业,还能够适应解冻库作业要求。

图2-47　C_{80E} 型敞车

(7) $C_{96(H)}$ 型敞车。

2014年,经中国铁路总公司(现改制为中国国家铁路集团有限公司)验收的 $C_{96(H)}$ 型运煤专用敞车(图2-48)适用于中国标准轨距铁路,采用固定编组运输煤炭,可实现不摘钩连续翻卸,满足解冻库作业要求。它是目前我国轴重最大、载重最大的运煤专用敞车,满足瓦日铁路、浩吉铁路等国家重载铁路煤炭运输发展需求,为"调整运输结构、增加铁路运量""打赢三大攻坚战"等国家战略的实施提供坚实的铁路货运装备支撑。

图 2-48　$C_{96(H)}$ 型敞车

2. 漏斗车

除了敞车以外,为了适应重载运输中煤炭的运输,我国研发了不同载重量煤炭漏斗车,部分重载运输煤炭漏斗车主要技术参数见表 2-8。

部分重载运输煤炭漏斗车主要技术参数　　　　表 2-8

货车型号	载重(t)	自重(t)	每延米重量(t/m)	轴重(t)	车辆长度(mm)	构造速度(km/h)
KM_{70}	70	23.8	6.5	23	14400	120
KM_{80}	80	26	7.2	27	14730	100
KM_{98}	98	22.4	8.36	30	14352	100

(1) KM_{70} 型煤炭漏斗车。

KM_{70} 型煤炭漏斗车(图 2-49)适于在标准轨距线路上运行,供装运煤炭、矿石等散装货物,可满足固定编组、循环使用、定点装卸、大量转运的电站、港口、钢铁等企业的运输需求。该车适用于地面设有受料坑传输装置的供两侧同时卸煤、容量足够的卸煤沟或高栈台,可自动、快速卸车,在无风源的情况下也可以手动卸车。

(2) KM_{80} 型煤炭漏斗车。

KM_{80} 型自卸式煤炭漏斗车如图 2-50 所示,其车体选取不锈钢和铝合金作为主要材料,提高了车辆的耐腐蚀性能,保证了车辆运行安全、可靠;同时,采用与地面设施匹配的底开门结构,实现了边走边卸;能自动开、关门,提高了底开门机构可靠性;地面不需操作人员,从而减少地面作业成本,提高运输效率,改善劳动条件。

图 2-49　KM_{70} 型煤炭漏斗车

图 2-50　KM_{80} 型煤炭漏斗车

(3) KM_{98} 型煤炭漏斗车。

KM_{98} 型铝合金煤炭漏斗车(图 2-51)适用于我国轴重 30t 及以上、电气化区段、标准轨距重载线路的煤炭运输。每辆车设有 4 组自卸式底门机构,通过与地面配套设备配合可实现车辆正/反向行驶时底门自动开闭、边走边卸,卸货全过程自动化。

(4) KM$_{100}$型煤炭漏斗车。

KM$_{100}$型轻量化铝合金煤炭漏斗车（图2-52），是在国内外自卸式煤炭漏斗车成熟技术的基础上，为神华集团量身打造的世界技术领先的创新产品，是我国最大载重的漏斗车，实现了30t轴重轻量化煤炭漏斗车技术飞跃，为神华集团煤炭运输能力的提升提供了强有力的装备保障。

图2-51　KM$_{98}$型煤炭漏斗车

图2-52　KM$_{100}$型煤炭漏斗车

(5) KM$_{81}$型、KM$_{81A}$型煤炭漏斗车。

KM$_{81}$型（图2-53）、KM$_{81A}$型铝合金煤炭漏斗车，被业内称为"智慧环保"煤炭漏斗车，集车体环保顶盖、双向开闭底门、低动力转向架、制动集成组装、长检修周期钩缓系统、ECP电控空气制动等铁路货车领域新技术于一身，同时搭载车载智能监测系统，能够实现对轴温、顶盖、底门开闭状态、空气制动系统在线监测与故障诊断等多项内容实时监测，具有轻量化、智能化、载重大、卸煤效率高、绿色环保等特点，在车辆技术与装备体系方面取得多项突破。该车型的研制满足智慧铁路体系发展需求，在创造环境效益、经济效益与社会效益的同时，全力支撑绿色智能运输系统转型升级，引领国内重载铁路货车新技术发展方向。2020年，该车通过专家评审，具备上线运行考核条件。

图2-53　KM$_{81}$型煤炭漏斗车

（二）重载运输货车转向架

转向架是车辆的重要组成部分。车辆转向架直接承载车体自身质量和载重，引导车辆沿铁路轨道运行，保证车辆顺利通过曲线，并具有减缓车辆运行时带来的振动和冲击的作用，因此转向架的设计也直接决定了车辆的稳定性和承载能力。

我国铁路货车转向架经历了4次升级换代：

(1) 1966—1998年：齐齐哈尔车辆厂设计并定型了我国第一代货车的主型转8A型转向架，累计装用约60万辆，于2001年停止生产。

(2) 1998—2008年：1998年引进美国交叉支撑技术研制了21t轴重、120km/h转K2型转向架，2001年引进侧架摆动技术研制了转K4型转向架。我国第二代主型转K2型转向架于2006年基本停止生产。

(3) 2008—2011年：研制了25t轴重、120km/h转K5型、转K6型、转K7型转向架，我国第三代主型转K6型转向架于2006年开始大批量生产。

(4) 2011年至今：研制了适用于重载线的27t轴重的DZ1型、DZ2型、DZ3型转向架和30t轴重的DZ4型、DZ5型转向架，现已广泛应用。

目前,我国重载运输车辆中主要采用的是转 K5 型、转 K6 型、转 K7 型转向架(图 2-54)以及 DZ1 型、DZ2 型、DZ3 型、DZ4 型、DZ5 型转向架(图 2-55)。

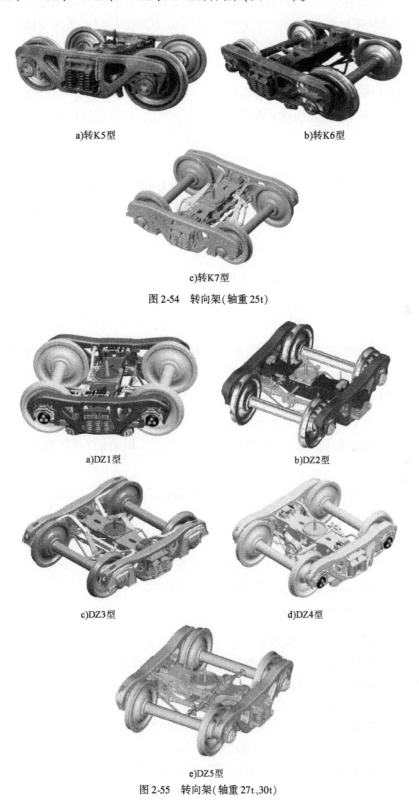

a)转K5型 b)转K6型

c)转K7型

图 2-54　转向架(轴重 25t)

a)DZ1型 b)DZ2型

c)DZ3型 d)DZ4型

e)DZ5型

图 2-55　转向架(轴重 27t、30t)

1. 转 K5 型转向架

转 K5 型转向架是借鉴转 K4 型转向架成功技术研制开发的 25t 轴重摆动式转向架。它进一步优化了弹簧托板结构,提高了转向架的运用安全性和可靠性,适用于标准轨距铁路上载重为 70t、80t 级的重载铁路运输车辆。

2. 转 K6 型转向架

转 K6 型转向架是借鉴转 K2 型转向架成功技术研制的大轴重交叉支撑转向架,适用于标准轨距铁路上 25t 轴重的 70t、80t 级重载铁路运输车辆,能满足货车 120km/h 的运行速度要求。

3. 转 K7 型转向架

转 K7 型转向架是为满足大秦线开行 2 万 t 运煤专列的运输需求而研制的,主要运用于大秦线 80t 级运煤敞车,也可用于其他 70t 级铁路货车,并能满足货车 120km/h 的运行速度要求。

4. DZ1 型转向架

DZ1 型转向架是交叉支撑转向架,适用于标准轨距铁路上 27t 轴重的 80t 级重载铁路运输车辆。

5. DZ2 型转向架

DZ2 型转向架为摆动式转向架,适用于在我国标准轨距铁路上运行的最大轴重 27t、最高运行速度 100km/h 的重载铁路运输车辆,如 $C_{80E(H)}$ 型敞车。

6. DZ3 型转向架

DZ3 型副构架式转向架满足我国铁路重载运输对转向架的要求,具有技术成熟、性能可靠、结构简洁、布置合理、性能稳定等特点。其轴重为 27t,最高运行速度为 100km/h。

7. DZ4 型转向架

DZ4 型交叉支撑转向架适用于我国标准轨距铁路上最高运行速度 100km/h、最大轴重 30t 的铁路货车,如 KM_{98} 型等 100t 级铁路货车。

8. DZ5 型转向架

DZ5 型摆动式转向架适用于我国标准轨距铁路上最高运行速度 100km/h、最大轴重 30t 的铁路货车,如 KM_{98AH} 型、KM_{100AH} 型等 100t 级铁路货车。

(三) 重载运输货车车钩缓冲装置

车钩缓冲装置是车辆最重要的部件之一。它由车钩、缓冲器、钩尾框、从板等组成,安装于车底架两端的牵引梁内。为了减少列车的分离事故和减小列车的冲动,重载列车需要高强度的车钩和大容量、高性能的缓冲器。因此,重载列车对车钩缓冲装置的结构设计、材质、工艺、维修保养机车操纵技术等方面都提出了具体要求。

目前我国重载运煤敞车(C_{63} 型、C_{76} 型、C_{80} 型、C_{96} 型)主要使用 16 型、17 型旋式车钩缓冲装置、RFC 型牵引杆装置,其中 16 型车钩为旋转车钩,17 型车钩为固定车钩,以满足不摘钩进行翻车机卸货的需求;重载运输煤炭漏斗车(KM_{70} 型、KM_{98} 型等)以及我国 70t 级货车则主要采用 17 型车钩。

1. 16型、17型车钩缓冲装置

为了满足大秦运煤专用线开行重载列车且不摘钩进行翻车机连续翻转卸货的需要,铁道部组织齐齐哈尔车辆厂于1989年完成了联锁式固定车钩(17型车钩)和联锁式旋转车钩(16型车钩)及配套钩尾框的样机试制。

1990年年初,17型、16型车钩及配套的钩尾框通过了静拉破坏强度试验,并安装在C_{63}型运煤专用敞车上进行运用试验;同年6月,在大秦线参加了万吨列车运行试验,取得了良好的效果。1992年5月,开始大量装用在C_{63}型运煤专用敞车上。

2003年开始了锻造钩尾框的研究,2005年研制了17型锻造钩尾框,采用E级钢材料,采用锻造框体和连接板组焊的结构形式,可避免由于铸造工艺引起的砂眼、气孔、缩松等制造缺陷,尤其是提高了钩尾框尾部弯角部位的制造质量,降低了后弯角等高应力部位应力水平,具有结构强度高、内在质量好、疲劳寿命长、互换性好等特点,可满足重载铁路货车的使用要求。2007—2008年完成了16型锻造钩尾框设计,并开始在新造铁路货车上推广使用。

目前,16型车钩、17型车钩及配套钩尾框已经广泛地装用在我国70t、80t级铁路货车上,如图2-56所示。

图2-56 16型、17型车钩缓冲装置

(1)16型车钩缓冲装置。

16型车钩缓冲装置如图2-57所示。

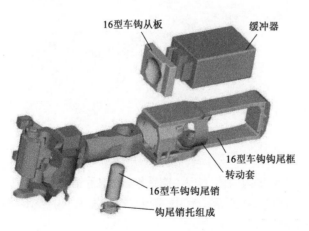

图2-57 16型车钩缓冲装置

16型车钩转动套安装在钩尾框内,可在钩尾框头部$\phi 270mm$的内圆筒体内自由转动。当车辆不摘钩进行翻车机翻转卸货时,由于转动套在钩尾框内可相对钩尾框做360°的转动,所以车钩缓冲装置可以保持不动,仅钩尾框随同车辆一起转动,从而完成不摘钩卸货作业。

16型车钩缓冲装置由16型车钩钩体、钩舌、钩舌推铁、钩舌销、钩锁组成、下锁销转轴和下锁销组成等零部件组成,如图2-58所示。为了使车钩缓冲装置在进行翻卸作业时转动灵活,16型车钩钩体的钩身为圆柱形,钩身下面的磨耗板为嵌入式磨耗板,减小了车钩缓冲装置转动时的阻力。钩体尾部与从板接触的部位是半径为133.5mm的球面。

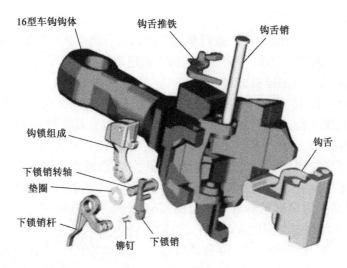

图 2-58　16 型车钩组成

(2) 17 型车钩缓冲装置。

17 型车钩缓冲装置如图 2-59 所示。

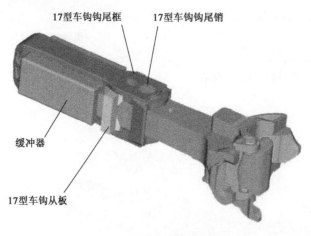

图 2-59　17 型车钩缓冲装置

17 型车钩则主要由 17 型车钩钩体、钩舌、钩舌推铁、钩舌销、锁铁组成、下锁销转轴和下锁销组成等零部件组成,如图 2-60 所示。其中,钩舌、钩舌推铁、钩舌销和锁铁组成与 16 型车钩缓冲装置组成完全通用。

17 型车钩钩体的钩头部分有联锁套口、套头及防脱装置,其钩身的形状与其他车钩相似,为箱形截面;钩尾端面(与从板接触的部位)是半径为 133.5mm 的球面,并在球形端面两侧装有自动对中的凸肩。

2. 牵引杆装置

重载及长大货物列车因制动与缓解的不均匀性和列车间隙效应会引起列车纵向力和纵向冲动增大,容易导致列车车辆脱钩、断钩,车钩及有关零部件过早疲劳损坏,严重影响列车运行安全。根据车辆动力学理论及仿真计算的结果,缩小车辆连接的间隙可有效减小车辆的纵向冲动,提高列车及车辆动力学性能。国外自 20 世纪 70 年代开始研究和设计新的车辆连挂装置以减少或消除列车的"间隙"作用,并设计、开发了不同类型的牵引杆装置来代替车钩缓冲装置,消除车钩连挂间隙。

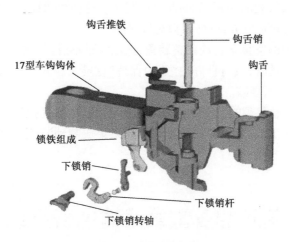

图 2-60　17 型车钩组成

结合我国铁路运输实际情况,为方便运用、检修,保证铁路运输安全,大秦线运煤专列采用了普通牵引杆装置。为保证该牵引杆装置与现有 16 型、17 型车钩缓冲装置的互换性,牵引杆部分采用 RFC 型牵引杆,其余均采用与 16 型、17 型车钩缓冲装置配套使用的钩尾框、从板、转动套及钩尾销等零部件。

3. 缓冲器

缓冲器主要用来减小列车在运行中由于机车牵引力的变化或起动、制动及调车时车辆间相互碰撞而引起的冲击和振动,从而减小对车体结构和货物的破坏,提高列车运行的平稳性。

缓冲器的工作原理是借助压缩弹性元件来缓和冲击作用力,同时在弹性元件变形过程中利用摩擦和阻尼吸收冲击能量。按照其工作原理和结构特征,缓冲器一般可以分为弹簧式缓冲器、摩擦式缓冲器、橡胶缓冲器、摩擦橡胶式缓冲器、液压缓冲器、空气缓冲器等几种类型。

目前我国重载铁路货车装用的缓冲器主要是 MT-2 型缓冲器、HM-1 型缓冲器、HM-2 型缓冲器。

(四) 重载运输车辆制动装置

重载列车与普通列车相比,速度并不高,但质量大、编组辆数多、列车长,列车需要制动或缓解时,前后部车辆制动与缓解的时间差较大,造成了纵向冲击力加大。此外,由于编组辆数多、列车长,重载列车的副风缸数量也较多,列车制动管总容积加大,造成了初充气时间长、列车管减压速度和增压速度都较低,且沿列车管长度方向有较严重的"衰减"问题。这些都会影响重载列车运行的安全。因此,为了使车辆总体性能得到加强,需要改进制动机的结构,装用新型空气制动装置,以提高其性能。

重载列车制动装置应具备如下功能:

(1) 应具有较高的制动波速和缓解波速。它可以缩短制动和缓解时列车前后部作用的时间,减轻制动和缓解的纵向冲击,并能缩短列车制动距离。加强和改进机车车辆制动时的

局部减压性能，在每个车辆制动机上增添加速缓解阀和小容量的加速缓解风缸，使制动机具有缓解时能局部增压的性能。

(2)采用摩擦系数较大的闸瓦，如高摩合成闸瓦。这样可保证在同样的闸瓦摩擦力条件下，改用较小的制动缸和副风缸，以缩短初充气时间。

(3)采用性能良好的空重车自动调整装置，保证空车不滑行，重车具有足够的制动力。

(4)采用密封式制动缸，具有良好的"压力保持"性能。在长大下坡道制动保压时，能保持制动缸压强不因泄漏而衰减。

目前，我国重载运输车辆的制动系统普遍采用 120-1 型空气控制阀、空重车自动调整装置、脱轨自动制动装置、BAB-1 型或 DAB-1 型转向架集成制动装置、空气制动或电控空气制动装置、NSW 型手制动机等。

单元四　重载运输信号系统

铁路信号系统在保证行车安全、提高运输效率、改善运输人员的劳动条件等方面起到非常重要的作用。随着计算机技术、网络技术、现代通信技术、人工智能的发展，铁路信号系统现代化、智能化成为铁路现代化的重要标志，是实现铁路行车向高速度、高密度和重载发展的重要保证。

重载运输对信号系统的安全性、可靠性提出了更高的要求。重载运输信号系统具有以下特点。

(1)普遍采用数字信号处理技术(Digital Signal Processing, DSP)，同时引入新的实用技术如小波信号处理技术、现代谱分析技术等，为铁路信号信息处理提供实时、可靠的解决办法。

(2)在运输管理系统(TMS)和铁路列车调度指挥系统(TDCS)基础上，综合运用信号、计算机网络、多媒体技术等，建立了新型的网络化、信息化、智能化的现代运输调度指挥系统。

(3)积极采用建立在 3C(Computer, Communication, Control)技术基础上的"基于通信的列车运行控制(CBTC)系统"。

(4)在新线建设和既有线改造中必须采用计算机联锁，限制发展继电集中联锁。同时，移频自动闭塞设备采用 ZPW-2000 系列的统一制式。

(5)执行中国列车控制系统(CTCS)技术标准，实现通信信号一体化。

一、重载运输信号系统应满足的技术条件

(1)应满足本线列车设计最大牵引质量、最高运行速度的运行要求，并兼顾牵引质量 8000t 以下货物列车共线运行的要求。

(2)应满足本线列车安全运行的要求，电化区段必须具有抗牵引电流和不平衡牵引电流干扰的能力，并能满足在此电磁环境下稳定、可靠工作的要求。

(3)双线重载铁路应采用自动闭塞，列车追踪运行间隔时分应满足设计运输能力。

(4)ZPW-2000 系列轨道电路的设计长度应满足车载信号设备可靠接收及邻线干扰防护的要求。

(5)涉及行车安全的铁路信号系统及电路,必须符合铁路信号"故障-安全"原则。

二、区间闭塞

(1)区间应采用 ZPW-2000 系列无绝缘轨道电路,电化区段应满足设计最大牵引电流的应用条件。

(2)单线重载铁路应符合下列规定:

①宜采用自动站间闭塞,也可根据需要采用双方向自动闭塞。

②自动站间闭塞设计接近区段长度应满足重载列车按速度等级分级降速、停车的制动距离要求。

③当站间距较长时,区间空闲检查宜采用计轴设备;当站间距较短时,区间空闲检查可采用轨道电路。自动站间闭塞须与集中联锁设备结合使用,可自动检查区间空闲,并随着发车进路的办理自动构成站间闭塞。

(3)双线重载铁路应采用自动闭塞,并应符合下列规定:

①应采用 ZPW-2000 系列无绝缘轨道电路四显示移频自动闭塞,室内发送设备宜采用双机热备安全冗余应用方式,室内电缆引入宜配置电缆成端设备、故障诊断设备,室外监测宜采用一体化采集设备。选用通信编码方式或继电编码方式,正方向应按追踪运行,反方向按自动站间闭塞运行。

②区间设置地面通过信号机,信号机点灯装置宜采用发光二极管(LED)型。

③闭塞分区长度应满足重载列车按速度级差分级制动的距离要求。

④重载铁路 ZPW-2000 系列轨道电路传输电缆长度不宜大于 10km;当该电缆长度超过此规定时,可设区间信号中继站。

三、车站联锁

1.联锁关系

为了保证行车安全,车站上的道岔与信号机之间、信号机与信号机之间必须建立一种互相依存、互相制约的关系,这种关系就叫联锁关系。实现联锁关系的技术装备就叫联锁设备。

2.联锁的基本条件

联锁的基本条件包括:防止建立可能导致机车车辆相冲突的进路;必须使列车或调车车列经过的所有道岔均锁闭在与进路开通方向相符的位置;必须使信号机的显示与所建立的进路相符。

进路上各区段空闲时才能开放信号,这是联锁基本条件之一。如果进路上有车占用,却开放信号,则会引起列车、调车车列与原停留车发生冲突。这是绝对不容许的。

进路上有关道岔在规定位置才能开放信号,这是联锁基本条件之二。如果进路上有关道岔开通位置不对却开放信号,则会引起列车、调车车列进入异线或挤坏道岔。信号开放后,其防护的进路上的有关道岔必须被锁闭在规定位置,不能转换。

敌对信号未关闭时,防护该进路的信号机不能开放,这是联锁基本条件之三;否则列车、调车车列可能形成正面冲突。信号开放后,与其敌对的信号必须被锁闭在关闭状态,不能开放。

3.车站(场)、线路所对计算机联锁设备的要求

车站(场)、线路所应使用采用硬件冗余结构的计算机联锁设备。

4.地面信号机设置要求

(1)车站(场)进站、进路、出站、调车均应设地面信号机。

(2)车站正线股道根据需要设置七灯位矮型接车进路信号机。

(3)车站侧线股道腰岔处设置以下两种三灯位进路信号机:第一种机构自上至下排列为白、蓝、红;第二种机构自上至下排列为黄、白、红。

(4)地面列车信号机的接近区段长度应满足重载列车以最高速度运行等不利条件下的最大常用制动距离要求。

(5)列车信号机应设智能灯丝断丝报警电路、双灯定焦盘灯组,站内信号机采用LED信号机,以提高列车信号安全可靠性。

四、信号机设置及信号显示

1.进路信号机

车站正线股道根据需要设置七灯位矮型接车进路信号机,如图2-61所示。

图2-61 七灯位矮型接车进路信号机

(1)一个绿色灯光:准许列车按规定速度经道岔直向位置进入或通过该信号机内方的站场,表示运行前方至少有三个闭塞分区空闲;

(2)一个绿色灯光和一个黄色灯光:准许列车按规定速度经道岔直向位置进入或通过该信号机内方的站场,表示次一架信号机经道岔直向位置开放一个黄灯;

(3)一个黄色灯光:准许列车按限速要求经道岔直向位置进入该信号机内方的站场准备停车;

(4)一个黄色闪光和一个黄色灯光:准许列车经18号及以上道岔侧向位置进入该信号机内方的站场,越过次一架已经开放的信号机且该信号机防护的进路经道岔直向位置或18号及以上道岔侧向位置;

(5)两个黄色灯光:准许列车按限速要求越过该信号机,经道岔侧向位置[但不满足本款第(4)项条件]进入该信号机内方的站场准备停车;

(6)一个红色灯光:不准列车越过该信号机;

(7)一个红色灯光和一个月白色灯光(引导信号):准许列车在该信号机前方不停车,以不超过20km/h速度通过,并须准备随时停车;

(8)在兼作调车信号机时,显示一个月白色灯光:准许越过该信号机调车。

2.车站侧线列车信号机和调车信号机

车站侧线股道腰岔处设置矮型列车信号机或矮型调车信号机。

(1)列车信号机(图2-62)。

①一个黄色灯光:准许列车越过该信号机,依照次一架信号机的显示行车,该信号不具有区分道岔直向或侧向含义。

②一个白色灯光:允许越过该信号机调车。

③一个红色灯光:不准越过该信号机。

(2)调车信号机(图2-63)。

图 2-62　列车信号机黄色灯光　　　　图 2-63　调车信号机白色灯光

①一个白色灯光:允许越过该信号机调车。
②一个蓝色灯光:准许列车越过该信号机,运行到次一架信号机之前准备停车。

五、信号标志

(1)预告标:白底黑字黑框,安装在线路区间,设置在列车运行方向左侧,提醒车务员前方 300m 处进入停车地段,应提前准备采取停车措施,如图 2-64 所示。

(2)停车标:白底红字红框,安装在线路区间,设置在列车运行方向左侧,表示该点为列车停车位置终点,如图 2-65 所示。

(3)起始标:白底黑字黑框,安装在线路区间,设置在列车运行方向左侧,表示从该点开始将进入列车停车地段,如图 2-66 所示。

 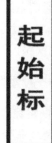

图 2-64　预告标　　　　　　图 2-65　停车标　　　　　　图 2-66　起始标

(4)"W"移动减速信号牌(即 1 万 t 移动减速信号牌),昼间与夜间正反面均为反光膜绿底黑字圆牌,在原绿色圆牌内增加黑色"W"字母,字符高 176mm、宽 220mm,如图 2-67 所示。

(5)"L"移动减速信号牌(即 1.5 万 t 或 2 万 t 移动减速信号牌),昼间与夜间正反面均为反光膜绿底黑字圆牌,在原绿色圆牌内增加黑色"L"字母,字符高 176mm、宽 220mm,如图 2-68 所示。

图 2-67 "W"移动减速信号牌

图 2-68 "L"移动减速信号牌

六、铁路无线调车灯显设备

铁路无线调车灯显设备由调车机车控制器(简称机控器)、调车区长台、调车手持台和附属设备等组成。

机控器可分为固定式机控器和便携式机控器。固定式机控器由主机、司机控制盒、显示灯、扬声器、天线及馈线等组成;便携式机控器由主机(含电池)、司机控制盒、天线和列车运行监控装置连接线组成。

重载列车运行区段内,有调车作业的站场应配备平调无线(网络)场强覆盖系统。

单元五 重载运输通信系统

重载运输通信系统为运输生产和经营管理提供语音、数据和图像通信业务。重载铁路通信系统应设置通信线路、传输系统、电话交换及接入网、数据通信网,以及有线调度通信系统、移动通信系统、机车同步操纵信息传送系统、可控列尾信息传送系统、机车综合无线通信设备(CIR)、会议通信系统系统、综合视频监控系统、应急通信系统。

重载铁路无线通信频率使用应符合国家和铁路无线电管理的有关规定。

一、一般规定

(1)铁路综合数字移动通信系统(GSM-R),可实现包括调度通信、车次号传输与列车停稳信息、调度命令、列车尾部装置信息、调车机车信号与监控信息、列车控制数据、区间移动公务通信、应急指挥通信语音和数据业务等功能。该系统应与固定用户接入交换机(FAS)、分散自律调度集中(CTC)系统相结合,为重载列车提供语音通信电路域及分组域数据传输业务。

(2)列车同步操纵信息传输以 GSM-R 系统为主,以 800MHz 无线数据传输为辅。

(3)可控列尾信息传输采用 GSM-R 网络方式。

(4)普通列尾信息传输采用 450MHz 无线数据传输方式。

二、通信线路

(1)重载铁路线路两侧应至少各设置 1 条长途通信光缆,纤芯数量应不小于 48 芯。

(2)区间短段光缆应与长途光缆分缆设置,纤芯数量应综合考虑区间接入节点的业务需求。

(3)通信光缆宜配置光缆监测系统。

三、传输系统

(1)传输系统可采用同步数字系列技术构建的多业务传送平台、光传送网或铁路下一代移动通信承载技术。

(2)传输系统应采用层次化结构,宜包括骨干层、汇聚层和接入层。骨干层、汇聚层应采用10Gbps及以上速率,车站接入层应采用2.5Gbps及以上速率,其他接入层采用622Mbps及以上速率。

(3)调度所、GSM-R核心网机房、传输汇聚层等重要节点传输系统设备应冗余设置。

(4)CTC、灾害监测、GSM-R、有线调度通信等重要业务应利用不同物理路径的传输系统实现迂回保护。

四、电话交换及接入网

(1)电话业务宜利用既有电话交换网。既有网络资源不满足需求时,可新设电话交换设备接入既有电话交换网。

(2)重载铁路应设置光纤接入网,为沿线车站、段、所等有人值守站点提供语音、图像、数据等接入业务。

五、数据通信网

(1)数据通信网核心、汇聚和接入节点应分别设置双套设备。

(2)各节点间链路带宽须符合业务流量要求,负荷分担链路带宽平均峰值利用率不大于45%;主备链路带宽平均峰值利用率不大于70%。

(3)数据通信网应设置入侵防范等网络安全设备,并设置流量监测系统及入侵检测系统。

六、有线调度通信系统

(1)调度所调度交换机应有容灾备份设置,宜采用同城异地热备方式。

(2)调度台和值班台应采用触摸屏式。

(3)设置铁路数字移动通信系统(GSM-R)时,有线调度通信系统应通过调度所调度交换机与GSM-R系统的移动交换中心(MSC)互联,宜配置2条及以上的中继链路。

七、移动通信系统

(1)移动通信系统宜采用数字移动通信系统(GSM-R)。根据技术发展情况,也可选择下一代铁路移动通信系统。

(2)GSM-R核心网应冗余设置。

(3)重载铁路基站控制器(BSC)应按线路独立设置,采用1+1冗余备份组网。

(4)机车同步操纵区段应采取同站址双网、单网交织冗余无线覆盖等可靠性措施。

(5)长度大于500m的漏泄同轴电缆应设置直流隔断器。

(6)漏泄同轴电缆在进出隧道口时应设置浪涌保护器。

(7)通信铁塔优先采用新型单元式角钢塔,也可采用钢塔桅结构的四管塔、四柱角钢塔、单管塔等。铁塔荷载应考虑天馈线、视频监控、铁塔监测等设备荷载及检修荷载。在天线安装位置应设置全方位工作平台,上、下平台间距不小于5m,塔高20m及以下时可设置一层平台,平台应设置栏杆等防护设施。

铁塔及引线应设置防攀爬、防拆盗、防螺栓松动等安全防护设施,爬梯、走线架应安全、可靠,爬梯应设置攀登防护笼;独立于通信场坪设置的铁塔应设围护设施。

八、机车同步操纵信息传送系统

(1)开行重载组合1万t、1.5万t、2万t列车的机车应采用机车同步操纵信息传送系统。

(2)机车同步操纵信息传送系统应提供机车同步操纵信息传送业务。

(3)机车同步操纵信息传送采用GSM-R系统,根据技术发展情况,还可选择铁路下一代移动通信系统。

(4)机车同步操纵信息传送系统应包括车载通信单元(OCU)、地面应用节点(AN)和GSM-R网络。

(5)AN宜根据运输管辖及容量设置,应采用冗余设计。AN接入MSC的链路应冗余设置。

九、可控列尾信息传送系统

(1)可控列尾信息传送系统采用GSM-R系统,根据技术发展情况,可选择铁路下一代移动通信系统。

(2)可控列尾信息传送系统应包括可控列尾主机、可控列尾机车台、AN和GSM-R网络。

(3)货物列车尾部安全防护装置(简称列尾装置),分为普通、双模及可控列尾装置。重载组合1.5万t、2万t列车须使用可控列尾装置。可控列尾装置具体介绍如下:

①重载组合1.5万t和2万t列车应采用可控列尾装置,该装置由可控列尾主机(含电池,安装在列车尾部)、可控列尾机车台(安装在机车司机室内)、AN三部分组成。

②可控列尾装置具有标识列车尾部标志、风压查询、辅助排风制动、电池欠压和主管风压异常自动报警、"一对一"关系建立及数据记录与下载等功能。

③车务部门负责可控列尾主机及附属设备的管理,以及列尾主机数据的下载和传递;电务部门负责可控列尾机车台及附属设备、AN的管理;机务部门负责可控列尾机车台的日常使用管理及可控列尾装置主机记录的相关数据分析工作。

④机车乘务员操纵列车空气制动装置对列车进行制动减速时,可控列尾装置根据来自机车的减压量信息,由列尾控制器(控制器也称"控制盒")生成控制指令,通过GSM-R网络及AN、可控列尾主机对列车尾部列车管同步减压。

⑤在可控列尾主机发生疑似故障后,司机室列尾控制盒应自动发出语音预警。可控列尾主机疑似故障包括尾部风压反馈值大于610kPa或列尾主机排风时间大于或等于35s。

⑥作业量较大的编组站应配置列尾主机检测台,主要对可控列尾主机GSM-R网络通信控制单元(TCU)模块工况、列尾主机风压反馈数值、工作电流、排风电流、排风量等指标进行检测。

十、机车综合无线通信设备(CIR)

重载列车机车应装备机车综合无线通信设备(CIR),以实现列车调度通信、调度命令信息无线传送、车次号校核数据无线传送、接车进路预告传送等功能。机车综合无线通信设备应兼容 GSM-R 和 450MHz 无线列调通信模式。

十一、会议通信系统

重载铁路应设置会议通信系统。

会议通信系统是利用现代通信网络,在远程异地以电视方式召开实时、双向、交互式的电视会议的一种通信方式。它能实时传输与会者的形象、声音、会议资料和相关事物的图像,这种方式便于使用者远程商讨工作,提高工作效率。铁路会议电视系统是会议通信系统的重要组成部分。铁路会议电视系统包括音频会议系统(即电话会议系统)和视频会议系统(即电视电话会议系统)。

铁路会议电视系统的控制功能有:

(1)会议的控制可通过会议终端的管理终端或遥控器两种方式完成。

(2)主会场应能操作分会场的全部受控摄像机的动作,调整画面的内容和清晰度。

(3)主会场应能对分会场进行音量调节、静音、闭音操作。

(4)主会场应能对分会场进行广播、轮询操作。轮询的间隔时间和轮询的会场可以人工设置。

(5)主会场应能对会议进行延长、结束等操作。

(6)主会场应能任意选择主席控制切换方式、导演控制切换方式、语音激励切换方式等。

(7)除主会场与发言会场可以进行对话外,还允许 1~2 个会场进行插话。

(8)任何会场均有权请求发言,申请发言的信号应显示在比较显眼的位置。

(9)根据需求,系统能实现字幕功能,并能实时修改、叠加。

(10)会议进行中,应能实现某一会场的实时加入。

铁路会议电视系统应进行统一的管理,其管理功能有:

(1)用户管理,包括用户的开户/销户、终端的注册/注销、用户和终端信息的管理、用户的信息查询,以及用户的分类和分组管理、终端分类和分组管理。

(2)会议通信控制管理,包括会议的预约、创建、延长、取消、结束等管理。

(3)设备维护管理,包括故障管理、性能管理、配置管理、安全管理。

(4)业务统计管理,包括数据和日志的日常维护管理、业务的统计、分析等。

(5)会议通信系统各会场之间应提供业务联络电话。

十二、综合视频监控系统

(1)综合视频监控系统应设置视频节点、视频汇集点、视频采集点和终端设备,视频采集点的数量、位置及设备功能应根据各专业需求统筹考虑、合理确定。

(2)视频采集点设置及采集设备选型应符合下列规定:

①车站行车室,以及通信、信号、电力、电力牵引供电设备房屋室内和室外等监视区域采集点设置具备夜视功能的球型或枪型摄像机。

②隧道口、公跨铁立交桥、桥梁救援疏散通道、局界口等监视区域采集点设置具备夜视功能的定焦枪型摄像机。
③车站咽喉区采集点设置具备夜视功能的变焦枪型摄像机。
④铁路区间线路、长大桥梁等监视区域采集点应设置变焦枪型摄像机。
⑤长度5km及以上隧道内的紧急出入口、避难所、紧急救援站等监视区域采集点应设置定焦枪型摄像机。

(3)存储时间应符合下列规定：
①普通区域视频图像不少于10天。
②重点区域视频图像不少于30天。
③告警图像及告警信息不少于50天。
④对于涉及公共安全的图像信息,其存储时间应符合有关规定要求。
(4)综合视频监控系统应设置硬件防火墙、防病毒服务器等网络安全设备。

十三、应急通信系统

(1)重载铁路应设置专用应急通信系统。
(2)长度为5km及以上隧道内应设置隧道应急电话系统。

单元六　重载运输供电设备

一、重载运输牵引供电设备特点

由于电力机车依靠外源供电,本身不带动力能源,且具有功率大、单位功率质量小、过载能力强等特点,能大幅度提高货物列车牵引质量,因此电气化铁路最适于发展重载运输。电气化铁路供电系统由牵引供电系统(又称"内网")和国家电力供电系统(又称"外网")组成。

牵引供电系统是电气化重载铁路的牵引动力能源供给部分,主要由牵引变电所和接触网两个部分组成,其任务是保证质量良好且不间断地向机车供电,其能力直接关系重载铁路的整体运输能力。

牵引变电所是电气化铁路供电系统的心脏,无论是一般线路还是重载线路都要求它具有高度的可靠性。对于重载铁路而言,牵引车列的电力机车的功率、接触网电流和整个供电设备规模等都需要加大,在变压器容量的选择上要考虑重载运行的条件。接触网是牵引供电系统的主动脉,其功能是在运行中通过与受电弓的良好接触将电能传递给电力机车。"良好接触"的含义包括：弓网振动小、相互冲击力小、离线次数和时间少、导线和滑板磨耗小。

外网供电能力是制约铁路供电能力的根本因素,只有在外网供电能力充足的情况下,铁路部门通过对内网的改造才可大幅度提高铁路供电设备供电能力。内网供电能力受牵引变电所的数量、容量和供电臂的长度等因素的影响。

电气化双线自动闭塞重载运输线路上,同一供电臂范围内运行的重载列车数量越多、质量越大,对供电系统能力的要求越高。因此需根据重载列车牵引质量标准、列车追踪间隔时分等对牵引供电的需求来设计变电所容量和供电臂长度,保持供电区间和行车区间的适配性,便于运营和检修作业的配合。需要注意的是,增加供电设备投入及投入多少要与开行后产生的运输和社会效益进行技术经济比较确定,以免开行重载列车比重不大而降低供电设备的利用率。

二、牵引供电系统总体要求

(1)牵引负荷应为一级负荷,牵引变电所应采用独立双电源、双回路受电,互为热备用;供电电源宜采用220kV及以上电压等级,困难情况下可采用110kV电压等级。电力系统供电质量应符合国家相关规定。

(2)接触网的标称电压为25kV,最高电压为27.5kV,短时(5min)最高电压为29kV,最低电压为20kV。

(3)牵引网正线应采用自耦变压器供电方式(AT供电方式),联络线和编组场等可采用带回流线的直接供电方式或直接供电方式。

(4)牵引变电所数量、分布应满足线路行车组织确定的最大运输需求。

(5)牵引变电所的越区供电能力至少应保证上下行各运行一对重载列车重车。

(6)接触网应满足重载列车运行速度、载流量的要求,在自然环境中应满足系统可靠性、安全性要求,有足够的电气强度、机械和安全性能,任何条件下安全系数均满足规定。

(7)牵引供电调度系统应由远动系统、安全监控系统、辅助监控系统等子系统构成。牵引变电所、开闭所、分区所、自耦变压器所应按无人化管理设置综合自动化保护系统、辅助安全系统以及相应的远动传输管理系统,实现调度远程集中监测与控制。

三、牵引网供电方式

牵引网供电方式是牵引网网络结构形式和供电电源连接方式的总称。电气化铁路牵引网根据供电能力、接触网架设环境、电磁兼容要求等条件,可以有五种不同的供电方式:直接供电方式(TR供电方式)、带回流线的直接供电方式(TR-NF供电方式)、吸流变压器-回流线供电方式(BT供电方式)、自耦变压器供电方式(AT供电方式)、同轴电缆供电方式。

1. 直接供电方式

直接供电方式(图2-69)是铁路电气化初期采用的一种最简单的供电方式,它以钢轨作为回流导体,对牵引回流归路不作特别控制,任其自由流经钢轨和大地。其特点是牵引网络结构简单,造价便宜,便于施工、运营和维修;牵引网单位阻抗较吸流变压器-回流线供电方式小,牵引网电压损失和电力损耗较小;但由于钢轨和大地之间没有良好的绝缘,由钢轨泄入地中的回流分量较大,造成接触网和钢轨电流不均衡,钢轨对地电位升高,有时需要采取钢轨电位抑制措施以保证行车安全。直接供电方式由于对铁路沿线平行接近的架空通信线产生较大的电磁感应干扰,具有严重的危险电压影响和杂音干扰,故不能适应电气化铁路进入平原地区和大城市的需要。

2. 带回流线的直接供电方式

带回流线的直接供电方式(图2-70)是在回流系统中增设一条回流线,并每隔3~4km与钢轨并联连接。其特点是相对直流供电方式,在防止对平行接近通信线的干扰影响方面的效果较好;牵引网单位阻抗较小,网内的电压损失和电力损失较小;泄漏电流较小,钢轨电位较低;但由于需要设回流线,建设费用和运营维护费有所增加。相对自耦变压器供电方式,带回流线的直接供电方式变压设施及牵引网结构较为简单,供电回路运行可靠,维护工作量小,投资低;牵引网电压损失和电能损失较小;牵引变电所间距较小,供电臂平均长度通常为20km,增加了电分相数量,外部电源工程数量和投资较大;牵引网回路不完全是平衡回路,防干扰性能差。

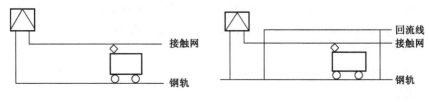

图2-69 直接供电方式　　　　　图2-70 带回流线的直接供电方式

3. 吸流变压器-回流线供电方式

吸流变压器-回流线供电方式(图2-71),即每隔24km在接触网与回流线上串联一台吸流变压器。其特点是理论上回流线上的电流与接触网上的电流大小相等、方向相反,接触网与回流线产生的感应效果为零,从而消除了对电气化铁路两旁架空通信线的感应影响,但实际上由于多种因素,其仍对通信线有一定的影响;且带来了牵引网单位阻抗增加,电压损失较多,供电距离缩短,牵引变电所数目增加,维修工作量增加,牵引供电质量下降,工程、运营费用增加等缺点;特别是在重载、高速条件下,吸流变压器线圈瞬时短路将产生很高的反电势,强烈的电流可能烧坏导线和受电弓。

4. 自耦变压器供电方式

自耦变压器供电方式(图2-72),即每隔10km左右在接触网与正反馈线间接入自耦变压器。其特点是单位阻抗小,供电容量大,电能损失小,牵引供电质量提高;供电距离延长,牵引变电所间距变大,供电臂长度一般为30km左右,最长可达40km以上,外部电源工程数量和投资较小;牵引网电分相的数量减少,有利于机车受电弓高速通过,尤其适合我国重载、高速列车运营条件;牵引网回路是平衡回路,防干扰性能强;实际的自耦变压器供电方式还增加一根接地保护线,用以提高信号电路工作的可靠性;自耦变压器容量大,铁芯不易饱和,在接触网事故情况下具有较好的防护性能;但牵引网结构复杂,需架设正馈线,对跨线建筑物和隧道净空要求高,保护和维护难度较大,且投资大。

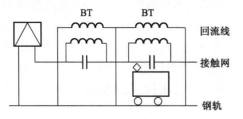
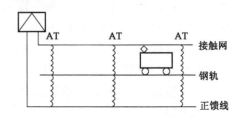

图2-71 吸流变压器-回流线供电方式　　　　　图2-72 自耦变压器供电方式

5. 同轴电缆供电方式

同轴电缆供电方式是与接触网同杆架设一条由内、外两层导体构成的单相同轴电力电缆,电缆内、外层子体平均每5~10km分别与接触网和钢轨作一次并联连接,形成若干个环状供电回路,内、外导体间有耐压为30kV的交流聚乙烯绝缘,如图2-73所示。由于同轴电缆的单位阻抗较小,牵引电流将主要流经同轴电缆,即同轴电缆作为牵引电流的主要载流导体。其特点是由于同轴电缆内、外导体电流接近平衡,对周围的电磁感应(特别是平行接近架空通信线)影响很小;但与架空裸接触线相比,高压同轴电缆导体的单位截面载流能力较小,导体截面较大,加上内、外绝缘层厚度,电缆的外径和质量均很大,不仅加大了接触网支柱的荷载和施工难度,而且造价很高。因此,除了局部特别困难的地段外,同轴电缆供电方式很少用于整段电气化铁路。

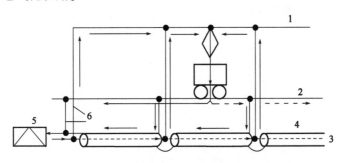

1-接触网;2-钢轨;3-电缆内导体;4-电缆外导体;5-变电所;6-连接线

图2-73 同轴电缆供电方式

根据各种供电方式的特点,重载电气化铁路应优先采用自耦变压器供电方式。采用自耦变压器供电方式时,牵引网导线截面应满足载流能力要求。在分析选用的接触悬挂(承力索和接触线)是否满足高峰负荷供电能力需求时,通常需要根据列车的电气特性、线路条件、运输组织方式(追踪间隔)和牵引网结构进行仿真计算。根据仿真计算结果,确定牵引网供电臂首端或全区段是否有必要增设加强线。

四、变电所综合自动化系统及电力远动系统

为了提高重载电气化铁路牵引变电设备的综合效能,还应采用变电所综合自动化系统和电力远动系统。

1. 变电所综合自动化系统

变电所综合自动化系统,即利用微型计算机和大规模集成电路组成的自动化系统,来代替常规的测量和监视仪表,常规的控制屏、中央信号系统和远动屏,常规的继电保护屏,实现对全所的主要设备和输配电线路的自动监视、测量、控制、保护、调度通信等综合性自动化功能。图2-74是牵引变电所综合自动化系统的框图结构示例。变电所综合自动化系统具有如下特点:功能综合化、测量显示数字化、操作监视屏幕化、运行管理智能化等。

变电所除采用综合自动化系统,还需安装远程视频监控及防灾报警系统,这些系统的综合应用可以提高变电所的安全、可靠运行水平;缩小变电所占地面积,降低造价;减少维护工作量,可以实现无人值班;有利于提高供电质量。

2. 电力远动系统

重载铁路应设置电力远动系统,其具有对铁路电力供电系统的主要设备进行遥(调)控、遥测、遥信等功能以及相应的远动传输管理功能,实现调度远程集中监测与控制。电力远动系统由调度主站、被控站、远动传输通道和复示设备构成。

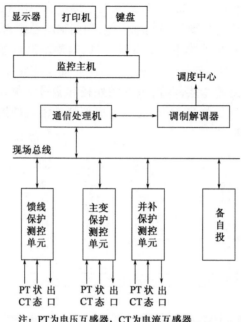

图 2-74 牵引变电所综合自动化系统的框图结构示例

（1）调度主站包括设在供电段的调度员工作站，配备一套机房设备，包括通信前置机、应用服务器、数据服务器、维护工作站、Web 服务器、时钟服务器、磁盘阵列、交换机、路由器、防火墙、电源设备等。

（2）被控站包括牵引变电所、开闭所、分区所、自耦变压器所内的牵引供电综合自动化系统、交直流屏控制 PLC、环境安全监控系统和接触网隔离开关控制站等；单独设置的接触网开关控制站；电力变、配电所内的电力综合自动化系统，交直流屏控制可编程逻辑控制器（PLC），监控仪表和环境安全监控系统等；电力箱式变电站远程终端单元（RTU）和车站变电所 RTU 等。

（3）远动传输通道包括供电远动系统数据传输通道、综合维护通道（故障标定装置数据传输通道）、专用复示通道。

（4）复示设备包括专用复示设备和通用复示设备。

电力远动系统可融入电力综合调度系统之中。电力综合调度系统的主要功能是监视、控制和数据采集，完成通信、信号、牵引供电、电力（总称"四电"）系统运行状态的遥信、遥测、遥控、遥调、调度管理等功能，在线实时监控 220V～220kV "四电"设备运行状态。在重载铁路调度所内，电力远动系统作为调度指挥系统的一个子系统进行单独的调度管理。

五、自动过分相技术

电气化铁路接触网一般采用分相绝缘器作为不同相位的接触导线之间的绝缘设备。列车运行通过分相绝缘器区段（称为"中性段"）时，电力机车须断电运行，降弓减速，依靠列车的惯性通过。这种人工控制过分相的方式，增加了司机的劳动强度，影响列车高速运行，影响列车运输能力，不利于行车安全，因此有必要发展自动过分相技术。目前，世界上主要有两种自动过分相方案：车上自动控制断电方案（机车切换方式）和地面开关自动切换方案（地面开关切换方式）。

1. 车载式断电自动过分相装置

车载式断电自动过分相装置如图 2-75 所示,其依靠在轨道上安装地面感应磁铁,当电力机车通过分相区中性段时,检测到地面位置信号,由控制装置断开辅助机组,向电力机车主断路器发出分闸命令,电力机车断电不降弓通过中性段;机车通过中性段后,又检测到地面信号,控制机车主断路器合闸受电,完成机车过分相的全过程。这种方式结构简单,所需地面设备也非常简单,投资小。

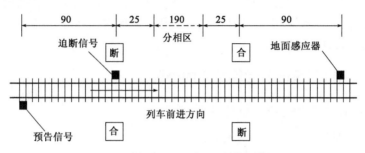

图 2-75 车载式断电自动过分相装置(单位:m)

2. 地面开关自动过分相装置

如图 2-76 所示,在电分相处中性段与两侧电源之间安装专用断路器,面向来车一侧的断路器正常时处于闭合状态,当电力机车进入中性段时,通过断路器的切换操作,把中性段连接到另一侧电源上。所需安装的切换断路器和检测控制装置设在地面上,车上不作处理。为保证装置的工作可靠性,切换断路器要采用 100% 冗余配置,并定期倒换。其优点是列车无操作,停电时间短,冲击及失速小;缺点是设备复杂,投资大,且切换过程中容易产生很高的过电压和变压器的励磁涌流。

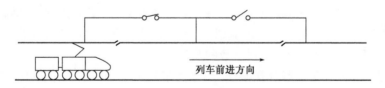

图 2-76 地面开关自动过分相装置

六、供电安全检测监测系统

1. 组成

铁路供电安全检测监测系统(6C 系统)包括弓网综合检测装置(第 1 个"C")、接触网安全巡检装置(第 2 个"C")、车载接触网运行状态检测装置(第 3 个"C")、接触网悬挂状态检测监测装置(第 4 个"C")、受电弓滑板监测装置(第 5 个"C")、接触网及供电设备地面监测装置(第 6 个"C")。

2. 6C 系统的功能

6C 系统具备检测监测、综合诊断、数据存储、视频显示、数据通信等功能。

3. 6C 综合数据处理系统

(1)6C 综合数据处理系统实时收集 1C~6C 各子系统(检测监测系统)数据,通过收集各类图像/图片、接触网运行参数、受电弓滑板状态信息、供电设备参数,集中建立"一杆一档"式数据库(数据档案);对各子系统上传的疑似故障点数据(各类图像/图片、参数),通过将其与数据库历史相关数据进行比对(自动比对结合人工判断)、综合分析,确认故障点;利用集团公司内部网络实现数据共享,下达故障点维修任务。集团公司、供电段两级数据处理中心,根据不同的需求设置相对应的功能模块。

(2)6C 综合数据处理系统采用高可靠性、高扩展性、高开放性的硬件平台和通用软件平台,完成对管辖范围内所有数据的采集、处理、整合、分析任务,1C~6C 各个子系统均应具备各自的数据处理设备及软件,由设置在供电段的数据处理中心处理,将需要上传的数据和图像传输至集团公司数据处理中心。

七、重载运输供电系统与运输组织的协调

1. 牵引变压器容量与运输组织的关系

(1)牵引变压器容量与列车加速度的关系。

受牵引变电所牵引变压器容量限制,列车起动速度过快,会造成牵引变压器过负荷跳闸。列车牵引力等于列车加速度与列车质量的乘积,列车加速度越大,其牵引力越大,而牵引力与列车电流成正比,牵引力越大,列车电流会越大,牵引变压器就会发生过负荷跳闸。

(2)牵引变压器容量与列车载重量的关系。

受牵引变电所牵引变压器容量限制,列车的载重量增大,会造成牵引变压器过负荷跳闸。列车牵引力与列车的载重量成正比,载重量越大,牵引力越大,而牵引力与列车取流成正比,牵引力越大,列车取流越大,造成牵引变压器过负荷跳闸。

(3)牵引变压器容量与列车运行速度的关系。

受牵引变电所牵引变压器容量限制,列车运行速度提高,会造成牵引变压器过负荷跳闸。列车的牵引力与列车的运行速度成正比,运行速度越大,牵引力越大,而列车牵引力与列车取流成正比,牵引力越大,列车取流越大,造成牵引变压器过负荷跳闸。

(4)牵引变压器容量与列车通过对数的关系。

受牵引变电所牵引变压器容量限制,列车通过对数增加,会造成牵引变压器过负荷跳闸。单位时间内通过的列车对数越大,牵引力越大,牵引变电所输出的电流就越大,造成牵引变压器过负荷跳闸。

2. 供电臂的供电能力与运输组织的关系

在牵引变电所输出电压一定的条件下,供电臂的供电能力是有限的,一个供电臂内能开行的一定质量的列车数量也是有限的。列车质量越高,供电臂的电流就越大,在供电臂电压一定的条件下,所需电能也越大,则在一个供电臂内能开行的列车最大数量将减少。如果重载列车运行间隔过密,会造成供电臂过载(电量超负荷),引起"跳闸"现象,所以要控制重载列车运行的间隔。此外,电气化铁路本身也具备列车运行间隔自适应调整功能,即在牵引供电设备输出功率一定的条件下,若列车间隔过密,将导致供电臂电流增大,电压下降,从而导致列车运行速度降低,列车运行间隔增大,实现对列车运行间隔的自动调整。

为了挖掘供电系统设备的潜力,在列车运行图编制及列车运行日常指挥工作中,首先要使各种列车的运行线在时间和空间上尽可能均衡分布,重载列车和轻载列车、上行列车和下行列车交替放行,尽量避免列车运行线密集铺画,以免造成牵引供电负荷严重不平衡。此

外,在线路纵断面的上坡道和下坡道相互交错的区段上,在同一供电分区同一时间内最好使一部分列车处于上坡位置,一部分列车处于下坡位置。对于位于两牵引变电所之间供电臂远端的各区间,这一点尤为重要。为避免列车起动阶段发生接触网荷载突然增加现象,应避免牵引变电所间同一地段内由各车站同时发出多趟列车,各列车的发车时间应彼此错开2~3min。在线路断面比较平坦的双线区段上,应避免重载列车在相邻变电所的中部地段会车,而使之尽可能在接近变电所的地点交会。在双线区段要推广"V"形维修天窗,以改善供电设备工作条件。

班级：_____ 姓名：_____ 学号：_____ 日期：_____

模块二　学习任务单

知识认知	1. 重载铁路限制坡度的选定受哪些因素的影响？ 2. 重载铁路线路平、纵断面设计标准是如何规定的？ 3. 重载铁路轨道应具备哪些基本要求？我国重载铁路轨型主要有哪几种？ 4. 重载铁路道岔轨型主要有哪几种？辙叉号码的选择有何规定？ 5. 重载铁路车站站间距有何规定？ 6. 我国重载运输机车、车辆设备主要型号有哪些？ 7. 我国重载运输车辆设备现阶段主要使用的转向架有哪些？ 8. 16型、17型车钩缓冲装置有哪些特点？ 9. 进路信号机显示一个绿色灯光、一个黄色灯光、两个黄色灯光、一个红色灯光及一个月白色灯光分别表示什么？ 10. 牵引网供电方式可分为哪几种？

能力训练

1. 通过查询我国主要重载铁路线路相关资料，确定其主要技术标准，并完成表格。

序号	主要技术标准	大秦铁路	朔黄铁路	瓦日铁路	浩吉铁路
1	线路等级				
2	设计等级				
3	正线数目				
4	限制坡度				
5	设计速度				
6	最小曲线半径				
7	机车类型				

续上表

	序号	主要技术标准	大秦铁路	朔黄铁路	瓦日铁路	浩吉铁路
能力训练	8	牵引质量				
	9	到发线有效长(度)				
	10	闭塞类型				

2. 画出直接供电方式(TR 供电方式)示意图。

3. 画出自耦变压器供电方式(AT 供电方式)示意图。

任务评价

任 务 评 价 表

评价指标	组长评价	自我评价	教师评价
1. 知识学习效果			
2. 能力目标达成度			
3. 素质提升效果			
本模块最终评价			
个人总结与反思			

注：组长评价、自我评价、教师评价和本模块最终评价可采用等级表示，如优、良、中等、及格、不及格。

模块三

铁路重载运输货运站作业组织

学习目标

1. 知识目标
(1)掌握重载运输装车站装车组织方式;
(2)掌握重载运输卸车站卸车工艺;
(3)掌握单元式重载列车装车作业;
(4)掌握单元式重载列车卸车作业。

2. 能力目标
会正确办理铁路重载运输货运站装卸车作业。

3. 素质目标
(1)具有文献检索和资料分析、总结能力;
(2)具有对新知识和新技术的学习能力;
(3)具有严谨、细致的工作态度和高度的责任心;
(4)具有团队沟通协作能力;
(5)具有大局观及安全责任意识;
(6)热爱铁路行业的相关工作。

建议课时

4 课时。

模块导读

在我国近 13 万 km 的铁路线上,只通货车不通客车的货运专线并不多,而全长 653km 的大秦铁路就是这样一条铁路。

每天,超过 130 万 t 的煤炭源源不断地从统称"三西"的山西、陕西、内蒙古西部经由大秦铁路到达秦皇岛港,再由此装船运往长江中下游地区。

山西省大同市的塔山装车点是一个 2 万 t 装车点,能够实现 2.6km 长的 2 万 t 重载列车整列装载,通过专用线与大秦铁路的起点韩家岭站连接,列车可直接驶入大秦铁路。

大秦车务段柳村南站建于 1988 年 12 月 25 日,主要担负山西、陕西、内蒙古西部等地煤炭经秦皇岛港"铁转水"的卸车任务,是全路主要港口卸车站。

每天,大秦铁路90多列1万t和2万t列车装载的煤炭,约有1/3要从柳村南站卸车入海。从列车上卸完煤之后,货船从秦皇岛港口出发,运到常熟、镇江、南京西坝码头等地,之后通过电厂,为长江中下游的千家万户供给电力。

请阅读上述资料并查阅相关资料数据,弄清以下问题:我国有哪些铁路线是货运专线?这些铁路分别有哪些装车站、卸车站?这些装、卸车站和非重载铁路装、卸车站在装、卸车作业方面有何异同?

任务发布

请学习本模块内容,完成"任务实施"中本模块学习任务单。(本任务根据本模块部分学习目标设计。在实际教学中,教师可根据本模块学习目标,灵活设计学习任务。)

任务目标

(1)说出重载运输装车站装车组织方式;
(2)写出重载运输卸车站卸车工艺;
(3)说出单元式重载列车装车作业;
(4)写出单元式重载列车卸车作业。

任务分组

建议学习者组建学习小组,共同完成相关任务。

姓　名	学　号	分　工	备　注
			组　长

任务准备

引导问题1　简述重载运输装车站需配备的设备。

引导问题2　简述重载运输卸车站需配备的设备。

引导问题3　简述重载运输装车作业要求。

> 知识储备

单元一　重载运输货运站概述

铁路货运站(场)是办理货物运输相关作业(即办理货物的承运、中转、保管、装卸和交付作业)的车站,也可以通过专用线直接与企业连接以提供货运服务。

一、重载运输货运站的分类

货运站的分类方式很多,按货物作业性质可分为装车站、卸车站、装卸站和换装站。重载运输货运站按货物作业性质可分为装车站、卸车站,如图3-1、图3-2所示。

图3-1　装车站　　　　　　　　　　图3-2　卸车站

重载列车的集散主要依靠装车站和卸车站完成。装车站是办理重载列车接入、煤炭装车、重车发出等装车作业的货运站。装车站一般位于各支线上的装车地,承担5000t、1万t列车装车作业,满足整列直进直出要求。例如,大秦铁路的装车站主要有韩家岭站、云岗站、口泉站等;朔黄铁路的装车站包括神池南站、宁武西站、东冶站等;大准线的点岱沟站、云岗支线的云岗西站也都是装车站。

卸车站是专门办理重载列车接入、煤炭卸车、空车发出等卸车作业的货运站。卸车站位于港口、电厂等支线的卸车地,具有将组合列车分解成普通列车并将组合列车装运的货物卸下运往堆放场地的功能,如大秦铁路的秦皇岛柳村南站、朔黄铁路的黄骅港站。

二、重载运输货运站工作组织内容

重载运输货运站工作组织内容与一般货运站大致相同,但又具有一定的特殊性,具体如下:

①从货源看,铁路重载运输货运站发送(或到达)量非常大,流向比较集中,货源组织的计划性强,日常波动很小,非常适于组织装车地直达列车和日历装车。

②货物品类绝大部分是散堆装货物,包括矿石、煤炭等,其中我国最主要的品类是煤炭。

③货运站除自身的装卸车外,普遍连接多家企业专用线,取送车作业量大,需要良好的路企协调机制和统一的技术作业流程。

④除少数有大型自动装卸设备的车站外,站内货车装卸车作业地点比较多,一般采取多点装卸、定时取送车的方式组织整列或成组出车,需要制订较完善的取送车计划。

三、重载运输货运设备

1. 专用线及货运设备

(1) 新建、改建装车专用线时,大宗散堆装货物专用线有效长(度)、货区、货位宜按整列布置,应配置定量筒仓、装载机等专业化、自动化装卸机具,并配置轨道衡、货车装载视频监控或超偏载检测装置等货运计量安全检测设备。

(2) 新建、改建卸车专用线时,应配置翻车机、挖掘机等专业化、自动化装卸机具,并配置卸车视频监控设备。

(3) 装运煤炭等易产生扬尘污染货物的专用线,须配套建设抑尘环保设施。

(4) 装运易冻结货物的专用线,须配套建设防冻设施设备。

(5) 新建、改建专用线应做好信息系统、网络通道建设,满足运输需求,实现电子信息在铁路货物运输全过程中的完整、准确、及时采集和传递。

2. 货检检查设备

(1) 货检站入口方向适当位置须安设超偏载检测装置、货检视频监控等安全检测监控设备。经由货检站进入重载铁路的货物列车至少经过一次设备安全检测。

(2) 货检站配备的安全检测监控设备应满足《铁路货运安全检测监控与管理系统总体技术规范》(铁运〔2013〕56号)及机检要求,积极采用新技术、新设备,优先选用智能货检视频监控设备,实现货检作业智能化。

3. 货运制票设备

重载铁路须使用国铁集团统一的制票系统填制货票。制票应配备终端设备、激光打印机、高拍仪、身份证识别仪、密码器等。

单元二　重载运输装车站作业组织

一、重载运输装车站主要设备

装车站为完成装车业务,需配备如下设备:

(1) 货运运转设备:包括列车到发线、调车线、牵出线、通信、信号设备等。

(2) 货运业务设备:包括货场用地,装卸线以及货场内的调车线、牵出线、留置线、轨道衡线等,仓储设备,检斤计量设备,拉装设备,装卸机械。

(3)机务设备:包括调车机车、本务机车、机待线。
(4)车辆设备。
(5)其他设备:包括车站内部房舍,排水设备,照明设备,车底的洗刷、清扫排污和处理设备,消防及保安设备等。

二、重载运输装车组织方式

在铁路运输生产过程中,车流的基本组织方式有两种:第一种是将几个装车站的车流用管内列车或者小运转列车运送至邻近的技术站,并与从其他技术站送来的中转车辆汇集编成非直达列车,称为技术车流组织;第二种是将装车地一个或几个装车站(包括与其接轨的专用线)的自装车流编成直达货物列车,称为装车地车流组织,装车地车流组织又可细分为装车地直达列车组织和装车地非直达列车组织。

重载列车的装车站多为矿山、钢厂等所在地,不同于普通货运装车站的装车组织方式,重载列车的装车组织方式主要有以下两种。

1.组织装车地直达列车

由装车站(包括与其接轨的专用线)利用自装车辆直接编组直达列车的运输组织,称为装车地直达运输组织。装车站组织直达列车后,包含在直达列车内的车流将被直接送往卸车站或解体站,这些车流在沿途全部或大部分技术站无改编通过,如大秦铁路、朔黄铁路等重载铁路组织装车地直达列车运输。

(1)装车地直达列车的分类。

由装车站利用自装车辆组织的直达列车,称为装车地直达列车。根据列车的组织条件、到站种类以及途中运行条件的差异,装车地直达列车有如下多种分类方式。

①按照列车的组织条件,装车地直达列车大致分为以下三种:

第1种:空车整列到达装车站,向一个或若干个装车地点配送空车,装车完毕后取回站内编组直达列车出发。中小矿区一般采用这种装车地直达列车。

第2种:空车整列到达装车站,向各个装车地点配送空车并装车,装车完毕后按货物品类或车辆进站进行集结,待某一直达去向的车流达到规定的质量标准时,直达列车出发。大型矿区站采用这种装车地直达列车。

第3种:利用本站卸后空车组织直达列车装车。货运站采用这种装车地直达列车。为了缩短车站组织直达列车的作业时间,应使装车过程和空车集结过程相配合,但重载铁路运输一般很少采用这种方式。

②按照直达列车的到站种类,装车地直达列车可分为以下几种:

a.到达同一卸车站,在该卸车站一个或几个卸车地点卸车,或到达国际过轨站过轨的直达列车。

b.到达同一区段,在该区段内2~3个邻近车站卸车的直达列车,亦可称为反阶梯直达列车。

c.到达同一枢纽,在该枢纽内几个车站卸车的直达列车。

d.到达卸车基地站,然后通过非直达列车送到各个卸车站的直达列车。

e.到达技术站解体,然后将车组并入其他列车(直达或非直达列车)送往卸车站的直达列车。

③按直达列车的运行条件,装车地直达列车可分为以下几种:
a. 固定车底的循环直达列车和不固定车底的循环直达列车。
b. 变更重量和固定重量的直达列车。
c. 每日定期开行的直达列车和不定期开行的直达列车。

(2)组织直达列车的装车站应具备的条件。

在装车地组织直达列车,并不是在任何条件下都是经济可行的。例如,在装卸设备条件较差、整列或成批装卸需要很长时间等情况下,组织直达列车就有可能造成货物大量积压、货车停留时间延长,甚至给企业和装卸站带来极大的困难。同时,如不考虑与技术站列车编组站计划相配合,直达列车就有可能被提前解体而达不到预期的效果。为了保证直达列车能获得较高的经济效益,组织直达列车的装车站应具备以下条件:

①有一定数量的直达车流,并且去向比较集中。发货单位或发车站(指一条专用线、一个车站或枢纽内、区段内联合组织阶梯直达列车的几个车站)要有一定的货运量和直达车流量。

②装车设备(如货位、储仓、装车线等)具有组织直达列车的能力。装车单位、收货单位或卸车站的场库容量即装、卸车能力能满足整列或成批到卸的要求。

③调车设备具有编组直达列车的能力。装车地直达列车的到达站如果不是卸车站或卸车区段而是解体站,则其所吸收的车流和分组选编方法,必须符合前方各技术站的调车设备要求。对于组织在运行途中需要变更重量标准的直达列车,在办理补轴或减轴的车站应有方便摘挂车组技术作业的设备条件,以及为欠轴列车补轴的设施设备。

④有足够的空车供应,能保证直达列车所装货物所需要的空车数量。空车供应要有保证,不但要求车种适合、数量充足,而且要求配送及时、稳定。

(3)组织装车地直达运输的流程。

车流在装车地作业时,需要经过如下几个流程:

①货流的集结和组织;

②空车供应充足,即为确保装车地直达列车在装车地能够顺利编发,应有足够的空车数量并能够保证整列到达;

③装车,即货流装车以及集结成列车;

④调车,包括取送车及对货位;

⑤其他。

货物运输直达化是衡量铁路运输组织水平的重要标志,组织装车地直达运输可以促进物资产、销、供、运各部门之间的协作,使货流组织与车流组织更好地结合起来,最大限度地减少中间作业环节,实现运输组织工作现代化与科学化。

2. 日历装车

当某去向车流不足以编组装车地直达列车时,还可考虑采用日历装车的方式。日历装车计划也称日历装车安排,指按照日历分去向或货物品类来承运货物的装车组织方法。其目的是通过一天集中办理同品类或同方向的货物,来增加直达或成组装车的数量,提高运输能力和设备的利用率。例如,某站每日各有 A、B、C 三个去向的日装货车 20 列,如果分散装车,则货车需要到技术站集结,而如果以 3 天为一个周期按日历在 3 天内分别装车,则可以直接组织装车地直达列车。日历装车是我国铁路在日常计划中经常采用的组织方式,重载铁路货物一般品类单一、去向相对集中,非常适合采取日历装车组织方式。

(1)按日历开行直达列车的基本组织形式。

①由同一装车站开往不同卸车站的列车组织形式。

如图3-3所示,若装车站发往a_1、b_1、c_1和a_2、b_2、c_2的日均车流不满足按日历开行始发直达列车的条件,但同一区段的两个卸车站到达车流满足一周(7天)按日历开行的条件,则可组织按日历开行到a_1、b_1、c_1和a_2、b_2、c_2的始发直达列车。

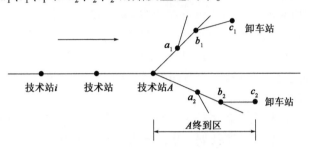

图3-3 按日历开行始发直达列车线网图(一)

②由装车地的多个装车站发往同一卸车站的列车组织形式。

如图3-4所示,若装车站分别发往卸车站的日均车流不满足按日历开行始发直达列车的条件,但同一区段的三个装车站到达同一卸车站的车流满足一周(7天)按日历开行的条件,即可组织按日历开行a_1、b_1、c_1和a_2、b_2、c_2到达同一卸车站的始发直达列车。必要时也可两相邻区段共同组织到达同一卸车站的按日历开行的始发直达列车,即装车站限于同一区段或相邻区段。

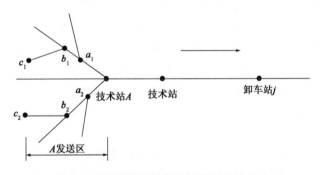

图3-4 按日历开行始发直达列车线网图(二)

③由多个装车站发往多个卸车站的列车组织形式。

由于不同装车站可以在同一区段或相邻区段,不同卸车站也类似,故可以有4种组合形式,在这一情况下,翼形站列车组织发生在发、到两端,如图3-5所示。

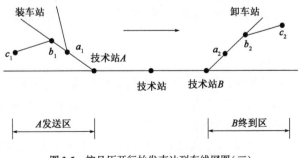

图3-5 按日历开行始发直达列车线网图(三)

为提高按日历开行始发直达列车的效率,应优先采用前两种组织形式。

(2) 日历装车的组织过程。

①制订旬间日历装车计划。

每旬的前5天,由站长主持,货运、运转有关人员参加,根据月度货物运输计划、重点物资运输计划、企业的装车计划表、落实的货源情况、需要补装的上一旬欠装的货物及停限装具体情况,先确定日历装车计划的货流方向,在均衡运输并考虑到站的卸车能力的基础上,再依据企业的设备运行情况、各种产品的销售情况及去向编制旬间日历装车计划。根据货流去向,可以在一天安排数量较大、去向比较集中的同一到站装车,也可以适当安排一个较集中方向的到站作为重点,另安排一个方向的远程直达列车来组织生产。

②建立货源落实、货流分析制度。

货源、货流组织工作是编制和执行运输计划的重要环节。定期、及时了解货源情况,分析货物流向,制订高质量日历装车计划。指定专人负责货源情况的调查,做好货物流向的分析,提高运输分析、组织水平。

③建立旬间日历装车计划落实情况分析制度。

日历装车计划执行的前提是货源和车流的最大程度匹配,为此车站在制订日历装车计划前,按照月编计划和企业的装车计划单,每旬了解次旬的货源情况,落实企业的装车去向,尽可能提高计划的准确性。同时,对日历装车计划的执行、落实情况及时进行登记、分析,特别是对计划执行率低的原因进行分析,并及时整改。

④建立车站生产组织情况分析制度。

车站生产组织情况分析制度包括定期分析制度和不定期分析制度。装车组织工作包括空车来源、货源情况、货物流向、装车设备、作业人员、车辆调移和对位等一系列具体工作,要实现装车组织工作的高效率完成,需要系统内各个环节、多个工种间的密切配合。车站要定期对生产组织工作进行分析,查找影响生产组织效率的薄弱环节,采取积极有效的改进措施,提高车站生产组织的整体效率。对临时发现的各类问题,坚持做不定期分析,及时分析原因,采取措施整改。

⑤与企业建立沟通联系制度。

为准确掌握货源情况,应与企业建立沟通联系制度,包括定期货源调查沟通制度和发生变化时的随时沟通制度,及时掌握企业生产、经营情况,以保证日历装车计划的编制质量。

三、重载运输装车站的装车方式

铁路重载运输装车站为专门办理重载列车装车作业的车站,装车站的装车方式应根据作业量以及地形地物条件确定。铁路装车设备设施包括装车线及装车机械设备,不同布置形式的装车线配备不同的装车机械,构成不同的装车方式。目前,煤炭铁路装车方式有以下两种。

1. "一点式"装车方式

从设备类型来看,采用各种跨线式煤仓(图3-6)和快速定量装车的方式称为"一点集中装车方式"(简称"一点式")。"一点式"装车量较大,作业效率高,从煤炭生产的特点及运输要求来看,这是目前较好的装车方式,但其投资较大。

对于重载列车,尤其是万吨单元式重载列车对装车作业标准要求较高,应尽可能采用"一点式"装车方式,配备环形或贯通式装车线。装运5000~6000t重载列车或在技术站进行组合的4000t混合列车应视具体条件,根据每日装运列数确定其装车方式,有条件的应尽可能采用"一点式"装车方式。

2."多点式"装车方式

采用滑坡式煤仓和皮带装车机(图3-7)的称为"多点分散装车方式"(简称"多点式")。"多点式"装车方式投资少、见效快,能力也基本能满足要求,但对环境污染较重、煤损耗较大,从长远考虑不宜可持续性发展。如受资金限制,也可采用配备皮带装车机的"多点式"装车方式以适应初期装运。

图3-6 跨线式煤仓

图3-7 皮带装车机

【视野拓展3-1】

煤仓

所谓煤仓,指的是在煤矿井底临时贮存煤炭的场所。煤仓按其平面形状分为方仓和圆仓。方仓按其具体做法不同分为跨线式和滑坡式两种。跨线式煤仓构造复杂,贮料量较少,但平面组合方便,且占地少。滑坡式煤仓充分利用山区地形特点,依山而建的贮仓建筑具有易于组合、占地少的优点,并减小了井口至仓顶输送皮带廊的距离。

四、装车工艺的种类

目前,散堆装货物的装车工艺主要有装载机装车(图3-8)、移动式装车(图3-9)及快速定量装车(图3-10)等。其中,快速定量装车技术最为先进,其装车效率、精度均优于其他方法。

图3-8 装载机装车

图3-9 移动式装车

1. 装载机装车

装载机是一种广泛应用于公路、铁路运输的自行式装卸机械，它主要用于铲装土壤、砂石、石灰、煤炭等散状物料，也可对矿石、硬土等进行轻度铲挖作业。

采用装载机装车一般需要人工配合，完成1节车厢装车约需28min，如果按2.5h列车占用股道时间测算，1台装载机可完成5~6节车厢装车作业，1列车(53节车厢)需配备10台装载机。可根据实际情况合理配备装载机台数。还需要配备推土机进行辅助作业。

图3-10 快速定量装车

采用装载机装车效率低，一般仅适用于装车量较小的散堆装货物装车站，且该种装车方式难以抑尘，污染严重，对环境影响大。在山西吕梁地区、太行山地区，由于受地形所限，装车站不能配置环形装车线，只能采用装载机装车方式。

【视野拓展3-2】

装载机电子秤

在铁路货场用装载机装卸散堆装货物存在难以计量的问题。若采用依经验估计、毛算或按容积计数的计量方法，则误差大，容易出现超载或亏吨，可能造成车辆损伤、寿命缩短，危及行车安全。

装载机自重大、轴距小，且始终处于流动作业状态，难以用固定位置的衡器对它所载货物进行称量。随着铁路装卸技术的发展，对装载效率、安全性和准确性的要求越来越高，需要一种方便、有效、直观的计量手段来实现装载称重管理。

装载机电子秤是一种安装在轮式装载机上的用来计量装载量的电子衡器设备，也称为装载机磅、铲车秤、铲车电子秤等，被广泛应用于铁路散堆装货物装卸作业中。

装载机电子秤可以提供被称重物料的单产值、累计值等各种装载信息并打印清单，在装货的同时，动态同步反映装货量，可快捷、低成本地完成称重作业，从源头上最大限度地避免超载的可能，提高装车效率。

2. 移动式装车

移动式装车系统是移动式装车机和地面皮带机及其他附属装置的统称，是由港口的散料装车设备改进而来以适应铁路装车工艺的新型煤炭装车设备，改变了筒仓式快装系统装车点固定、车厢移动的传统装车理念。采用车厢固定、装车点移动的方式装车，可使铁路站线缩短一半，大大节省了投资。装车过程不需要机车牵引，无须频繁调车。

移动式装车机与接触网隔离开关联动并自带非接触式高压报警系统，空气绝缘安全距离满足《铁路电力牵引供电设计规范》(TB 10009—2016)。系统自带车号识别功能，控制程序在接收数据后自动分析并制订装车计划，无须人工干预，大大提高生产效率和安全性，装车精度小于±1.5%，单台设备装焦炭能力可达1800t/h，4h可完成万吨整列车装载。

移动式装车系统装卸范围内可挂网，相比传统的装载机装车，它具有效率高、精度高、环保且经济等优点；相比广泛应用的快速定量装车系统，它又具有投资小、占地少、可靠性高等优点，适用于运量较大的站场。

3. 快速定量装车

常规的装车设备在车列静止的状态下装车，采用快速定量装车，装车设备固定不动而车列匀速通过装车设备完成装车作业。快速定量装车系统是目前装车速度最快，工作效率最高，能够满足重载铁路发展需求的"大神器"。

（1）快速定量装车系统组成。

钢结构塔架（图3-11）、装车溜槽（图3-12）、缓冲仓、液压系统、平板闸门、控制系统（图3-13）和称重系统组成了快速定量装车系统，其中称重系统由定量仓、称重传感器和显示仪表（图3-14）组成。快速定量装车系统的主体结构由钢立柱、钢横梁、斜支撑以及定量仓、缓冲仓、装车溜槽组成。

图3-11　钢结构塔架

图3-12　装车溜槽

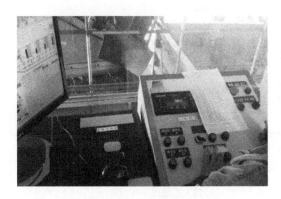

图3-13　控制系统

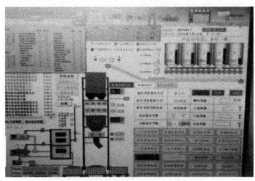

图3-14　显示仪表

（2）快速定量装车系统作业流程。

快速定量装车系统作业流程如图3-15所示。当车列进入装车线后，操作人员启动输送机将煤卸至缓冲仓，当卸入缓冲仓的煤炭达到指定煤位时，开启缓冲仓下方的配料闸门将煤炭卸入缓冲仓下的定量仓中，安装在定量仓中的传感器实时称量煤炭的质量，当定量仓中煤炭的质量达到指定值时，关闭缓冲仓的配料闸门并开启定量仓下面的卸料闸门，通过装车溜槽将煤炭装入当前车厢。当前车厢装好后关闭定量仓的卸料闸门，车厢之间的空隙经过装车溜槽期间，缓冲仓又向定量仓继续配料，为下一辆车装车做准备。待下一节车厢就位后再进行装车，直至装好所有车厢后，装车作业完毕。装载过程中由电子装置自动测量并定位车厢的位置,当定位到提前设定的最后节数车厢时,给料机自动停止给煤,皮带和缓冲仓内的余煤基本上可装满最后一节车厢,保证全系统排空。

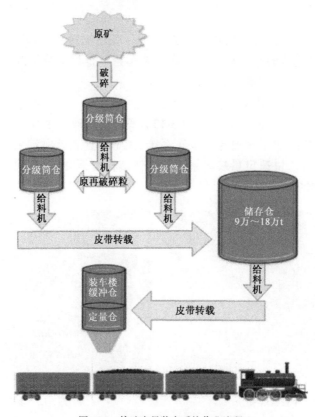

图 3-15　快速定量装车系统作业流程

装车站受地形限制,或装车量不同,所采用的装车系统不同。铁路重载运输装车系统多采用装载机装车系统和快速定量装车系统。而以上三种装车系统各有优缺点,具体可见表 3-1。

三种装车系统优缺点比较　　　　　　　　　　表3-1

装车系统	优　点	缺　点
装载机装车	(1)列车静止装车,不占用机车; (2)装车不受装卸站台长度限制; (3)不受地形限制,装载灵活	(1)装车效率低; (2)易污染环境; (3)需配备辅助设备; (4)需人工辅助
移动式装车	(1)列车静止装车,不占用机车; (2)列车等长站台即可装车; (3)不缓存物料,更换物料简单; (4)不存在冻煤堵仓问题; (5)每台设备可对装1~2条装车线	(1)装载速度低于快速定量装车系统; (2)装车精度不可直接用于商业计量
快速定量装车	(1)装载能力大; (2)装车精度高,可直接用于商业计量	(1)装车时列车须移动,占用机车; (2)须2倍列车长度的装车线; (3)须缓存物料,更换物料复杂; (4)冬天冻煤可能堵仓; (5)每台设备只对装1条装车线

五、重载列车的装车线

重载列车的装车线一般包括贯通式装车线和环形装车线。

1. 贯通式装车线

我国大多数煤矿装车区都采用贯通式装车线,如图 3-16 所示,相应的装车机械设备及其作业方式一般采用跨线式煤仓结合皮带机装车或跨线式煤仓闸门装车。其中,跨线式煤仓闸门装车方式的作业成本相对较低,设备投资也较少,并可按不同煤种分储分装。我国煤炭产区一些铁路装车点大多采用配有这种装车设备的贯通式装车线,其总装车作业能力可达 500 万 t/d。

图 3-16 贯通式装车线

2. 环形装车线

环形装车线(图 3-17)上装载的车辆通常为单元式重载列车,要求具备大于 250m 的曲线半径,长度通常是 2000m 左右,由大功率机车牵引运行。环形装车线纵向坡度一般可设计为 1‰~2.5‰,但装车点前后应设计为平坡。

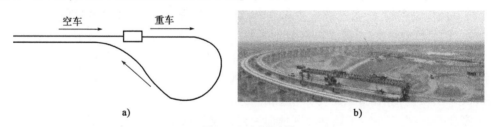

图 3-17 环形装车线

环形装车线配备的装车设备为大容量的筒仓(图 3-18)和定量漏斗,或高架溜槽(图 3-19),也有的在堆料场下穿一座隧洞,由洞顶的漏斗装车。漏斗与电子磅相连,自动计量和打印记录。装车时,整列空车直接进入环形装车线,使用装设在线路轨道上的车位表示器和机车上的自动调速器联控,空车列车运行通过大容量的漏斗煤仓或隧洞式堆料场。整个装车过程由计算机系统自动控制,包括装料漏斗门的启闭和整列空车运行速度的控制都是自动化的,装车车列匀速前进时,准确对位,并与储仓装料口的开闭协调配合。列车按规定速度通过仓储设备后,即可达到规定载重。由于整个列车无须分解和转头,大大提高了装车效率,每小时装车能力可达 7000~10000t。

图 3-18 筒仓

a)　　　　　　　　　　　　　　　b)

图3-19　高架溜槽

环形装车线是将装车线设计成环状,车底为固定循环车底,空车到达后进入到达场不需进行调车作业,列车在本务机车牵引下从装车筒仓下以低匀速通过以完成不停车装车作业,作业完成后牵引重车至出发场,在条件许可时可直进直出。环线装车目前是装车速度最快、作业效率最高的装车方式,当作业量较大时,还可以设置双环线装车。如国家能源投资集团有限责任公司(简称国家能源集团)点岱沟站站内西端设有2条环形装车线,双环线漏斗装车系统主要承担黑岱沟露天煤矿的煤炭装运任务。环形装车线装车时由本务机车带装,平均20~30s装1辆车,装车的同时完成取样、计量、平煤作业,整列装车只需要30min。

环线装车也有以下缺点:

(1)占地过多,环线中间的土地很难被利用。

(2)一次性投资较大,由于装车速度很快,对储煤筒仓的容量、皮带输送能力、装车漏斗要求很高,造成投资较高,有些设备还需要进口。

(3)地形适应性差,既有建筑物较多的地方难以修建。类似山西吕梁山地区、太行山地区,由于其地形往往难以布置环形装车线,例如位于山西吕梁山区的柳林县,该县有孝柳铁路(5000t牵引质量)和瓦日铁路(万吨重载铁路)两条铁路线,然而该县仅在孝柳铁路上有一座王家会装车站,正是由于该县山区地形使得修建重载环形装车线投资过大,导致该县还没有自动化重载铁路煤炭装车站。

环形装车线的装载速度要比贯通式装车线快,但是其装载组织更为复杂,不仅需要控制列车运行的速度,还需要控制车辆的载重,以免导致车辆超重、偏重或者集重。

单元三　重载运输卸车站作业组织

重载运输卸车站(重载铁路卸车站)是专门用于办理重载列车接入、煤炭卸车、空车发出等卸车作业的货运站,一般与港口输煤系统相连接,卸车地多为港口、钢厂、电厂等,具有将组合列车分解成普通列车并将组合列车装运的货物卸下运往堆放场地的功能,如大秦线运输重载列车的卸车站主要为柳村南站、秦皇岛东站、曹妃甸西站、东港站、京唐港站。

一般来说,重载运输列车的卸车作业不同于普通货物列车的传统组织方法,要求采用高效率的卸车作业设备及卸车作业组织模式。与一般卸车站不同,重载铁路卸车站一般可以实现整列卸车,减少了取送车作业对货运工作效率的影响。

基于重载铁路运输组织的特点,重载铁路卸车站与既有铁路卸车站有很多不同。

(1) 从线位和站位选择上来看,重载铁路一般运输煤炭、矿石等大宗货物,不直接联系居民的生活,因此,重载铁路的线位和站位离城市居民的生活区域比较远,预留足够的空间以便于城市的发展。

(2) 重载铁路车站的到发线比普通车站的到发线长。重载列车也比普通的货物列车长。以 C_{80} 车型为例,1 万 t 列车的长度达 1271m,2 万 t 列车的长度达 2542m。需要足够长的到发线才能满足此长度的列车到发、停留作业。一般来说,牵引 1 万 t 列车需要车站的到发线有效长(度)为 1700m,而牵引 2 万 t 列车需要的到发线有效长(度)为 2800m。

(3) 由于车站到发线有效长(度)很长,为缩短站坪长度、方便运输管理,重载铁路卸车站一般都采用到发线横列布置和更简捷的站内进路布置。

(4) 重载铁路一般都采取翻车机卸车工艺,列车到达后,既不分解也不摘机车,所以卸车站需要更多的到发线,而不是调车线。

(5) 由于重载列车长度较长,列车从到站进入咽喉道岔开始直到停车所耗时间,或者列车出站,头部驶出咽喉道岔并驶至尾部出清道岔所用时间远比普通列车长,若列车在进出站时长时间以低速度行驶,必将延长进路占用时间,对后续列车的追踪运行影响比较大,严重影响了运输效率,故重载铁路的接发列车进路上采用比普通接发列车进路上更大号的道岔,如 15 号、18 号道岔。

一、重载铁路卸车站设备

在卸车站,运送煤炭、矿石等大宗散堆装货物的重载列车,需要高效率的卸车设备,一般都设有环形或贯通式整列卸车线,以及与车型、卸车方法相适应的地面设施。为完成重载铁路卸车站的各项作业,需配置如下设备:

1. 站内线路

各类卸车线路、重车到达线、空车出发线、机车走行线、牵出线及联络线等站配线。

2. 拉装设备

在卸车站,一般使用带铁牛推拉车器的调车绞车装置(图 3-20)和拨车机。拨车机使用液压助力并应具备足够的拨车能力。

a)

b)

图 3-20 调车绞车装置

3. 卸车设备

卸车设备包括翻车机、螺旋卸车机、翻车机房等。

翻车机是一种用来翻卸铁路敞车散料的大型机械设备,可将有轨车辆翻转或倾斜使之卸料。与其他装卸机械相比,翻车机具有卸车效率高、生产能力强、运行可靠、自动化程度高、操作人员少、劳动强度低等优点。

翻车机有多种,根据其流程可分为贯通式和折返式,根据结构形式可分为转子式、侧倾式、端卸式、复合式等,其中使用最多的是转子式翻车机。转子式翻车机又可分为"O"形和"C"形两种。

"O"形转子式翻车机(图3-21)是结构复杂的早期翻车机产品。"O"形翻车机与"C"形翻车机采用了同样的夹紧装置和靠板组成技术。其端梁是封闭的,故较"C"形有更好的刚度和强度,并且减少了各部分的变形。但是其端梁封闭不开口,导致卸料后的空车无法用拨车机拨出,故调车环节被迫分为将重车推入和将空车迁出两部分,降低了卸车效率。

"C"形转子式翻车机(图3-22)是最常用的一种卸车设备。其端梁有开口,拨车机可直接通过,且带转子车钩的敞车不需要摘钩作业,具有大幅度减少作业流程和提高卸车效率的优点。该翻车机用液压进行压车与靠车,压车力和靠车力明显加强,对列车的损耗变小。该机型具有结构合理、质量较小、驱动功率小的优点。

图3-21 "O"形转子式翻车机

图3-22 "C"形转子式翻车机

翻车机的数量应该依据铁路所装卸的运量和港口轮船下水的煤炭运输量来决定。采用先进的电子控制设备操作翻车机,可控制翻车机的翻转方向与翻卸角度。

翻车机房(图3-23)为钢架结构,可以防止翻卸煤炭时雨水淋湿煤炭和粉尘飞散,内部装设照明装置。翻车机房内无机车的高压线路,机车进出机房需要降弓处理。翻车机房内翻卸煤炭时会产生大量粉尘,因此,翻卸池两旁装设有高压水柱,以喷压粉尘。翻车机房内应保持干净,建设良好卫生环境。

4. 传输设备

传输设备是将卸后煤炭、矿石等散货传输至港口的装置,如皮带输送机、堆料机(图3-24)、取料机(图3-25)、装船机(图3-26)等。

图 3-23　翻车机房

图 3-24　堆料机

图 3-25　取料机

图 3-26　装船机

5. 仓储设备

仓储设备包括储煤漏斗、堆场等。

二、重载铁路卸车站卸车工艺

根据运输煤炭、矿石车型不同，卸车工艺主要有翻车机卸车工艺、底开门自卸车卸车工艺、螺旋卸车机卸车工艺、链斗卸车机卸车工艺等几种。

1. 翻车机卸车工艺

翻车机用于铁路散货的自动卸货，是一种效率较高的专用固定式散货卸货装置。在一些散货任务较固定的大型港口和车站，如黄骅港、秦皇岛港等港口站，翻车机得到了广泛应用。

(1) 翻车机系统的组成及作用。

翻车机系统由翻车机本体、调车机、迁车台、夹轮器、安全止挡器、洒水除尘装置组成。

①翻车机本体。

翻车机是卸车系统中最重要的单机设备，具有将重车夹紧和靠车后进行翻转卸料的作用。将平台上定位准确的重车车厢，通过压车装置、靠车装置的压紧和靠住，经过翻转，将车厢内的物料翻到地下翻车机坑内。

②调车机。

调车机也称为拨车机，可分为重车调车机(图3-27)和空车调车机(图3-28)。调车机将重车牵引到卸车机房指定的位置,并使整列重车在夹轮器中定位。重车调车机既能牵引整列重车,也可以将单节重车送入翻车机本体内,同时将翻车机内已翻卸的空车推出至迁车台。空车调车机与迁车台配合作业,迁车台运载已翻卸车辆对准空车线后,空车调车机将空车牵出,并在空车线上集结成列。

图 3-27　重车调车机

图 3-28　空车调车机

③迁车台。

迁车台(图 3-29)用于折返式的卸车线,其作用是将卸后的空车由重车线转移到空车线,或者将事故状态中未翻卸完的重车转移到空车线。

④夹轮器。

夹轮器(图 3-30)从两侧夹紧重车列车车轮,防止列车惯性移动而影响正常作业。

图 3-29　迁车台

图 3-30　夹轮器

⑤安全止挡器。

安全止挡器(图 3-31)可以防止翻车机本体上的车厢发生溜车时,迁车台未返回到位,车厢掉进迁车台区域。

⑥洒水除尘装置。

洒水除尘装置在翻车机漏斗四周连续喷淋水雾以达到除尘的效果,可以在控制室手动或者自动操作。

(2)翻车机系统工作过程。

①车辆由重车调车机牵入翻车机并定位停

图 3-31　安全止挡器

止后,重车调车机自动摘钩并驶离翻车机。

②翻车机压车梁压车,压车梁压紧车帮后,靠板向车辆靠近,当靠板与车辆接触时,限位开关发出信号,靠板停止动作。

③翻车机翻转至165°时减速、制动,然后翻车机反转返回零位,同时振动器工作3s,接近零位时翻车机转速降至1/6~1/5额定转速,呈爬行状态平稳回零。

④当翻车机返回零位时,靠板返回原位,压车梁回缩至零位。

⑤重车调车机将翻车机内的空车推出翻车平台并牵入下一辆重车;空车进入迁车台定位后,迁车台行走至空车线,空车调车机将空车推出迁车台,然后迁车台返回重车线。至此完成一个工作循环。

(3)翻车机卸车的特点。

①系统的机械化程度高,卸车效率高,卸车后车内货物余量少。

②对货种及物料块度的适应性强。

③系统的机械设备多,投资费用高。

④对车辆的适应性差、损害大,不适用于平车、低帮车或结构不好车辆的卸车作业。

⑤翻车机受煤槽长度较小,基坑开挖量少,回填工程量少,地下水处理相对简单,节省土建及施工措施投资、综合总投资。

(4)翻车形式。

翻车形式有单翻式(图3-32)和串翻式(图3-33)两种。单翻式翻车时,翻车机每次只能翻一节车辆;串翻式翻车时,翻车机每次可翻2~4节串联的车辆。对于一列不用旋转车钩的重载敞车来说,旋转中心基本接近重载敞车的重心,车辆进入翻车机卸车前,列车需解体,解体后的车辆一节一节依次进入翻车机卸车。当一列车的全部车辆卸空后,再重新编组,然后离开。使用带旋转车钩的重载敞车,其旋转中心与车辆车钩旋转中心重合,进入翻车机卸车时列车不需要解体,列车的全部车辆卸空后也不用重新编组即可离开。

图3-32 单翻式翻车

图3-33 串翻式翻车

(5)翻卸作业注意要点。

①车辆在翻车机上开始旋转卸货时,翻车机活动靠板应与车辆的侧柱外平面相接触。

②车辆在翻车机上旋转卸货时,车辆的车钩中心与翻车机旋转中心的偏移量应在允许范围内,以免损伤车钩及其他零部件。

③为使翻卸作业顺利进行,车辆的翻卸旋转角度不得超过165°。

【视野拓展3-3】

翻车机作业区域的风险防范

(1) 翻车机本体、迁车台、重车调车机、空车调车机作业区域按规定装设安全围栏,并挂设"禁止穿越"安全警示标志牌,翻车机进出端设置警戒线,禁止跨越,如图3-34、图3-35所示。

图3-34 翻车机本体作业区域"禁止穿越"安全警示标志牌　　图3-35 迁车台作业区域"禁止穿越"安全警示标志牌

(2) 迁车台作业区域按规定装设安全围栏,并设置"禁止进入"安全警示标志牌,如图3-36所示。

(3) 禁止人员在车辆之间或从车底穿行,严格要求摘扶钩作业人员按照摘扶钩作业流程工作。操作人员安全警示牌、作业区域安全警示牌如图3-37、图3-38所示。

图3-36 迁车台作业区域"禁止进入"安全警示标志牌　　图3-37 操作人员安全警示牌

(4) 翻车机平台上下区域按规定装设安全围栏,并挂设"当心坠落"安全警示标志牌,如图3-39所示。

(5) 在转动设备区域挂设"当心机械伤人"安全警示标志牌,提醒工作人员远离运行中的转动设备,如图3-40所示。

(6) 采重车煤样时,应先投入迁车联锁保护,防止重车误动;同时规范采样人员上、下重车操作。

(7) 定期组织清理翻车机区域煤粉,翻车机操作人员严格按照要求佩戴过滤式呼吸器。

(8) 定期组织清理翻车机区域煤粉,翻车机运行期间严格按照相关要求使用除尘系统。

图 3-38　作业区域安全警示牌

图 3-39　翻车机平台"当心坠落"安全警示标志牌

a)　　　　　　　　　　　　　　　　b)

图 3-40　转动设备区域"当心机械伤人"安全警示标志牌

2. 底开门自卸车卸车工艺

底开门自卸车是一种卸车效率很高的散货专用车。底开门自卸车有平底式底开门自卸车和漏斗式底开门自卸车两大类。底开门自卸车在美国、加拿大、澳大利亚、德国、英国等国家已经广泛应用。随着我国车辆制造技术的发展，底开门自卸车也越来越多地应用到煤矿、煤化工基地、火力电厂以及煤炭港口等场合。

(1) 底开门自卸车卸车形式。

底开门自卸车是一种无盖漏斗车，卸车时通过手动风控或电控的方式打开车厢底部两侧的底门，车厢内的散状物料自动进入车厢下方的卸料坑内，卸料坑内的物料再经过给料机、皮带输送机等设备转运至料场。底开门自卸车适用于运距较小、车辆编组固定、循环使用、定点装卸、物料自流性能好的厂矿。目前我国煤炭漏斗车主要有 K_{18} 型、KM_{70} 型、KM_{80} 型等系列型号。

底开门自卸车的核心是特定漏斗车的自卸功能，卸车方式有风控自卸和电控自卸两种。

① 风控自卸。

风控自卸是由地面提供风源，当车辆停止在卸料坑正上方时，通过人工打开或关闭两节车厢之间的控制风阀，实现车辆底门风控系统放气(开门)和充气(关门)。目前国内主要采用手动开、关车门的方式，根据下部卸料坑的长度可以一次卸单节或多节车厢，也可以分批或整列卸车。如 K_{18DF} 型、KM_{70} 型煤炭漏斗车均可采用风控自卸方式。

②电控自卸。

电控自卸则不需要地面风源,通过每节车上的受电靴与卸料坑内的信号轨接触,实现打开和关闭车门。电控卸车可以实现边走边卸的功能,但铁路部门一般不允许受电靴在打开位置通行,且接触信号也有一定的误差,国内电厂几乎很少使用这一方式卸车。

国家能源集团 KM_{98} 型煤炭漏斗车通过地面设置的行程开关来控制底开门漏斗车底门的开闭,车辆边行走边卸货至受煤坑,受煤坑底部设有漏斗和皮带输送机,可将物料由卸货点输送至堆场。卸车完毕,经简单整备,空车在原卸车线上整列返回。每套底开门漏斗车卸车工艺系统包括地面碰头开关、电控系统设备1套;卸车棚、维修起重设备及除尘设备、给排水设备等。

(2)底开门自卸车卸车工艺特点。

①不需要其他卸车设备,卸车效率高,物料卸得比较彻底。

②对货种及物料块度的适应性差,对于大块物料,不适用底开门漏斗车进行运输。

目前,中国中车集团研制的轴重型底开门漏斗车采用横向开闭的底门结构及碰头式底门自动开闭结构,与地面开关门碰头配合使用,实现边走边卸、自动关门的功能,使得卸车效率大大提高。漏斗车可以在配有翻车机的卸车线上漏卸,可与敞车翻卸共用一套传输设备。

底开门自卸车一般适用于车皮固定的专线运输,以及冬季不太寒冷、运输距离不太长、运输物料比较松散和均匀、大块粒度在 400～500mm 以下的铁路运输。

3. 螺旋卸车机卸车工艺

螺旋卸车机(图3-41)是在侧开门铁路敞车上利用螺旋机构插入物料中旋转,将物料由车厢的侧门卸出的专用散料卸车机械。螺旋卸车机卸车系统主要由螺旋卸车机、受煤坑、坑道收料皮带机、铁路停车线、移动牵引绞车等组成。螺旋卸车机按门架形式可分为桥式、门式和单悬臂式三种;按物料卸车的方向,可分为单侧和双侧两种;按螺旋头数,可分为单旋、双旋、三头螺旋等几种。

(1)螺旋卸车机工作流程。

①铁路敞车停到卸车点,确认敞车重车与机车分离,敞车车轮处安放止挡器。

②螺旋卸车机操作人员发出开车信号铃,大车行驶至待卸车辆的一端。与此同时,打开敞车的下侧门。

③螺旋卸车机操作人员逐步放下卸料螺旋,将螺旋插入所运散料内,并调整好位置。

④螺旋卸车机操作人员开动螺旋,散料从车厢两侧(或一侧)卸下,如图3-42所示。

图3-41 螺旋卸车机

图3-42 螺旋卸车机卸车作业

⑤启动行走机构,螺旋卸车机沿车厢纵向运行,螺旋缓慢从一端移至另一端并随时调整好高度,散料连续卸出,如此反复循环作业,直至完成卸料作业。

(2)螺旋卸车机卸车工艺特点。

利用物料向下自流的特性,车门开启后物料在螺旋推送作用下自流进入卸料槽,无须对物料提升做功,因此卸车效率较高、能耗较低,且与翻车机相比,其卸车时对车辆基本无损坏,适于松散、粒度小的物料。但其在卸车过程中流量极不均匀,车门开启后的前后阶段车门处货流量相差较大,卸车车位下若不设置缓冲料斗及给料机,则极容易造成地下输送机因积料过多而超载停转。另外,其采用人工开闭车门,由于粉尘较难控制,因此作业条件较为恶劣。

4. 链斗卸车机卸车工艺

链斗卸车机(图3-43)是以链斗为取料和承载件,以皮带输送机输送并卸料的一种铁路敞车连续卸车机械。因其是跨越在铁路敞车两边的轨道上作业,所以也被称作"门式链斗卸车机"。

(1)链斗卸车机工作流程。

链斗卸车机大车行走机构沿轨道行走至待卸车厢的一端,链斗升降机构将链斗下降到车厢内的物料面,链斗挖取物料并提升到一定高度,然后翻转并将物料卸入皮带输送机,皮带输送机将物料输送到车厢侧旁堆料,如图3-44所示。大车行走机构驱动整机水平移动以实现车厢内物料的分层取料。

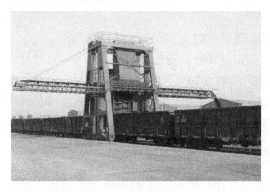

图3-43 链斗卸车机

图3-44 链斗卸车机卸车作业

(2)链斗卸车机卸车工艺特点。

链斗卸车机适于松散、粒度较小的物料,单机卸车效率通常为300~400t/h,每小时可接卸5~6节敞车。除行走的轨道基础外,链斗卸车机不设坑道皮带机,要求地面没有坡度,以保持机架在工作时的稳定性,故它无须其他基础土建工程,工程简单,土建投资较小,使用方便,可沿装卸线多机同时作业,在我国早期卸车港口应用较为广泛。但其对黏度高、水分含量大的物料适应性较差,堆料宽度受限于皮带输送机的长度,需要人工清仓作业,作业时的粉尘控制也较为困难;机械磨损大,维修费用高,能耗大,清车量大,在港口仅作辅助设备用,而较少作为主要卸车机。

用于散堆装货物的这四种卸车工艺的卸车能力和对设备的要求不同,如表3-2所示。目前在我国重载铁路的卸车站,由于重载运输多采用敞车和漏斗车,一般采用翻车机卸车工艺、底开门自卸车卸车工艺。

四种卸车工艺的比较　　　　　　　　　　表3-2

项目特征	翻车机卸车工艺	螺旋卸车机卸车工艺	底开门自卸车卸车工艺	链斗卸车机卸车工艺
调车作业量	较小	较大	较大	较大
卸车能力	大	小	大	小
车辆购置	无	无	需	无
运营维护费	大	较小	小	高
受煤槽基坑处理	相对简单	复杂、投资高	复杂、投资高	基本无
运营车辆保证度	受制于车辆调度	受制于车辆调度	能保证	受制于车辆调度

三、卸车站卸车作业要求

卸车是保证运输连续不断再生产的关键环节，可以"以卸保排""以卸保装"。为有预见地安排卸车，应做好下列工作：

（1）根据到卸资料、厂矿港口专用线和专用铁道技术作业过程查定的有效作业时间，确定每日卸车计划，制订取送车作业方案，做到快取快送，压缩待取待送时间，加速车辆周转。

（2）对专用线和车站内由收货单位自行卸车的货物，车站接到预报后，要及时通知收货单位做好卸车准备。

（3）密切与收货单位和地方运输部门的协作，组织好地方搬运工作，做到随到随卸、随卸随搬，及时腾空货位，防止货物阻塞。

（4）加强夜间卸车组织，保证夜间卸车比重达到45%以上。

（5）掌握大点车。大点车是指在车站停留时间超过48h的待卸车。车站按18:00待卸车分析表填记大点车的积压日期和时间，并建立台账，注明未卸原因，提出处理意见。铁路局集团有限公司（简称"铁路局集团公司"）对待卸车超过48h的大点车，换18:00大点车待卸车报告（运货8）逐日登记，并报中国国家铁路集团有限公司（简称"国铁集团"）货运调度员。

四、重车积压卸车、发站停装或限装时的处理方法及权限规定

（1）卸车站要求发站停装或限装（简称"停限装"）时，应说明原因和要求停装或限装的具体时间，并标明是否为"五定"班列和大宗货物直达列车的卸车站，填写"停限装请求报告"并逐级上报。铁路局集团公司报国铁集团的"停限装请求报告"，必须由货运主管部门负责人批准。

（2）各级货运调度收到"停限装请求报告"后，有关人员应及时处理。

（3）发站和到站为同一铁路局集团公司管辖内的停装或限装，由铁路局集团公司批准；跨局的由国铁集团批准；国际联运和出口的货物，必须经国铁集团批准。

（4）"五定"班列口岸站进口物资原则上不准停装，特殊情况必须停装时，要报国铁集团批准。

（5）停装或限装必须以调度命令批准，逐级下达。车站接到停装或限装命令后，要及时将停装或限装的原因和具体时间通知发货单位。

（6）对已到达卸车站而收货人拒收的重车，车站应查明原因并协调解决。未经国铁集团批准，任何单位不得原车退回车站。

单元四　单元式重载列车装车作业组织

单元式重载列车由始发技术站将空车送至装车地,在装车地通过环形装车线或贯通式装车线完成装车后,返回到始发技术站进行列车的技术检查及机车的检查作业,作业完成后单元式重载列车由始发技术站驶往卸车地,列车到达卸车地首先进入终点技术站进行列车到达的技术作业,继而进入终点卸车站不摘机车连续进行卸车作业,卸后空车回到终点技术站,办理出发作业并返回始发技术站。至此,完成单元式重载列车的一次运输循环。

对于品种单一、去向固定、货源充足且装车点与卸车点均有直接装卸能力的车站,直接组织开行单元式重载列车。

一、单元式重载列车装车作业方式

单元式重载列车有两种装车作业方式,环形装车方式和贯通式装车方式。

1.单元式重载列车环形装车方式

重载煤炭环形装车站主要采用筒仓装车。单元式重载列车环形装车系统如图 3-45 所示。

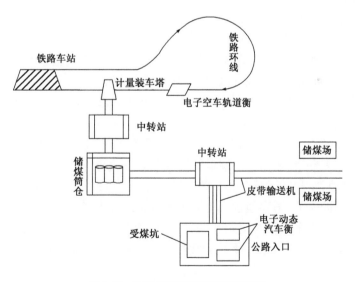

图 3-45　单元式重载列车环形装车系统

(1)单元式重载列车环形装车系统。

以煤炭装车为例,具有先进装备的煤炭装车点(集运站)的装车系统设备由电气化环形铁路系统及煤炭储(煤)装(车)系统两个系统组成。

①环形铁路系统。

环形装车线平面应与低匀速装车要求相适应,其平面设计布置应考虑曲进直出;使空车先行通过小半径曲线,而重车行驶在直线上。环形装车线半径不应小于 250m,且应保证列车在环形装车线任何位置停车都能启动。为避免出现车辆挤钩现象而使车辆运行速度发生突变,在装车点平坡前后各设一段面向装车点的坡度不超过1.5‰的上坡段,使车辆间车钩保持拉紧状态,保证列车的低匀速运行。

环形装车线上布置装车楼、防冻液喷洒设备和抑尘剂喷洒设备。装车楼可布置在装车线端部和中部,如图3-46、图3-47所示。防冻液喷洒点布置在装车楼前或装车楼内装车溜槽前,抑尘剂喷洒点设置在装车楼之后。

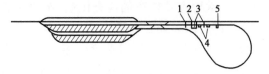

图3-46 环形装车线装车楼在端部
1-抑尘剂喷洒设备;2-装车楼;3-防冻液喷洒设备;
4-机车停车位置标;5-调车信号

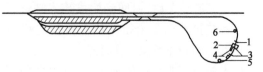

图3-47 环形装车线装车楼在中部
1-抑尘剂喷洒设备;2-装车楼;3-防冻液喷洒设备;
4-机车停车位置标;5、6-调车信号

② 煤炭储装系统。

煤炭储装系统主要由电子空车轨道衡、受煤坑、皮带输送机、中转站、储煤场、储煤筒仓等组成。

若单元式重载列车的装车地为集运站,集运站存储煤炭可按以下流程进行:运煤卡车由公路进入集运站后,经电子空车轨道衡称重,普通载重卡车的煤炭由卸煤机卸入受煤坑,受煤坑内的煤炭经皮带输送机进入储煤场或直接进入储煤筒仓;或者大载重自卸汽车经称重后将煤炭自动卸入受煤坑,也可直接进入储煤场卸车。装车时,由皮带输送机根据需要将煤炭转运至快速定量装车站。

(2) 环线装车作业流程。

常规的装车设备在车列静止的状态下装车。但采用快速定量装车系统作为装车设备时,装车设备固定不动,车列匀速通过装车设备即可完成装车作业。

整个装车作业流程可以分为空车入环线、装车和重车清空环线三个阶段。

① 空车入环线(图3-48)。

车站值班员办理进入环线的调车进路并开放调车信号机,停留在到发线上的车列由调机或本务机牵引进入环线,在第一架调车信号机前方一度停车(标)等待。装车作业区清空后,调车信号机开放,车列须运行至装车楼前停车,如果防冻液喷洒点设置在装车楼外,那么在需要喷洒防冻液的季节,车列须运行至防冻液喷洒点前停车。车列的指挥权由车站值班员交给外勤货运员。若车站设有两条环线,可准许两列车同时进入环线装车。当第一列车进入环线开始装车后,车站值班员即可组织第二列车做好入环线准备。

② 装车。

装车操作人员装车前,上下、水平移动装车溜槽,检查运动是否平滑。装车操作人员通过对讲机指挥机车司机,列车对好货位后,方可将溜槽移到装车位置,并在装载过程中根据不同车型调整到合适高度,如图3-49所示。

外勤货运员指挥列车启动开始装车作业,列车以低匀速运行,依次通过防冻液喷洒点(冬季)、装车楼和抑尘剂喷洒点,完成防冻液喷洒(冬季)、装车和抑尘剂喷洒作业。

装车过程中,外勤货运员与装车操作人员共同确认装载情况,若发现有超载、偏载现象,装车操作人员应停止作业并进行处理,待具备条件后方可继续装车。

图 3-48 空车入环线

图 3-49 装车操作人员控制煤炭装车

装车时,机车司机必须听从外勤货运员的指挥,走行速度控制在 1km/h,误差不超过 ±0.5km/h。

③重车清空环线。

装车楼布置在环线端部时,车列尾部越过抑尘剂喷洒点后,车列继续向前运行,车列尾部越过到发场咽喉区警冲标,清空装车作业区;装车楼布置在环线中部时,车列尾部越过第二架调车信号机,清空装车作业区。

【视野拓展3-4】

抑 尘 剂

抑尘作业是铁路煤炭运输工作的重要组成部分,也是推进铁路绿色发展的一项基础工作。我国铁路煤炭运输主要依靠敞车——车厢顶部无盖,四边是侧板,这样的设计十分便于装卸煤炭。翻车机可以在 20s 内一次翻卸 4 辆载重 80t 的 C_{80} 型车辆,大大提高了作业效率。

因为没有遮盖,敞车运输散煤过程中需要采取抑尘措施防止扬尘,确保运输安全,减少环境污染,降低运输损耗。目前,应用广泛、方便、高效的抑尘方法就是喷洒环保抑尘剂。

煤炭抑尘剂(图 3-50)是一种节能环保产品,无毒、无味、无腐蚀性,具有良好的成膜特性,能在散煤外层形成防护膜,抑制煤粉颗粒被吹离车体。如图 3-51 所示,喷洒出的抑尘剂会在煤炭表面均匀渗透,蒸发过程中将表面颗粒黏结在一起,形成厚度10mm 以上、具有一定强度和韧性的固化层,能够抵御 10 级强风。抑尘剂类似于发胶,用于固定车厢顶部煤层,防止运输过程中扬尘造成环境污染。

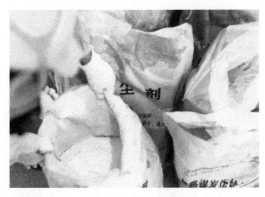

图 3-50 煤炭抑尘剂

图 3-51 装车后喷洒抑尘剂

这种环保"神器"性能优异、使用方便、物美价廉,对煤炭的燃烧性能几乎没有影响。据统计,在抑尘剂的帮助下,铁路沿线扬尘消减率可达90%以上,效果非常明显。此外,抑尘剂还可以针对不同覆盖基质特性,采用不同配比达到有效的抑尘效果,避免二次污染。

2. 单元式重载列车贯通式装车方式

设置环形装车线需要开阔的地形,一般在地形条件比较困难的情况下采用贯通式装车方式。

(1) 单元式重载列车贯通式装车系统。

单元式重载列车贯通式装车系统主要由贯通式装车线和煤炭储装系统组成。

① 贯通式装车线。

贯通式装车线配备的基础设施主要有两种:一种是在装车线线路一侧建造的装车站台,附近煤矿通过汽车短途运输煤炭至装车站台露天堆放,利用装载机将煤炭输送至敞车内完成装车。另一种是在装车线上配置的装车设备,如装车楼、防冻液喷洒设备和抑尘剂喷洒设备。装车楼可布置在装车线端部和中部,如图3-52、图3-53所示。防冻液喷洒点布置在装车楼前或装车楼内装车溜槽前,抑尘剂喷洒点设置在装车楼之后。

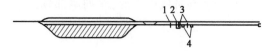

图3-52 贯通式装车线装车楼在端部
1-抑尘剂喷洒设备;2-装车楼;3-防冻液喷洒设备;
4-机车停车位置标

图3-53 贯通式装车线装车楼在中部
1-抑尘剂喷洒设备;2-装车楼;3-防冻液喷洒设备;
4-机车停车位置标

② 煤炭储装系统。

贯通式装车系统中的煤炭储装系统与单元式重载列车环形装车系统相同,一般也包括轨道衡、受煤坑、皮带输送机、中转站、储煤场、储煤筒仓等。

(2) 贯通式装车线的装车作业流程。

贯通式装车线的装车作业流程分为推送空车、装车、取回重车三个阶段。

① 推送空车。

车站值班员办理进入装车线的调车进路并开放调车信号机,由调机将停留在到发线上的车列推送进入装车线,车列对位完成后,调机回站。受线路长度限制,当装载万吨列车时,通常采用半列装车方案,需配合使用多条装车线合装万吨列车,即推送空车时,先将整列推入某一装车线,对满有效货位,再将剩余车辆牵引至其他装车线全部甩车对位。

② 装车。

贯通式装车作业若采用快速筒仓装车系统,其作业过程与环线装车作业过程相同。若采用装载机进行散堆装货物装车,则按以下流程操作:

a. 装车前,车站应严格检查货物密度测定记录和上站磅单,确定装载高度和装车吨数。

b. 装车时应做到均衡装载货物,充分利用车辆的容积,严格按允许增载货车车型、货物品类及允许增载重量装载,做到不偏载、不超载、不亏吨,确保货物不撒漏。

c. 使用轨道衡、装载机称重装置确定货物质量时,托运人须提供过衡检斤单据一式两份,托运人、车站各持一份,由专人保存,保存期半年。

d. 装车作业完成后,装车单位应及时清理货车车体外部、车钩、手闸台等部位上的残货和杂物。挂车前车站应进一步检查确认，防止遗留的残货或杂物在列车高速运行时飞起(散落)打伤人和设备。

e.按测定货物密度、量尺画线装车的要做到"六必须"，即必须检查空车是否符合装车条件，必须按批测量密度，必须在装车前测量画线，必须对每辆车进行装后检查，必须在运单上详细记载货物密度及长、宽、高，必须按规定对装车质量进行签认。

f.超过检定期限的计量衡器和装置不得作为装车作业的依据，应从失效日起改用测定货物密度、量尺划线装车。

③取回重车。

若装卸线采用单取单送的取送车模式，装车完成后，清理线路残余煤渣，完成取车前检查后，调机从站内运行至装车线，牵引重车驶离装车线。当线路装载万吨列车时，先挂某一装车线车辆，后挂其他装车线车辆，再整列牵引到站内。

二、单元式重载列车装车要求

1.检查货车

装车应调配状态良好的货车。装车前，应对车厢的完整性和清洁状况进行检查，确定是否适合所装货物。例如 C_{76} 型、C_{80} 型车内支撑杆断裂、缺失后严禁装车。敞车在装车前，空重检查重点如图 3-54 所示。

图 3-54 铁路敞车空重检查重点

2.不允许增载

重载列车一般采用载重量为 70t、80t 甚至 90t 的敞车，且重载铁路多运输散堆装货物，应合理装载。C_{70} 型、C_{76} 型、C_{80} 型、C_{80E} 型等各型货车按照标记载重量装载，不允许增载。

3.防止超载、偏载

散堆装货物装车应使用货运计量安全检测设备防止超载，装车后应采取平顶等措施防止偏载、偏重。在铁路重载运输的装车站，一般在线路上铺设轨道衡或超偏载检测装置(图 3-55)等安保设备和装载视频监控系统(图 3-56)，并设专(兼)职检测、监控人员，在线实时监控超偏载检测装置和装载视频监控系统的运行状态,确保车辆不超载、不偏载,装车作业符合《铁路货物装载加固规则》(铁总运〔2015〕296号)的规定。

图3-55 超偏载检测装置

图3-56 装载视频监控系统

【视野拓展3-5】

散堆装货物的平顶方法

根据《铁路货物装载加固规则》的规定,散堆装货物装车后应采取平顶等措施防止偏载、偏重。平顶可采用人工平顶作业方式(图3-57),也可采用挡板进行平顶(图3-58)。在出煤口处安装一块挡板,每次装车时,火车都以0.5~1km/h车速行进,挡板会将煤炭顶部刮平,让所有装填的煤炭都达到同一高度。在铁路重载运输中,由于车列较长,采用人工平顶作业不可取,故采用挡板进行平顶,以提高装车效率。

图3-57 人工平顶

图3-58 挡板平顶

4. 严把装车质量

强化散堆装货物撒漏、抑尘、防冻车(箱)治理,按标准做好防冻液(粉)、抑尘剂喷洒工作(图3-59、图3-60)。煤炭粒度小于35mm时,装车后应在货车顶部煤炭表面喷洒抑尘剂,抑尘剂喷洒量不低于$2.2L/m^2$;煤炭装载高于车帮时,抑尘剂喷洒量不低于$3.5L/m^2$。切实落实按方案装车、重点货物装车质量签认制度,严把装车质量。

图 3-59　向空车厢喷洒防冻液

图 3-60　向车厢喷洒抑尘剂

【视野拓展 3-6】

煤炭在装车前后为什么要喷两次"水"？

火车运煤时，为何要不停地给煤炭喷"水"？对此，有人解释："这是为了防止煤炭在运输途中自燃。"也有人推测："这是为了把挖出来的煤洗洗。"甚至有人猜测："不会是想增加重量吧？"

1. 喷洒的液体到底是什么？

煤炭装车前后喷洒的液体是防冻液。将防冻粉和水按科学配比进行混合搅拌，在完全溶解无固体物后停止搅拌，待溶液静置一段时间后再进行密度检查，检查合格后的防冻液才能使用。如此制作的防冻液，无污染、无毒害，不影响货物品质，具有防冻、融冰雪、润滑等多重作用。

防冻液相当于在煤炭与车厢内壁之间喷涂一层膜，防止冬季温度过低时，煤炭粘连在车厢内壁。

2. 为什么要喷洒防冻液？

煤炭在开采后要经过洗煤这道工序。洗完的煤炭具有一定的含水量，在气温较低的时候洗完的煤炭就会产生冻冰，与车皮、车底冻结在一起形成"冻车"现象。如果出现"冻车"情况，煤炭就会粘在车底，不仅容易造成浪费，还影响卸车效率。

为避免"冻车"，煤炭装车前先用防冻液给车厢"洗个澡"。特制的防冻液冰点很低，-50℃也不会结冰。用喷头喷洒车厢，使其充分浸湿，内壁形成一个隔离层，有效阻断煤炭和车厢的冻连。

铁路职工还要向车厢内撒防冻粉，如图 3-61 所示，防冻粉+防冻液是极寒天气下防止出现"冻车"现象的法宝，起到了双保险的作用。

煤炭装车后还要再次喷洒防冻液，如图 3-62 所示，专业人士称这一道工序为"灌缝"，使其在车厢内形成一个立体防冻网，让防冻工作不留死角。

3. 防冻液喷洒设备

防冻液喷洒设备分为固定式和移动式两种，但不管是固定式还是移动式，喷洒设备主要由喷头、专业泵储存罐、配套管路和流量计等组成。

图 3-61　铁路职工撒防冻粉　　　　图 3-62　装车后喷洒防冻液

喷洒设备要充分考虑货物的装车形式,以煤炭货物为例,煤炭装车有装载机装煤和快速定量装煤两种形式。装载机装煤时,货车是不移动的,需要移动式喷洒设备才能完成防冻液的喷洒。快速定量装煤时,装煤装置是固定的,需要货车移动才能完成所有车厢的装煤,此时采用固定式喷洒设备进行防冻液喷洒作业更合理、便捷。

4.防冻液喷洒作业要求

防冻液喷洒量要根据装、卸车点最低温度,列车途经地区最低温度,煤炭含水量指标等情况来确定。喷洒防冻液时,还要认真检查喷洒设备状况,按照车辆型号调整好作业角度,保证有足够压力进行喷洒。

三、装车站装车作业流程

根据作业流程的不同,装车作业可分为到发线装车作业和专用线装车作业两类。以下对到发线装车作业流程及其与专用线装车作业流程的区别进行介绍。

1.到发线装车作业流程

在到发线装车时,执行以下作业流程。

(1)装车前准备。

①请车。

a.检查请车单填写的内容是否符合月度运输计划,有无漏填和误填。

b.检查请车单记载的货物品名、到站、车种和实际货物。

c.上报请车,接收批准的计划并通知相关单位。

请车单要求填写齐全、正确。

②接车。

a.接到车站送车通知。

b.检查线路及货物安全距离,有装卸作业时,通知停止作业。

c.上岗接车,联系调车组对好货位。

d.核对车种、车号、车数。

按照《铁路货物运输管理规则》,应车种对应货种,货运员核对车号、车数无错漏,检查货物安全距离符合规定,并确认送车位置便于装车。

(2)装车前检查。

①车辆对位停妥后,做好防护措施。

待车辆送至装车位置停妥,并做好防溜措施后,与调车组人员办理签认手续。采取在来车方向的左侧钢轨上插好防护牌或在车体左侧挂好防护灯等防护措施。

②检查货车是否符合使用条件,车辆的车体、车门、车窗、盖、阀状态是否良好;车内是否干净,货车定检是否过期,有无扣修通知、色票等。

车体、车门、车窗、盖、阀状态良好,符合车辆使用要求;车体、车门、车窗、盖、阀状态不良,不能装车使用的车辆,汇报车站处理。车体不干净,组织人员清扫干净。货车定检过期或有扣修通知、色票等,汇报车站处理。

③检查待装货物是否与货物运单记载的品名、件数相符,检查标志、标签和货物状态是否符合要求。

④检查加固材料、装备物品是否符合要求。

⑤苫盖篷布时,检查篷布、篷布绳网质量是否良好。

⑥检查散装货物装车侧比重画线是否符合要求。

⑦检查装卸作业防护牌(灯)是否安装,安装是否符合规定。

(3)装车作业。

①向内勤货运员汇报货车送到时间和开始装车时间。

②边装车边检查,多车同时作业时,巡回监装。充分利用货车载重能力,不偏载、偏重、超载、集重、超限,不错装、漏装,无损坏,票货相符。监装货运员与装车人员共同确认装载情况,发现有超载、偏载现象,及时通知装车人员停车处理,待具备条件后方可继续装车。

具有监装系统的,货运员可利用远程监控设备进行监装。没有远程监控设备的,货运员利用筒装系统操作车间的监控设备进行监装,装车后应采取平顶等措施防止偏载、偏重。以装载机装载散堆装货物,参加装车作业的装载机应安装计量安全检测设备以防止超载。货运员需巡回监装,以装载机电子衡的过秤清单为依据确定货物的实际质量。

③按规定捆绑加固或施封。捆绑加固或施封良好。

④按规定清理车钩、车帮等处撒漏的货物。车钩、车帮等处无撒漏的货物。

⑤检查散装矿物粉料抑尘剂、防冻液(冬季)喷洒情况。抑尘剂应喷洒均匀,喷洒后表层形成的渗透厚度不得小于10mm。防冻液按车型、温度、货物含水量的要求喷洒。

⑥掌握作业进度,向车站汇报预计装完时间和实际装完时间。

(4)装车后检查。

①检查车辆装载有无超重、偏重、偏载、超限等现象;散装矿物粉料装车是否在画线以下,表面是否平整;装载是否稳固,捆绑是否牢固,施封是否符合要求,标志牌是否正确;检查篷布苫盖、捆绑情况。

②检查车门、车窗、盖、阀关闭状态和施封情况,按规定拍照留存。车门、车窗、盖、阀关闭妥当,施封符合规定。

③填记货物运单有关栏目和事项。货物运单填记车号与实际相符。

④对重点车辆要进行重点检查。

a.遇车门关闭或锁闭不良时,须使用8号镀锌铁线捆绑。

b.敞车中门上、下插销必须入槽,使挡铁发挥作用。有一个插销未入槽致挡铁不起作用时,必须对相应部位使用8号镀锌铁线捆绑。

c.敞车下侧门左、右搭扣必须入槽,有一个未入槽时,必须使用8号镀锌铁线以十字形捆绑。

d.使用铁线捆绑车门时,必须使用工具(钳子、绞棍),拧固圈数不少于3圈,剪齐余尾;铁线不得重复使用。

⑤对散装矿物粉料,用小锤子敲击车门,查看是否漏泄。若发现货物有漏泄,则要重新封堵。

⑥敞车装车后,检查中门上、下门销是否入槽插牢、到位并锁闭,下侧门门销是否落锁并捆绑防跳,车门外胀不超过限度(敞车车体外胀允许量,空车 80mm,重车 150mm)。

⑦进行装车质量签认。货物运单、装车质量签认单等基础资料填记正确、齐全。

须签认的货物品名(类)包括装载机装载的散堆装货物,由货运值班员签认。须签认的货物必须按每车进行签认,严格落实重点货物重点签认制度,杜绝漏签、代签和集中签认、事后签认。

⑧签认完毕后,货运值班员及货运员、货检员负责对所装车辆的载重量及车门加固、捆绑状态进行检查。对装载技术状态不良的车辆,必须在"货物载重量签认簿"中记载,注明加固整理的部位、材料及方法。

⑨检查防护牌(灯)撤除情况。

2. 到发线装车与专用线装车作业流程的区别

与专用线装车相比,到发线装车的作业流程主要有以下不同:

①待装车列可直接接入相应的股道,无须进行调车作业。

②由于到发线上设置有接触网,在装车作业过程中,为了保障人身安全,需要关闭接触网的隔离开关,隔离开关的开启与关闭需经车站值班员批准,由货运员与调车组共同办理。

【视野拓展3-7】

重载列车(含调车列、普通列车)直通运输作业规定

直通运输是指货物列车在车站与专用线(含专用铁路)间利用本务机车直入或直出的一种运输组织方式。

直通运输是重载铁路运输组织的重要形式。组织直通运输的专用线内宜配备与牵引机车配套的相关行车设备,专用线及交接线须满足货物列车在该运行区段的列车长度、牵引质量,设有机回线和机车走行线(可兼用)。设有车辆检查作业的专用线,应设有车辆检查设备,并实现专用线的技术检查工作。不具备条件办理直通运输的,由车站(车务段)向集团公司提出申请,制定相关作业组织办法,经集团公司审批后方准进行。

直通运输作业规定如下:

(1)重载列车到达以调车阻拦信号为接车进路终端的装车站或卸车站,允许列车不停车按调车方式限速直接越过开放的调车信号并运行至专用线停车位置,车站应严格掌握有关信号机的开放时机。

(2)装车完毕开车前,司机与车站货运员在专用线办理货票、列车编组顺序表等交接手续(电子票据除外),车站值班员通知司机始发车次,在与邻站办理预告或闭塞后,开放专用线进入站内股道的调车(出站、进路)信号、站内开放股道出站信号。车站值班员与司机进行车机联控后,该列车可凭装车点(场)的出站、进路(调车)信号机和衔接的装车站出站信号机显示的允许运行的信号直接办理通过。

四、不同车型装车注意事项

1. KM_{70} 型煤炭漏斗车装车注意事项

(1)四个底门必须关严。

(2)八个锁体都处于落锁位置。

(3)连杆应冲过"死点",与上曲拐贴严,到达自锁位置。

(4)严格按照货车标记载重及国铁集团有关规定装车。货物装载应均匀分布,装车时严禁货物高空坠落或向车内抛掷货物,以免砸坏车辆。车内不准装入长大的杂物,煤块应小于$10cm \times 10cm \times 10cm$,以免堵塞底门或卸煤阀。

2. C_{80}型铝合金运煤敞车装车注意事项

(1)该车车体较高(约3.8m),必须在指定的装煤地点和翻车机上进行装卸煤作业。禁止任意进入其他距轨面较低的筒仓及翻车机进行装卸作业。

(2)该车仅2位端装有转动车钩,在翻车机上进行不摘钩翻卸作业时,列车中车辆方向必须一致(转动车钩端的端、侧墙涂有黄色标记),即必须使16型转动车钩与17型固定车钩相连接,否则不得进行连续翻卸作业。

(3)当列车前后连挂机车、守车或其他不能进行翻卸作业的车辆时,须将C_{80}型铝合金运煤敞车与机车、守车等连挂的车钩摘开,并使车钩处于锁闭状态才能进行翻卸作业。

单元五　单元式重载列车卸车作业组织

重载铁路卸车站作为点、线运输网络中的最后一个环节,多位于港口、电厂等货物集中到达地区,与卸车地货物输送系统相连,是铁路与水运、公路等其他运输方式互联互通的关键节点。其车站作业能力及规模与货运量的匹配程度,对整个运输系统效率起到至关重要的作用。卸车站作业相对简单,主要办理列车的接入作业、卸车对位阶段的调车作业和卸车作业。

一、单元式重载列车卸车站布置

重载铁路卸车站的布置与装车站大同小异,只不过将装货的筒仓变成了卸车机或翻车机。单元式重载列车卸车地的终点卸车站一般为港口站,其也是路、港交接的煤炭转运站,车站设有重车到达线、翻车机卸煤线、空车出发线。重车到达线和空车出发线呈纵列环形布置,中部以两条卸煤线连接。两条卸煤线各设一台翻车机,在翻车机入口处设拨车机及预留解冻库。4条空车出发线分成两组,每组2条,两组呈纵列布置,其中一组与卸煤线衔接,另一组与重车到达线横列布置。单元式重载列车卸车站布置图如图3-63所示。

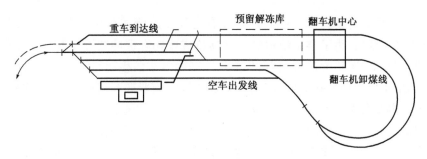

图3-63　单元式重载列车卸车站布置图

【视野拓展3-8】

散装货物解冻库

散装货物解冻库是当铁路货车装载的散装货物被冻结时对其进行加温解冻的库房及相关设施。货物冻结于车内,不能靠货物自重卸货的车辆应先解冻再翻卸。解冻可采用热风、远红外线、蒸汽、电热等方式进行加温,不应使用明火直接对车辆进行加温解冻。解冻库热源应设在车辆下侧梁以上;空车不应进入解冻库加温解冻;对车内仅存少量冻结散装货物的车辆,不应与满载的车辆同时编挂入库按满载车辆规定解冻;解冻库内的横向、纵向、垂向均应布设温度测点,实施监控,各测点处温度应可调控,并应有超标报警显示装置;解冻库热源出口温度在60℃以下时,对车辆实施解冻的时间不限。解冻库热源出口温度应不高于100℃,当温度高于60℃时,对车辆实施解冻的时间限制为1h,其后应停止供热,将库温降到60℃以下。

二、港口站装卸工艺流程

港口站装卸工艺主要包括卸车、堆场、装船,其流程如图3-64所示。

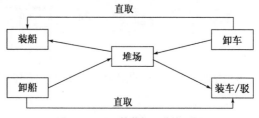

图3-64 港口站装卸工艺流程图

(1)卸车。

该过程为堆场作业,即散货运输列车→卸车设备(翻车机)→输送设备(如带式输送机)→堆料机/堆取料设备→堆场。

(2)装船。

该过程为装船作业,即堆场→取料机/堆取料设备(门式斗轮堆取料机)→输送设备(如带式输送机)→装船设备(如装船机)。

三、单元式重载列车的卸车方式

1. 翻卸

卸车主要采用翻卸的方式。翻卸即将装有高强度旋转式车钩的专用敞车编成重载列车,列车进入卸车线后,为了避免使用机车推顶造成车钩和缓冲装置频繁冲撞而受损,一般使用自动或半自动的车辆就位器(俗称"铁牛")来操纵车辆移动和定位,将专用敞车(每组1~3辆,根据翻车机的型号确定)固定在翻车机内旋转倾覆卸车,直接将货物翻卸到线路下面的料坑内。翻卸可保证不摘钩连续作业,具体作业流程如图3-65所示。

为了提高重载铁路运输能力,C_{80}型货车被广泛应用在各重载铁路上,但因C_{80}型"黄端"朝向不一致而影响卸车效率和安全的问题时有发生。为保证卸车过程真正实现不摘钩卸车,列车编组时要求每两辆车辆间的车钩必须可以旋转(车辆车钩或连接标至少保证有一端可以旋转),也就是要求重车列在编组时,整列车的车辆"黄端"朝向必须一致。列车到达卸车站在卸车过程中如果"黄端"朝向不一致,现场作业人员也未发现而进行翻卸作业,两车旋转车钩会被拧断,不但存在严重的行车安全隐患,而且会极大地影响卸车效率。

a) 重车牵入

b) 单节重车到位 翻车机

c) 翻卸

图3-65 翻卸作业流程

【视野拓展3-9】

翻车机卸车工艺中的抑尘方法

煤炭在翻车机房卸载的过程中产生高浓度的扬尘,如果不对扬尘进行处理,不但会对周围的大气环境产生严重污染,而且有可能影响翻车机房内设备的正常运行和工作人员的身体健康。为保证设备和人员的正常工作,可采用如下抑尘方法,有效改善现场环境:

(1)翻车机底层洒水抑尘。

在每个漏斗活化给料机下料口内布置洒水管路并安装喷头,有效控制煤炭从活化给料机下落到皮带上时扬起的煤尘。根据翻车机作业时产生煤尘情况选择相适应的洒水模式,控制洒水装置对煤尘进行抑制,使翻车机煤尘浓度保持在正常值范围内,以提高翻车机作业效率、减少煤尘对翻车机区域的污染。

(2)干雾除尘技术。

微米级干雾除尘机可产生不规则的水雾颗粒,该颗粒在空气中吸附和包裹不同大小的粉尘颗粒,后由于重力作用而下降。干雾除尘装置可以产生直径为 $1 \sim 10\mu m$ 的水雾颗粒,使其悬浮在空气中,从而起到抑制灰尘作用。

(3)干式除尘技术。

在翻车机底层每个漏斗处加装吸尘口,利用风机将底层落料过程中产生的煤尘吸至地面布袋除尘器进行过滤除尘。

2. 漏卸

漏卸是用底开门自卸车编成重载列车,由本务机或调机牵引进入卸车线后,自动开启底门直接卸车,散装货物随即落入线路两旁的卸煤坑内。列车可停车,也可边行进边卸货至铁轨两旁的卸煤坑。卸煤坑的底部设有漏斗和皮带输送机,可将物料由卸货点输送至堆场。

漏卸时卸车线有高出地面和不高出地面两种形式。

(1)卸车线高出地面。

这种卸车线布置的卸煤坑有两种形式:一种是卸煤坑在地面下,输送机布置在坑道里

(坑道皮带机运输),如图 3-66 所示;另一种是卸煤坑在地面上,用抓斗起重机输送,如图 3-67 所示。

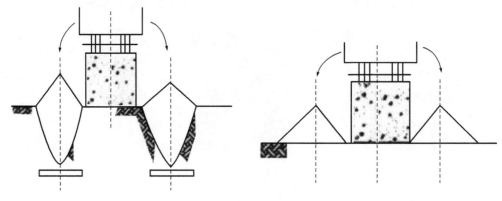

图 3-66　卸煤坑在地面下　　　　　图 3-67　卸煤坑在地面上

(2)卸车线不高出地面。

这种卸车线的卸煤坑也有两种布置形式:一种是卸车线双侧布置地下卸煤坑(双坑道皮带机),如图 3-68 所示;另一种是卸车线下布置一个卸煤坑,如图 3-69 所示。

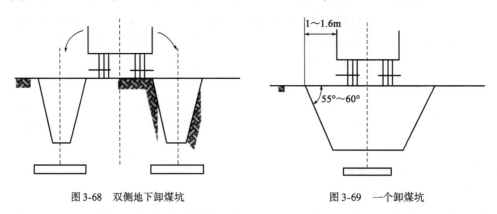

图 3-68　双侧地下卸煤坑　　　　　图 3-69　一个卸煤坑

【视野拓展3-10】

黄骅港的卸车方式

黄骅港站位于河北省黄骅市渤海新区,是朔黄铁路的终点站,也是神华集团最大的卸车站,承担着神华煤炭铁水联运的重要任务。黄骅港站呈单向混合式四级七场布局,分为港前作业区和港口作业区。黄骅港站主要办理货物列车的接发、卸车、空重车取送及编组、解体等作业。

黄骅港站卸车方式主要有两种:一种采用敞车运输、翻车机卸车;另一种采用底开门自卸车运输、卸煤坑卸车。黄骅港站采用翻车机和卸煤坑合一布置,每条卸车线既设置翻车机房,又设置卸煤坑和地面开关门碰头装置,敞车翻卸和漏斗车漏卸采用一套传输设备。每条卸车线既可供敞车翻卸使用,又可供漏斗车漏卸使用。漏斗车因卸车时间短而应用于重载铁路货运专线将成为趋势,在未来敞车和漏斗车同时使用的条件下,采用翻车机和卸煤坑合一布置的形式,可以增强卸车线的使用灵活性,提高卸车线运用计划的效率。

四、单元式重载列车卸车系统

由于卸货点不仅包括内陆站,还包括港口的港口站,因此,卸车站通常采用贯通式装卸线和环形装卸线两种运输形式。

1. 贯通式装卸线卸车系统

由于所采用的卸车设备不同,贯通式装卸线卸车系统可分为贯通式翻车机卸车系统和贯通式移动装载机卸车系统。若装卸线未配置翻车机系统,卸车站可使用装载机进行卸车作业。贯通式翻车机卸车系统卸车流程为重车经重车线到达翻车区,翻车机卸车后,由重车调车机将空车继续推送至重车线,布置形式如图3-70所示。

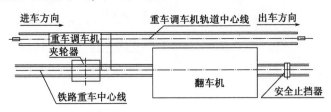

图3-70 贯通式翻车机卸车系统布置形式

2. 环形装卸线卸车系统

单元式重载列车环形装卸线卸车系统包括环形铁路系统与卸煤装船系统两个系统。

(1) 环形铁路系统。

为了提高卸车效率,卸车站一般采用环形装卸线卸车,环形卸车线的线路条件与环形装车线的线路条件基本相同,不同点在于环形卸车线还应满足两个条件:其一,环形卸车线应满足在车钩压缩状态下卸车;其二,翻车机前后线路应设计为平坡直线。

> 【视野拓展 3-11】
>
> **大秦铁路柳村南站的环线卸车**
>
> 大秦铁路柳村南站采用环线卸车,万吨重载列车进入柳村南站后,直接通过柳村南站Ⅰ场,在柳村南站Ⅱ场万吨停车标处一度停车等待对位,机车不进行分解。待对位妥当后,由本务机车直接牵引至翻车机房处,然后进行翻卸作业。本务机车在环线等候连挂。重车卸车完毕后由调车机将万吨空车牵引至空车场,机车连挂后即可发车。

(2) 卸煤装船系统。

若卸车站是港口站,煤炭卸车完毕后,还需装船再通过水路进行中转运输。如从列车上卸完煤之后,将煤炭装上货船,货船从秦皇岛港口出发,运到常熟、镇江、南京西坝码头等地。单元式重载列车卸煤装船系统如图3-71所示。

若卸车站是港口站,列车到达后路、港双方在重车到达线办理交接作业,列车运行至拨车机固定停车处。机车落下受电弓处于非工作状态,按翻车机规定的每次卸车数,由拨车机将重车送至卸煤线,经翻车机连续卸车,卸后的空车列经空车出发线返回铁路技术站。

在港口站,若卸下的煤炭需装船转运,则煤炭装船作业方法如下:经翻车机卸后的煤炭落入储煤漏斗中,经皮带输送机系统输送到堆场,由堆料机将煤炭按种类堆到指定垛位,取料机在堆场按指定垛位取料,通过皮带输送机系统装船。翻车机卸后的煤炭也可不进入堆场,直接通过皮带输送机系统送往装船机装船。

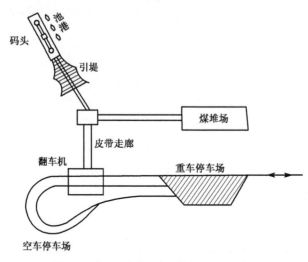

图 3-71　单元式重载列车卸煤装船系统示意图

【视野拓展 3-12】

港口是怎样组织卸煤并完成装船离港的?

(1) 列车沿铁路进港,如图 3-72 所示。
(2) 驶入翻车机房区域,如图 3-73 所示。

图 3-72　重车进港

图 3-73　重车进翻车机房

(3) 进入翻车机房卸煤,使用干雾除尘技术抑制煤尘,如图 3-74 所示。
(4) 煤炭通过皮带输送机经堆料机运送至堆场进行堆料作业,如图 3-75 所示。
(5) 拖轮接送引航员上船,如图 3-76 所示。
(6) 引航员指挥船舶进港,如图 3-77 所示。
(7) 船舶靠港后装船机对舱,如图 3-78 所示。
(8) 取料作业,如图 3-79 所示。
(9) 装船机按照船图均匀装货,如图 3-80 所示。

图 3-74 卸煤、除尘

图 3-75 堆料作业

图 3-76 引航员上船

图 3-77 船舶进港

图 3-78 对舱

图 3-79 取料作业

（10）装船完毕，计算装载量后，由拖轮拖带船舶离港，如图 3-81 所示。

图 3-80 装船

图 3-81 船舶离港

五、重载铁路卸车站卸车作业流程

到发线卸车时,按以下作业流程进行。

1. 卸车准备

(1)接车。

①接到车站卸车通知,检查货位能否容纳待卸货物。

②检查运输票据记载的到站与货物实际到站是否相符。

③检查线路及货物安全距离。

④上岗接车,联系调车组对货位。

(2)卸车前检查。

①检查货车、装载、篷布及施封状态,发现问题及时通知有关人员共同检查和处理。

②核对现车与票据是否相符。

③检查卸车货位清扫状态。

④检查装卸作业防护牌(灯)是否安装及安装是否符合规定。

2. 卸车作业

(1)向内勤货运员汇报货车到达时间及开始卸车时间。

(2)边卸车边检查,指导作业,多车作业时巡回监卸。检查是否按标准流程作业,是否落实护车措施。

(3)重点货物按规定会同有关人员监卸。

(4)按规定捆绑加固车门,清理车钩、车帮等处漂浮物。

(5)掌握卸车进度,向车站汇报预计卸完时间和实际卸完时间。

(6)翻车机卸车完成后,若车内还留有冻煤,则必须组织人工清理,若冻煤没有清理干净,车辆极易侧翻,酿成行车事故。如有大块冻煤,可能会造成翻车机堵斗,需要配备足够的人力及时清理。

3. 卸车后检查

(1)检查卸后车内货物是否卸空和清扫干净、标示牌是否撤除、线路是否清理完毕等。

(2)检查卸后货物安全距离是否符合规定。

(3)检查车门、车窗、端墙、侧墙是否关闭严密,检查车门捆绑加固情况。

(4)检查加固材料、装备物品。

4. 编制记录

对卸车中发现的问题按有关规定记载与处理,及时编制记录。

六、重载列车卸车注意事项

1. 翻卸作业

(1)车辆在翻车机上旋转卸货时,要求翻车机活动靠板应与车辆的侧柱外平面相接触。

(2)车辆在翻车机上旋转卸货时,要求车辆的车钩中心与翻车机旋转中心的偏移量应在允许范围内,以免损伤车钩及其他零部件。

(3)为使翻卸作业顺利进行,车辆的翻卸旋转角度不得超过 165°。

2. 人工卸煤作业

车辆在需要进行人工卸煤作业,特别是在冬季对车内残余冻煤进行清除作业时,不得使尖锐物体损伤铝合金车体,尤其应注意保护浴盆板、下侧梁及侧板,否则会对车辆造成重大损害。

3. 煤炭漏斗车卸车作业(以KM_{70}型漏斗车为例)

(1)卸车点必须具有能供两侧同时卸货的卸煤沟或高栈台低货位,货位应有足够的容量,在7m长度范围内至少能容纳60t煤。

(2)卸车地点一切设施均不得侵入机车车辆限界。

(3)卸车时离合器手柄必须按卸车方式置于相应的位置。

(4)采用风动卸车时须将各车列车主管至储风缸的7号截断塞门与储风缸至操纵阀的8号截断塞门打开。各车离合器手柄置于风动位,各车操纵阀手柄置于中立位。重车开门时储风缸内的额定风压为400kPa,最高风压不得超过500kPa。

(5)关门后应及时将操纵阀的手柄置于手动位,离合器手柄置于手动位,并关闭列车主管至储风缸的截断塞门与储风缸至操纵阀的截断塞门。

(6)车内若有余煤需要清理时,工作人员不准由底门门孔处出入。

(7)卸车后必须及时关闭底门。底门打开时超过机车车辆限界,因此,编发车辆以及在厂、矿、站内移动车辆时底门必须处于关闭状态。

七、重载列车重车在卸车站企方翻车机房作业规定

(1)与卸车站接轨的企方专用线、专用铁路设有翻车机房且卸车方式为环线卸车时,向翻车机房送车可采取牵引对位方式。

(2)重车到达后,车站值班员根据卸车计划向司机和调车人员传达重车对位及机车转线作业计划。

(3)车站值班员得到对位调车长重车可以对位的汇报或得到企方同意并确认企方"同意对位信号机"开放后,方可开放对位信号。遇企方"同意对位信号机"不能开放信号时,由对位调车长与企方办理同意重车对位签认手续后,报告车站值班员具备对位条件,车站值班员得到对位调车长重车可以对位的汇报后,方可开放对位信号。

(4)司机根据开放的对位信号和车站值班员车调联控牵引对位,运行至"对位停车标"处停车,停车后机车制动,车列处于缓解状态。

(5)具备拨车条件时,对位调车长通知司机缓解机车制动、降下受电弓。确认机车降弓、车列处于缓解状态后,司机与对位调车长办理准许拨车签认手续。企方得到对位调车长准许拨车签认后方准拨车作业,将重载列车拨至翻车机房外"对位停车标"处,使机车全部进入有网区,单机至"单机升弓标"处,双机至"双机升弓标"处。企方确认拨车到位后,停止翻车机一切作业,与对位调车长办理准许摘车签认手续。对位调车长得到企方签认后,通知司机升弓并摘机。得到车站值班员准许向环线放行机车的通知后,对位调车长方可向司机显示起动信号,指挥司机动车。

(6)机车起动进入环线后,企方与对位调车长办妥准许卸车签认手续方准开始回拨卸车作业。机车在环线禁止擅自停车,遇特殊情况必须停车时,司机应立即报告车站值班员,由车站值班员通知企方停止该线对应翻车机的卸车作业。

(7)企方翻卸车辆时,未经车站值班员允许禁止利用拨车设备回拨车辆。

【拓展知识】

大秦铁路对接的港口卸车站

(1)秦皇岛港。

秦皇岛港地处河北省秦皇岛市区东南部海岸线,分东、西两个港区,隶属秦皇岛港务集团有限公司。经过不同时期的建设,现与煤炭相关的生产单位有秦皇岛港务集团有限公司第二、三、六、七、九港务分公司。

煤码头一期工程是我国第一座自行设计和施工的大型现代化煤炭输出码头,于1983年建成投产,有2万t级、5万t级泊位各1个,可靠泊6万t级船舶,年设计通过能力1000万t。2003年开始实施的"煤一期东扩"工程建设完工,新增加50万t堆存能力的堆场和5万t泊位1个,年增吞吐能力800万t。

煤码头二期工程于1985年建成投产,有5万t级泊位2个,年设计通过能力2000万t。煤码头二期工程是突堤码头,可靠泊7万t级船舶。设有堆料机3台,台时效率3600t/h;取料机4台,装船机2台,台时效率6000t/h;螺旋卸车机2台,门式堆取料机2台,台时效率3000t/h。煤码头一、二期工程目前由秦皇岛港务集团有限公司第二港务分公司管理使用。

煤码头三期工程于1989年建成投产,年设计通过能力3000万t。主体设施有:3.5万t级泊位2个,10万t级泊位1个;码头后方设有6个大型储煤场,堆场面积25.67万m^2,设计堆存能力170万t。配备由4台斗轮取料机、3台移动式装船机以及1台堆取料机组成的23条取装作业线,能够满足客户不同的装船需要,其中单台装船机通过能力达到6000t/h,14万t级大型船舶可在24h内完成装船。煤码头三期工程由秦皇岛港务集团有限公司第六港务分公司管理使用。

煤码头四期工程有10万t级泊位1个、3.5万t级泊位2个。全部设备由PLC网络控制并配有先进的计算机管理网络。配备堆料机3台、取料机6台、装船机3台,年设计通过能力4000万t。煤码头四期预留工程于2004年7月完工,新投入一个5万t级的煤炭专用泊位,为秦皇岛港新增加年设计通过能力1000万t。煤码头四期工程由秦皇岛港务集团有限公司第七港务分公司管理使用。

煤码头五期工程位于秦皇岛港东港区,建有5万t级泊位2个、10万t级泊位和15万t级泊位各1个,年设计通过能力5000万t,港口还建有6条堆料线、5条取料线。堆取系统选用悬臂式取料机、堆料机和带式输送机组合方案。配置堆料机6台,臂长47m,效率为6480t/h;取料机8台,臂长55m,效率为6000t/h;皮带机40台,皮带长29233m,其中翻堆线皮带长16763m,效率为6480t/h,取装线皮带长12470m,效率为8000t/h。装船系统选配移动伸缩式装船机4台,效率为8000t/h。

(2)京唐港。

国投中煤同煤京唐港口有限公司由国投交通控股有限公司、中国中煤能源股份有限公司、大同煤矿集团有限责任公司、唐山港口实业集团有限公司、唐山港集团股份有限公司5家公司共同出资组建。该公司作为大秦铁路扩能分流的配套建设项目,承担着国家"北煤南运"、煤炭出口的中转装卸任务。

该公司位于唐山海港经济开发区,地处渤海经济圈的中心地带,连接港口的滦港铁路与大秦铁路在迁安北相连。

主要卸车设备包括 2 台三翻式"O"形翻车机,可接卸 C_{63} 型、C_{76} 型、C_{80} 型车辆,作业效率为 30 个循环/h,设计能力为 7200t/h;4 台堆取料机,单台取料能力为 6500t/h;3 台移动伸缩式装船机,单台装船能力为 6500t/h。作为公司亮点,在卸堆线独立布置一套煤炭筛分系统,每台筛分能力为 4000t/h,与卸车机能力相匹配。

(3)曹妃甸港。

国投曹妃甸港口有限公司由国投交通控股有限公司等多家公司按照现代企业制度于 2005 年 4 月 26 日发起设立,于 2005 年 6 月 1 日注册成立。该公司主要任务是建设运营曹妃甸专业煤炭码头,满足大秦线扩能增量和新建蒙冀铁路煤炭下水需求,服务国家能源经济建设。

曹妃甸煤炭码头建有 5 万~10 万 t 级煤炭泊位 16 个,年煤炭下水能力 2 亿 t,分两期四个单元建设。一期为大秦线扩能至 4 亿 t 的配套项目,接卸大秦线扩能分流煤炭 1 亿 t。二期规划 1 亿 t,主要承担"西煤东运第三通道"煤炭下水任务。

班级：_____ 姓名：_____ 学号：_____ 日期：_____

 任务实施

模块三　学习任务单

知识认知	1. 铁路重载运输货运设备包括哪些？ 2. 铁路重载运输装车站装车组织方式有哪几种？请具体说明。 3. 散堆装货物的装车方式主要有哪几种？各有哪些优缺点？ 4. 重载铁路卸车站卸车工艺有哪几种？分别有什么特点？ 5. 单元式重载列车有哪几种装车系统？这些系统是如何构成的？ 6. 单元式重载列车装车有何要求？ 7. 请简述铁路重载运输装车站装车作业流程。 8. 重载列车的卸车方式有哪几种？ 9. 请简述铁路重载运输卸车站卸车作业流程。
能力训练	1. 分组按角色演练单元式重载列车环形装车线装车作业流程。 2. 分组按角色演练单元式重载列车贯通式装车线装车作业流程。 3. 分组演练单元式重载列车装车前对货车的检查内容。 4. 分组演练单元式重载列车卸车后对货车的检查内容。

 任务评价

任务评价表

评价指标	组长评价	自我评价	教师评价
1. 知识学习效果			
2. 能力目标达成度			
3. 素质提升效果			
本模块最终评价			
个人总结与反思			

注:组长评价、自我评价、教师评价和本模块最终评价可采用等级表示,如优、良、中等、及格、不及格。

模块四

铁路重载运输技术站作业组织

学习目标

1. 知识目标
(1)了解铁路重载运输技术站主要设备及重载铁路的模式类别;
(2)掌握重载列车的牵引方式与编组规定;
(3)掌握重载铁路组合站的列车组合作业和分解作业办法;
(4)掌握重载列车换重作业办法;
(5)掌握列车技术检查办法及票据交接程序;
(6)掌握班计划、阶段计划、调车作业计划的主要内容;
(7)了解车站作业调度指挥调整措施。

2. 能力目标
(1)能正确判定铁路重载运输技术站的工作组织模式;
(2)能正确进行重载列车编组;
(3)能正确办理重载组合列车的组合作业;
(4)能正确办理重载组合列车的分解作业;
(5)能正确办理列尾装置的安装与摘解;
(6)能正确办理票据交接;
(7)能正确识读班计划、阶段计划、调车作业计划。

3. 素质目标
(1)具有积极向上的学习态度和良好的学习习惯;
(2)具有流畅的语言表达能力和较高的团队沟通协作能力;
(3)具有较强的实践创新能力;
(4)具有很强的时间观念;
(5)树立大局观及安全责任意识;
(6)热爱铁路行业的相关工作。

建议课时

12 课时。

 铁路重载运输

模块导读

襄州北站——浩吉铁路线上唯一的组合分解站

襄州北站(图4-1)是浩吉铁路线上唯一的组合分解站,也是该铁路的心脏区,相当于把一座巨大的煤矿搬到了襄阳。装载万吨煤炭的列车行驶到这里后,被分解成5000t级列车,点对点运往火力发电厂等目的地。

图4-1 襄州北站站场

请阅读上述资料并查阅相关资料数据,列举大秦铁路、朔黄铁路、浩吉铁路、瓦日铁路分布的组合、分解站,简述这些组合、分解站与非重载铁路编组站作业内容与要求的异同点。

任务发布

请学习本模块内容,完成"任务实施"中本模块学习任务单。(本任务根据本模块部分学习目标设计。在实际教学中,教师可根据本模块学习目标,灵活设计学习任务。)

任务目标

(1)能正确判定铁路重载运输技术站的工作组织模式;
(2)能正确进行重载列车编组;
(3)能正确办理重载组合列车的组合作业;
(4)能正确办理重载组合列车的分解作业;
(5)能正确办理列尾装置的安装与摘解;
(6)能正确办理票据交接;
(7)能正确识读班计划、阶段计划、调车作业计划。

任务分组

建议学习者组建学习小组,共同完成相关任务。

模块四 铁路重载运输技术站作业组织　135

姓　　名	学　　号	分　　工	备　　注
			组　长

任务准备

引导问题1　重载铁路技术站工作组织的基本模式有哪些？

引导问题2　重载列车的牵引方式有哪些？

引导问题3　列举1万t、1.5万t、2万t组合列车的编组内容。

引导问题4　简述1万t组合列车的组合作业过程。

引导问题5　简述1.5万t组合列车的组合作业过程。

引导问题6　简述2万t组合列车的组合作业过程。

引导问题7　在有进路信号机时，重载组合列车是如何办理分解作业的？

引导问题8　车站如何与始发货物列车办理票据交接？

引导问题9　车站班计划、阶段计划、调车作业计划分别包含哪些内容？

引导问题10　当车流不足时，车站应采取哪些措施保证列车正点出发？

单元一　重载运输技术站作业组织概述

一、技术站主要设备及功能

铁路技术站是铁路进行列车和车辆技术作业的工作基地。

重载列车途中技术作业站包括区段站、编组站（含专门办理重载列车组合分解作业的车站）。主要办理的作业有：

(1)列车运行途中的机车换挂、机车乘务组换班。

(2)列车的技术检查作业。

(3)少量解编作业,包括组合分解作业。

根据车站性质和作业要求的不同,技术站设置和配备有各种技术设备,它们是车站办理技术作业,进行运输生产所必需的物质基础。

技术站主要设备及其功能如下。

1. 为列车到发作业设置的到发场(到达场和出发场的简称)

(1)到达场由一定数目的股道组成,是专门接收到达列车到站后停靠,并进行技术检查等相关作业的场所。

(2)出发场由一定数量的股道组成,主要供待出发车列停留和进行出发前的技术作业,也就是出发列车停留的地方。

不同于普通技术站,重载铁路组合站的到发场除了办理列车到发、中转作业,还兼有编组、组合、解体、摘挂等作业,如大秦线湖东站Ⅱ场(图4-2)。

2. 为车列解体、编组和车辆集结设置的驼峰、牵出线和调车场

(1)驼峰。

驼峰是在地面上修筑的犹如骆驼峰背形状的小山丘,设计成适当的坡度,上面铺设铁路,利用车辆的重力和驼峰的坡度所产生的位能辅以机车推力来解体列车的一种调车设备,驼峰解体是编组站解体车列的一种主要方法。

(2)牵出线。

牵出线是供车列、车组转线、转场(调车)用的线路,一般为尽头式布置,线路尽头设置挡车器。

(3)调车场。

调车场(图4-3)又称"编组场",是车站上由专供车辆集结与停留的调车线组成的车场。调车场的线路有3种用途:按到站或去向集结车辆、编组列车;停留需要重复解体的交换车和向装卸地点取送的本站作业车;停留其他专门或特殊的车辆,如超限车、危险品车、倒装车、禁止过峰车等。

图4-2　大秦线湖东站Ⅱ场

图4-3　调车场鸟瞰图

3. 为机车整备和车辆检修设置的机务段、车辆段和站修所

(1) 机务段。

机务段是铁路运输系统的主要行车部门,主要负责铁路机车的运用、综合整备、整体检修(一般为中修、段修)。图 4-4 所示为侯马北机务段整备场。

图 4-4　侯马北机务段整备场

(2) 车辆段。

车辆段是铁路行车系统的重要单位之一,主要负责车辆的运用、整备、检修等工作。车辆段通常分为货车车辆段和客车车辆段、动车段(动车运用所),分别负责货车车辆、客车车辆、动车组的综合运用、车体整备、车体整体检修。

(3) 站修所。

车辆站修所是在车站上进行车辆的辅修、摘车轴箱检查和摘车临修的处所,一般设在设有主要列检所的车站上,必要时,也可设在设有区段列检所的车站上。站修所应设有站修线、辅助生产车间和修车棚,在严寒地区应设修车库。

4. 为货物装卸、倒装设置的货场、装卸线

(1) 货场。

货场是铁路车站办理货物承运、装卸、保管和交付作业的场所,是铁路与其他运输方式相衔接的地方。货场按办理的货物品类可分为办理多种品类货运作业的综合性货场和专门办理某些品类货运作业的专业性货场(如专门办理危品、易腐货物或活动物的货场);按货运量可分为大型货场、中型货场和小型货场;按线路配置图型可分为尽头式货场、通过式货场和混合式货场。

(2) 装卸线。

装卸线是专门为货物装卸作业设置的线路(图 4-5),配置有货物站台、雨棚、仓库等设施,还需设置相应的装卸设备和装卸作业通道。

图 4-5　重载装卸线

5. 为衔接区间设置的站内正线,以及联系站内各部分的联络线

(1) 站内正线。

正线是指连接车站并贯穿或直股伸入车站的线路。正线可分为区间正线、站内正线,连

接车站的部分为区间正线,贯穿或直股伸入车站的部分为站内正线。

(2)联络线。

联络线是指将线路与线路衔接起来的线路。

6. 为保证行车安全和提高行车效率装设的车站信号设备及通信设备

(1)车站信号设备。

车站信号设备是为保证行车、调车作业安全,提高车站通过能力及列车解编能力,改善作业人员劳动条件的技术设备的总称,包括车站联锁、调车场控制等设备。该设备按规定的物理特征和符号向乘务人员和行车有关人员发出相关命令。为确保行车、调车安全,信号设备须在具备安全条件时,即没有危及行车、调车安全的情况下,才能发出允许列车或调车车列行进的信号。

(2)车站通信设备。

铁路车站通信设备是供铁路站场进行各种作业指挥和业务联系用的专用通信设备,是铁路通信的重要组成部分。铁路站内通信设备包括站场有线电话、站场无线电话、站内电报、站内电视等。这些通信设备对提高运输效率、缩短车辆周转时间、保证行车安全具有重要的意义。

7. 为改编列车和调移车辆配备的生产动力——调车机车

(1)解体调车机。

解体调车机主要承担到达车列的解体作业,运行在到达场和固定解体设备之间。它将到达车列推送到解体设备上,按照车辆目的地分离进入调车场对应去向调车线集结。解体调车机每完成一次解体作业后,都要有一个安全间隔,然后进行下一次解体作业。

(2)编组调车机。

编组调车机主要承担出发车列的编组作业,运行在调车场和出发场之间,它按照出发列车计划分别到调车线上取回对应车流,编组进入出发车列之中。

这两种调车机很多时候存在混用的情况,它们也承担调整出发列车的车辆编组顺序和取送车等作业。

【视野拓展4-1】

列车的技术检查作业

列车技术检查简称列检,是列车编组完毕、开车之前,或列车到达后、尚未解体之前,在车站上对整列车进行的技术检查,如图4-6所示。

列车开车前的检查为始发检查,列车到达后的检查为到达检查。列车只停留短时间或有加挂、甩车作业时,也须对该列车进行检查,称为通过列车检查或中转列车检查。

列检作业由列车检修所来承担。根据需要分别设有主要列检所、区段列检所、一般列检所。重载铁路编组站须配套设置列检作业场。

列检内容是检查走行部分的转向架及制动系统是否出现问题与故障,并及时排除。

图4-6 大秦线列检作业

二、重载铁路的模式类别及技术站主要工作

根据重载运输线路在铁路网中的作用及与路网中其他线路衔接的情况,将其分为全封闭式重载铁路、全开放式重载铁路和半封闭式重载铁路。

1. 全封闭式重载铁路技术站工作

在路网中具有独立性,与其他铁路线路不衔接,实行点到点运输的重载铁路被称为全封闭式重载铁路,如图4-7所示。

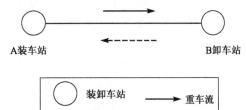

全封闭式重载铁路一般开行单元式重载列车,且重、空车运行方向一般是固定的,空车在装车点装车,上线运行,到卸车点卸车,卸后返回,循环运行,车流组织简单。

图4-7 全封闭式重载铁路

列车技术作业主要为车辆技术检查,一般均安排在始发站、终到站,在装卸作业完成后进行,因此在线路两端,技术作业同货运作业可在一个车站内的不同车场上进行,一般不设专门的技术站。在线路途中必须设技术站时,技术作业是无改编中转作业,可在到发线上只进行车辆技术检查和机车乘务组换班。国外重载铁路多为单线(或间有部分复线)全封闭式的线路,单元式重载列车的运输组织形式简单,基本都是点到点的重载运输模式。

2. 全开放式重载铁路技术站工作

对于采用普通组织方式开行列车、符合重载运输定义、作为路网通道使用的线路,我们可将其称为全开放式重载铁路,如图4-8所示。

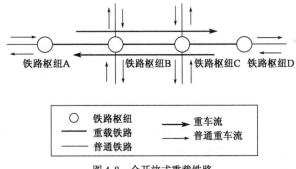

图4-8 全开放式重载铁路

由于全开放式重载铁路是作为路网通道使用的,为充分利用铁路运输能力,线路上双方向一般都为重车流,空车流较少;重车的运行方向不固定,其他类型列车混跑。

全开放式重载铁路上运行的主要是整列式重载列车,一般按现行的列车组织方法和列车编组计划组织行车,并使本区段直达、直通、区段列车牵引质量达到规定标准。这种列车是既有繁忙干线上扩能、发展重载运输的主要形式,通过适当延长全线范围内部分车站的到发线有效长(度),采用大功率机车牵引,从而大幅度地提高铁路运输能力,可在车流集中地点,如装卸车站之间、技术作业站之间组织开行。

全开放式重载铁路与非重载铁路在衔接点处可以进行普通货物列车的交接,即重载列车在衔接枢纽的技术站改编成普通列车,离开重载铁路;普通列车在衔接枢纽的技术站改编成重载列车,上重载铁路运行。如图4-8所示,A点接进普通列车,改编成重载列车后在重

载铁路上运行,到 B 点或 C 点后再改编成普通列车,离开重载铁路,同样 B 点、C 点也可以进行相同作业。

例如,我国铁路中京广、京沪、京哈、陇海等繁忙干线大量开行 5000t 列车,这些线路本身是铁路网的有机组成,连接着我国的主要经济带,衔接着铁路网中的其他重载运输线路或非重载运输线路,铁路网中的车流包括旅客列车和货物列车可在这类线路上自由上下。这类重载铁路往往是为了巩固和拓展铁路大宗物资运输的市场份额,以及开行更多快速旅客列车和挖掘快运货物列车潜力,在既有铁路网中的繁忙干线上大量开行重载列车而形成的,其本身就是铁路网的有机组成,因此可将其视为全开放式重载铁路。

全开放式重载铁路技术站采用常规铁路技术站,列车技术作业也采用与常规铁路相同的到达—解体—集结—编组—出发模式。

3. 半封闭式重载铁路技术站工作

半封闭式重载铁路是介于前两种模式之间的重载铁路模式。这类重载铁路在铁路网中是相对独立的,两端衔接铁路网中的相关线路,车流来源和去向比较复杂,大部分车流需在线路两端技术站进行解编或组合、拆解作业,从而形成半封闭的运输组织模式,如图 4-9 所示。

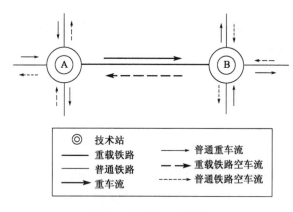

图 4-9　半封闭式重载铁路

半封闭式重载铁路主要开行单元式重载列车和组合式重载列车。单元式重载列车主要针对本线到发车流开行。组合式重载列车主要针对从衔接线接入的车流开行,由于重载线路两头衔接的铁路线路牵引定数相对较低,如果按照普通列车组织方式,列车上下线运行须按相应牵引定数进行解编,造成两端衔接技术站作业量过大,而如果采用开行组合列车的方式则可减轻两端技术站的作业负担,因此,重载列车在装车端应单独设立技术站进行重车车列的组合作业和空车车列的拆解作业,在卸车端也应单独设立技术站进行重车车列的拆解作业和空车车列的组合作业。相对于拆解作业而言,列车组合作业比较复杂,涉及重载列车运行的安全和效率,是半封闭式重载铁路技术站最重要的工作。

半封闭式重载铁路的重、空车流方向一般是固定的。

半封闭式重载铁路的代表是我国的大秦铁路,其本身是一个闭环系统,起讫点分别是大同枢纽的湖东编组站和秦皇岛的柳村南编组站,同时大秦线与铁路网中的其他线路联网,装车端与口泉支线、云岗支线、大准线、京包线、北同蒲线等线路连接,线路中部与津蓟线、京承线等连接,线路东端除了连接秦皇岛港口外,还连接京秦线、京山线,车流来源及去向复杂,且相邻线路牵引定数不一,呈现多点至多点的模式,是一条半封闭式的兼具通道功能的重载运煤铁路,运输组织比较复杂。

单元二 重载列车的牵引方式与编组

一、重载列车的牵引方式

重载列车可采取单机牵引、双机牵引、组合牵引方式。

一般牵引方式是用1台机车在车列前端牵引。列车在陡坡道向上行驶而机车牵引力不足时,可在列车尾部加挂补助机车推送,以通过困难区段。当通过增加列车质量来提高运输能力时,可用双机重联(两台机车连挂)甚至多机重联牵引列车。

重载列车牵引机车集中在列车头部时,尽管机车功率增加,但受机车和车辆的车钩强度及制动性能限制,极易造成车钩断裂、列车分离,不能保证行车安全。目前重载列车在多机牵引时,除了将2台或2台以上的机车置于列车头部牵引外,也可以将机车合理分布在列车头部、中部或尾部,根据列车的实际质量确定所需要的机车台数。以神朔铁路为例,目前开行由2台直流机车牵引的普通列车(简称"2+0"普通列车)、由3台交流机车牵引的单元万吨重载列车(简称"3+0"单元万吨列车)以及由前部2台直流机车+中部2台直流机车牵引的组合万吨重载列车(简称"2+2"组合万吨列车,图4-10)。

图4-10 "2+2"组合万吨列车中部机车

组合列车单元机车中,置于列车最前端的机车为主控机车,其他机车为从控机车,主控机车与从控机车通过无线通信方式进行通信。主、从控机车都安装两套相同的重联同步控制设备,两套设备互为热备以无缝切换,主控机车通过无线通信方式发送控制指令,所有从控机车通过无线通信方式接收来自主控机车的控制指令,进行从控机车的牵引/制动控制,从而实现重载组合列车的同步控制,以此来满足分布式动力重载组合列车多机牵引同步控制。

二、重载列车的编组

1. 重载列车车次规定

重载单元1万t列车基本车次为71001～72998;重载组合1万t列车基本车次为76001～

76998;重载组合 1.5 万 t 列车基本车次为 77001～77998;重载组合 2 万 t 列车基本车次为 73001～74998。

2. 重载列车编组规定

(1)重载列车按编组内容分为重载单元 1 万 t(含 1.2 万 t)、重载组合 1 万 t、重载组合 1.5 万 t、重载组合 2 万 t 列车。

重载单元列车车辆固定编组,循环使用,编组形式为机车 + 车辆。

重载组合列车编组形式为机车 + 车辆 + 机车 + 车辆。

①重载单元 1 万 t 列车可用 C_{80} 型、C_{80E} 型、C_{76} 型、C_{70} 型和 $C_{62(64)}$ 型编组车辆,其中 C_{80} 型、C_{76} 型车辆不得超过 105 辆,C_{70} 型车辆不得超过 108 辆,$C_{62(64)}$ 型车辆不得超过 120 辆,C_{80E} 型车辆不得超过 96 辆;重载单元 1.2 万 t 列车须用 C_{80E} 型车辆编组,不得超过 106 辆,仅适用于瓦日线。

②重载组合 1 万 t 列车可用 C_{70} 型、$C_{62(64)}$ 型编组车辆,其中 0.5 万 t 编组 C_{70} 型车辆不得超过 54 辆,0.5 万 t 编组 $C_{62(64)}$ 型车辆不得超过 60 辆。

③重载组合 1.5 万 t 列车可用 C_{80} 型、C_{70} 型、$C_{62(64)}$ 型编组车辆,其中 1 万 t 编组 C_{70} 型车辆不得超过 108 辆,1 万 t 编组 C_{80} 型车辆不得超过 105 辆,0.5 万 t 编组 C_{70} 型车辆不得超过 54 辆。

④重载组合 2 万 t 列车可用 C_{80} 型编组车辆,其中 1 万 t 编组 C_{80} 型车辆不得超过 105 辆。

⑤重载列车可欠编运行。

(2)重载列车不得空重混编。

组合式重载列车前后列编组辆数不同时须遵循"前多后少"的原则;前后列所装货物品名不同时,须遵循"前重后轻"的原则;两者无法兼顾时,须遵循"前重后轻"的原则。该原则具体到吨数时,前后列总重相差 120t 及以内则不受"前重后轻"原则限制。

(3)HXD_2 型机车编入列车位置的规定:除救援、多机重联开行单机、双 HXD_2 型机车开行普通货物列车外,HXD_2 型机车牵引重载列车时须编挂在第一位。

(4)重载列车除执行《铁路技术管理规程(普速铁路部分)》中关门车编挂规定外,组合式重载列车关门车辆数应按两列分别掌握,且从控机车前后各 3 辆不得有关门车。

(5)C_{76} 型敞车、C_{80}(C_{80B})型敞车及 C_{80E} 型敞车须单独编组,不得混编在同一列 1 万 t 重载列车中。

(6)成组 C_{80B} 型车辆编组仅在重载单元 1 万 t 列车和固定循环车底使用,浴盆结构 C_{80} 型车辆使用翻车机卸车。

【视野拓展 4-2】

《铁路技术管理规程(普速铁路部分)》中关于关门车编挂规定

货物列车中因装载的货物规定需停止制动作用的车辆、自动制动机临时发生故障的车辆,准许关闭截断塞门(简称关门车),但列检作业场所在站编组始发的列车中,不得有制动故障关门车。编入列车的关门车辆数不超过现车总辆数的 6%(尾数不足一辆按四舍五入计算)时,可不计算每百吨列车质量的换算闸瓦压力,不填发制动效能证明书;超过 6% 时,按规定计算闸瓦压力,并填发制动效能证明书交与司机。关门车不得挂于机车后部三辆车之内;在列车中连续连挂不得超过两辆;列车最后一辆车不得为关门车;列车最后第二、三辆车不得连续关门。对于不适于连挂在列车中部但走行部良好的车辆,经列车调度员准许,可挂于列车尾部,以一辆为限,如该车辆的自动制动机不起作用,须由车辆人员采取安全措施,保证不致脱钩。

3. 重载列车编组内容

(1)重载组合列车前后列装载货物同为煤炭或焦炭,主要编组形式与编组辆数如下(下文将××型机车简称为××机车,将××型车简称为××)。

①重载组合2万t列车:

HXD_1机车+105辆C_{80}+HXD_1机车+105辆C_{80}。

②重载组合1.5万t列车:

HXD_1/HXD_2机车+108辆C_{70}+HXD_1/SS_4机车+54辆C_{70}/48辆C_{80E};

HXD_1/HXD_2机车+105辆C_{80}+HXD_1/SS_4机车+54辆C_{70}/48辆C_{80E}。

③重载单元1万t(含1.2万t)列车:

$HXD_1/HXD_2/$(双)SS_4机车+105辆C_{80}/105辆C_{76}/108辆C_{70}/120辆C_{62}/120辆C_{64};

双HXD_1机车+106辆C_{80E}/96辆C_{80E}(适用于瓦日线)。

④重载组合1万t列车(可根据"前多后少"的原则进行组合):

SS_4机车+60辆C_{62}/60辆C_{64}/54辆C_{70}+$SS4$机车+54辆C_{70}/60辆C_{62}/60辆C_{64};

HXD_1/HXD_2机车+60辆C_{62}/60辆C_{64}/54辆C_{70}+HXD_1机车+60辆C_{62}/60辆C_{64}/55辆C_{70}(适用于瓦日线)。

⑤以上编组形式除1.5万t列车外亦适合重载列车空车。

(2)组合重载列车重车前后列装载不同品名货物,主要编组形式与编组辆数(适用于除瓦日线以外的重载铁路运输线路)如下。

①重载组合2万t列车:

HXD_1机车+105辆煤C_{80}+HXD_1机车+105辆焦C_{80}。

②重载组合1.5万t列车:

HXD_1/HXD_2机车+105辆煤C_{80}+HXD_1/SS_4机车+48辆焦C_{80E}/60辆焦C_{62}/60辆焦C_{64}/54辆C_{70}普通货物(含焦炭或集装箱);

HXD_1/HXD_2机车+108辆煤C_{70}+$HXD1/SS_4$机车+60辆焦C_{62}/60辆焦C_{64}/54辆C_{70}普通货物(含焦炭或集装箱)。

③重载组合1万t列车(可根据"前重后轻"的原则进行组合):

SS_4机车+60辆煤C_{62}/60辆煤C_{64}/54辆煤C_{70}+SS_4机车+54辆焦C_{70}/60辆焦C_{62}/60辆焦C_{64}。

4. C_{80}型、C_{80H}型、C_{76}型浴盆式车辆编组要求

(1)编组重载组合2万t列车时,浴盆式车辆只允许编组在前列,重载列车空车不受此限制。

(2)编组始发的浴盆式车辆应整列编组,遇车辆故障或列检临时扣车需补轴时,必须用黄标一致的浴盆式车辆进行补轴。每年11月1日至次年4月30日为冬季运输时间,浴盆式车辆不得装运水洗煤和含水率超过15%的煤炭。

5. 重载列车黄标朝向规定

（1）重载铁路运输线路上运行的 C_{80} 型、C_{76} 型车辆一端端墙部位涂有黄色标记（简称"黄标"），装运至有翻车机的车站（柳村南、秦皇岛东、东港、曹妃甸西等站），列车车辆黄标朝向应保持一致。

（2）有翻车机的卸车站，应将列车编组顺序表内标注的黄标不一致信息通知卸车单位（企方），卸车单位应安排专人对所卸车辆的黄标朝向进行逐辆检查，发现不一致时，应调整翻卸位置卸车，同时向车站值班员汇报黄标不一致信息并做好记录。

单元三　重载铁路技术站组合列车的组合作业

我国重载铁路一般开行重载单元列车和重载组合列车，以列为单位将煤炭等大宗货物从装车端运往卸车端，再以列为单位组织空车的回送，循环运转。

为了提高铁路线路通过能力，一般在衔接普通铁路和重载铁路的枢纽地点，或是在铁路通过能力薄弱的区段两端设置组合、分解站，将同一去向或同一方向的普通列车或重载单元列车组合为质量更大的组合列车，以及将重载组合列车分解成重载单元列车或普通列车，并负责列车的接发、改编工作等。组合、分解站一般位于铁路枢纽内各条线路与运煤专用线的交会处，是组合和分解2万t组合列车的源头，主要功能是将枢纽或相邻干支线重车按不同方向进行组合，空车在原重车分解和卸车的车站集结后原路返回装车地，如大秦线湖东站、北同蒲线大新站、朔黄线神池南站、晋中南通道洪洞北站等。

重载铁路装车端组合、分解站以列为单位办理重载列车组合作业和回送空车的分解作业，与既有线编组站"到、解、集、编、发"的作业流程存在较大差异。在重车方向，由于装车点装车能力受限且衔接集疏线路牵引质量标准存在差异，到达组合站的列车多为牵引质量相对较小的单元列车，如万吨单元列车；同时也有少量其他列车到达，如0.5万t列车和2万t组合列车。

由于衔接线路众多，到达组合站的重载列车数量较多且去向多样，而组合站发车能力及重载线路通过能力有限，无法单独将所有列车发出。为充分挖掘重载线路潜力，提高重载运输能力，一般将小编组列车组合成大编组组合列车发出，而大编组列车则无须进行组合作业，在到发线上完成必要的技术作业后，直接选择适当列车运行线上线运行。

不同于编组站在编组场进行编组作业，重载列车组合站的列车组合作业直接在到发线上进行，且一般不进行转线作业。

重载列车组合站到发线也相对特殊，到发线有效长（度）较长，且到发线间设有腰岔。

【视野拓展4-3】

腰岔的设置

腰岔的设置数量应由需要组合（或分解）列车的牵引方式、牵引质量、列车长度等因素综合确定。在一般情况下，5000t 列车组合成1万t列车的到发线间设置1处腰岔，5000t 列车组合成2万t列车的到发线间设置3处腰岔，咽喉区至腰岔及腰岔之间的到发线有效长

(度)应满足接发单元列车的需要。而对于1万t列车组合成2万t列车的到发线间的腰岔数量,应结合1万t列车的牵引连挂方式确定。当1万t列车机车均在车列前部时,2万t列车组合(分解)到发线束中间宜设置1处腰岔;当1万t列车中部有机车连挂时,2万t列车组合(分解)到发线束中间宜设置3处腰岔。

一、技术站组合列车作业特点

重载列车组合站接发的列车主要有重载单元列车和重载组合列车。单元列车在车站的作业相对简单,只需进行列检或者机车换挂、乘务组换班等作业。

重载列车组合站组合作业特点如下:
(1)组合站主要进行重车小列的组合作业及回送空车大列的分解作业。
(2)组合作业主要包括列车到达、小列在重车组合场组合、组合列车自重车组合场出发,即"到、组、发"三个技术作业过程。
(3)无须配备大能力驼峰设备。
(4)组合站主要以"列"为单位进行调整和组合作业。
(5)列车组合作业在到发线上进行。

在列车到达车站时,由于重载列车组合站接发的列车都是5000t及以上的重载列车,整列车的长度较大,因此,列车占用咽喉的时间较长。同时,在办理接车进路时需要考虑方便列车组合,按照列车组合的原则,将同一到站或者同一去向的列车尽量安排在同一到发线。这有利于缩短列车组合时间,减少到发线占用时间,提高组合效率。

与普通编组站编组列车相比,重载列车的组合都是长大列之间的组合,而且组合作业是在到发线上完成的。其过程大致为:列车到达某一股道停稳后进行摘机车、列检,待与之组合的其他列车到达后,本务机车出库、入线,由中部机车负责列车的组合。列车进行组合后载重量变得更大,因此,列车占用出发咽喉的时间更长,以致会影响后续列车的出发,所以车站的出发咽喉将成为影响车站通过能力的主要限制点。

重载列车组合站列车在站作业过程与普通编组站的比较如表4-1所示。

列车在站作业过程比较分析　　　　表4-1

作业过程	重载列车组合站	普通编组站
列车到达	列车进站占用咽喉时间较长,同一条到发线运行连续接车	一条到发线只允许接入一列车
列车解体	解体作业量较小,小能力驼峰利用率不高	大量的车列解体作业,驼峰作业量较大
集结过程	主要是大列间集结,集结需要的车组数目少	车列集结过程较复杂,集结车组数目多少不等
列车编组	组合形式比较简单,由5000t列车、1万t列车组合成1万t列车、1.5万t列车、2万t列车;列车在到发线上组合	编组形式多样化,利用牵出线编组列车
列车出发	出发占用咽喉时间长,出发时间间隔较长	列车出发时间间隔短,出发列数较多

二、技术站组合列车的组合作业过程

目前,组合列车的种类有2万t组合、1.5万t组合及1万t组合。根据编制的列车运行图开行方案,由实际车流确定日班计划的开行数量。2万t列车可以由2列1万t列车组合而成,1.5万t列车由1列1万t列车和1列5000t列车组成,1万t列车由2列5000t列车组合而成。列车组合作业有利用本务机进行组合和利用调车机车进行组合两种作业方式。

【视野拓展4-4】

重载列车组合、分解站举例

1. 重载列车1万t、1.5万t、2万t组合与分解站

大秦线:湖东、大同县、阳原、涿鹿、茶坞、遵化北、迁西、迁安北、后营、柳村南站等。

迁曹线:菱角山、滦南、曹妃甸北站。

曹西线:曹妃甸西站。

东港线:东港站。

北同蒲线:袁树林、北周庄、里八庄站。

云岗线:云岗西站。

2. 重载1万t列车组合与分解站

大秦线:大石庄、翠屏山、北辛堡、玉田北、延庆北站。

北同蒲线:大新站。

东港线:聂庄站。

京唐港线:京唐港站。

瓦日线:洪洞北、孟门、临县北、兴县、蔡家崖、瓦塘站。其中,洪洞北站在站内进行组合、分解作业;瓦塘、兴县、临县北站,在冯家川、肖家洼、豫能、庞庞塔专用线装车站内分解、组合;孟门、蔡家崖站,在车站内分解、专用线内组合。

浩吉铁路:襄州北站。

1.2万t列车组合作业

2万t组合列车由2列1万t列车组合而成。以大秦线为例,由2列1万t列车组合成1列2万t列车的机车连挂方式为2台HXD_1机车(和谐电力9600kW的机车)采用"1+1"模式,列车的编成辆数为210辆,即HXD_1机车+105辆C_{80}+HXD_1机车+105辆C_{80}。

大秦线重载列车为煤运列车,其组合作业示意图如图4-11所示。

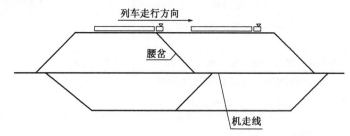

图4-11 2列1万t列车组合成2万t列车组合作业示意图

具体作业过程为:

(1)第一列单元万吨列车到达组合场内有效长(度)为2800m以上的某一空闲线路的前半段,摘本务机车、机车入库或转场,若需要列检,则对车列进行列检。

(2)第二列单元万吨列车到达同一线路的后半段,摘本务机车、机车入库或转场,若需要列检,则对车列进行列检。

(3)主控机车、中部从控机车分别从线路头部、中部(经腰岔2)入线,主控机车与前半部车列连挂,中部机车与后半部车列连挂。

（4）机车挂好后，由车站人员指挥，按调车作业办法凭开放的调车信号，中部机车牵引后半部车列与前半部车列连挂，完成组合。

（5）组合完毕后，由主控机车和从控机车建立机车间的同步控制关系，即通过 GSM-R 实现机车之间的同步操纵。

（6）2 万 t 组合列车试风及发车。

以朔黄铁路神池南站为例，2 万 t 组合列车技术作业过程及各项技术作业占用到发线时间见表 4-2。

2 万 t 组合列车技术作业过程及占用到发线时间表　　表 4-2

作业项目	作业时间(min) 0 10 20 30 40 50 60 70 80 90 100 110 120 130 140 150 160 170
第一列万吨列车到达接车	
列车接续时间	
第二列万吨列车到达接车	
对位	
摘机车	
等待挂车	
挂机车	
充风	
牵引组合连挂	
同步、充风、试验同步	
简略试验	
准备发车	
发车腾空股道	
技术作业总时间	

完成 2 万 t 列车组合等技术作业占用到发线时间主要随机车连挂方式及机车交路而变化，同时与到达重车是否需要进行到达列检作业有关，例如湖东站 C_{80} 型系列车型除了出局（驶出铁路局集团公司管辖区域）的需要列检，其他均不需要。

【视野拓展 4-5】

2 万 t 列车的其他组合

2 万 t 列车的组合目前基本都采用 2 列 1 万 t 列车的组合模式，除此之外，我国还采用过 4 列 5000t 列车组合和 1 列 1 万 t 与 2 列 5000t 列车的组合模式。

2004 年 12 月 12 日，在大秦线成功开行了第一列由 4 列 5000t 列车组合的 2 万 t 重载组合列车。

该组合通过 800MHz 数据电台和机车无线同步操纵系统的集成，实现了 4×5000t 重载组合列车的主控和从控机车之间控制命令实时、可靠的无线数据传输。

由 1 列 1 万 t 与 2 列 5000t 列车组合成 2 万 t 重载组合列车，在我国大秦铁路也使用过，其组合作业过程如图 4-12 所示。

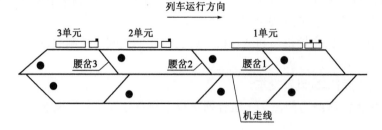

图 4-12　1 列 1 万 t 与 2 列 5000t 列车组合成 2 万 t 列车的组合作业过程

以上两种组合作业复杂、组合时间过长,降低了运输效率,实际生产作业中已不再采用。

2.1 万 t 列车组合作业

1 万 t 组合列车一般由 2 列 5000t 列车组合而成,机车连挂方式一般为"1 + 1",编组辆数与采用的车型有关系。在巴准线上,机车连挂方式为"1 + 1"模式,若采用 C_{80} 型车,编成辆数为 108 辆。

1 万 t 列车组合作业过程与 2 列 1 万 t 列车组合成 2 万 t 列车作业过程基本相似,具体如下:第一列 5000t 列车到达满足条件的某股道前半段,摘机车、机车入库或转场,若需要列检,则对车列进行列检;头部、中部本务机车出库及入线连挂车列;挂好后中部机车牵引后半部车列与前半部车列组合;1 万 t 列车试风及发车。

车列组合各项技术作业占用到发线时间可根据现场实际采用的技术作业标准确定,但列车列检作业次数、组合作业次数必须根据列车作业需要、现场规定的列检分工方式及机车的不同连挂方式确定。1 万 t 组合列车技术作业过程及占用到发线时间见表 4-3。

1 万 t 组合列车技术作业过程及占用到发线时间表　　　　表 4-3

作业项目	作业时间(min)												
	10	20	30	40	50	60	70	80	90	100	110	120	130
第一列列车到达	—												
第二列列车到达		—											
第二列列车直接由本务机车牵出,与第一列列车组合成万吨列车				—									
万吨列车出发列检作业						—	—	—	—				
万吨列车试风及发车										—	—		
技术作业总时间	—	—	—	—	—	—	—	—	—	—	—	—	

需要注意的是,在实际生产过程中,组合列车技术作业过程更加灵活、高效。以湖东站为例,现在积极编组高质量列车(尽量同一到站或同一流向),避免途中分解,第一小列和第二小列的到达可能不是紧接续的,没有具体第一列、第二列到达的时间要求,凭列车调度员、车站值班员掌握流向进行组合,重点压缩机辆衔接及辅助作业时间(如列尾作业时间、司机换乘时间、试风时间等)。

3.1.5 万 t 列车组合作业

1.5 万 t 组合列车是由 1 列 1 万 t 列车与 1 列 5000t 列车组合而成的,机车连挂方式采用"1 + 1"模式,编组时遵守重载列车编组规定的相关要求,即"重载组合列车前后列编组辆数不同时须遵循'前多后少'的原则;前后列所装货物品名不同时,须遵循'前重后轻'的原则;两者无法兼顾时,须遵循'前重后轻'的原则"。即采用"机车+1万t车列+机车+0.5万t车列"的编组形式。

(1)本务机车组合作业。

为遵循"前多后少"原则,1.5万t列车在组合时需将1万t列车编组在5000t列车前面,当1万t列车先到达本站时,可以利用本务机车进行组合作业,其作业过程与2万t组合列车组合过程相似,故此处不再赘述。

(2)调车机车组合作业。

当5000t列车先到达本站时,可以考虑利用调车机车进行组合作业,如图4-13所示,具体过程如下:第一列5000t列车到达某条股道,摘机车、机车入库或转场,对车列进行列检;第二列1万t列车到达另一股道,摘机车、机车入库或转场,对车列进行列检;中部机车进入停靠第二列1万t列车的股道;调车机车牵引第一列5000t列车尾部转线至停靠第二列1万t列车的股道后半部;中部机车挂车及牵引第一列5000t列车与第二列1万t列车组合;1.5万t列车试风及发车。

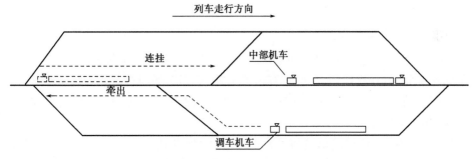

图4-13 调车机车组合1.5万t列车作业过程

【视野拓展4-6】

3万t组合列车

2014年4月2日18:56,随着满载着3万t煤炭的55001次试验列车安全驶入柳村南站,大秦铁路3万t组合列车(由4台电力机车、1辆试验列车和315节货车组成,全列车总重达3.15万t,车身全长将近4km)运行试验顺利完成,开辟了我国铁路重载运输新纪元,是世界重载铁路发展史上的一个重要里程碑。

2021年1月,朔黄铁路3万t级重载列车开行技术方案公开招标,随着朔黄铁路煤炭运量的不断增加,探索开行3万t重载组合列车已成为必然选择。

三、组合列车在技术站的组合方式

计划调度员应将组合列车作业计划纳入班计划。临时组合时由列车调度员根据车站股道有效长(度)、机列衔接情况安排并须提前向组合作业站下达前后列组合计划及组合后开行车次。列车调度员、车站值班员(车务应急值守人员)使用列车无线调度通信设备(含FAS设备)分别向主、从控司机传达或转达。

在车站进行组合作业时,列车调度员、车站值班员使用语音记录装置良好的列车无线调度通信设备传达调车作业计划,不向司机交付书面调车作业计划。列车无线调度通信设备发生故障时,书面交付调车作业计划。

在编制组合计划时需要注意,车站线路平均坡度超过3‰时,该线路不准进行组合列车作业。

1. 重载列车基本组合方式

到发线设有进路(列车或调车)信号机,到发线有效长(度)能容纳组合列车长度且该进路(列车或调车)信号机前后方均能容纳前后列车长度进行的组合作业,为基本组合方式。

组合时将前列接入该线路进路(列车或调车)信号机后方至出站信号机前方区段(简称前股道);后列接车前,车站须用列车无线调度通信设备通知司机,接入该线路进路(列车或调车)信号机前方区段(简称后股道)。组合时,车站应使用列车无线调度通信设备将有关作业事宜通知司机,开放调车信号后,由车站组织与前列车连挂,并连接软管。到发线设两架及以上进路(列车或调车)信号机时,可根据需要在第2个或第3个进路(列车或调车)信号机防护区段按上述方式进行组合。

组合列车时,禁止前列缓解。

2. 重载列车特殊组合方式

到发线有效长(度)能容纳组合列车长度,但股道未设进路(列车或调车)信号机或设有进路(列车或调车)信号机但前、后股道容纳不下前、后列车的组合方式为特殊组合方式。

(1) 股道未设进路(列车或调车)信号机或设有进路(列车或调车)信号机但前股道容纳不下前列车的组合方式。

组合时将前列接入该线路出站信号机前停车;后列进站时须在车站进站或进路信号机外停车(禁止机外停车的车站禁止办理)。车站值班员使用列车无线调度通信设备通知司机组合计划。车站派人在距前列车尾部150m处用红色信号旗(红灯)防护,车站值班员确认防护人员到位后,开放引导信号,使用列车无线调度通信设备通知司机凭引导信号进站,列车在防护信号前一度停车,车站组织指挥与前列连挂,并连接软管。进路(列车或调车)信号机不能正常开放列车或调车信号时,比照上述组合方式办理。

(2) 股道设有进路(列车或调车)信号机但后股道容纳不下后列车的组合方式。

将前列接入前股道停车。后列进站后,开放调车信号,后列越过调车信号机在车站设定的防护信号前停车,按照车站人员的指挥进行组合。

3. 组合列车列尾装置的安装

组合后的列车编组顺序为本务机车→前半部车列→中部机车→后半部车列。列车不挂守车,无运转车长值乘。列车组合后,第一小列与第二小列的风管、车钩的连挂以及分解的摘解确认均由第二列乘务组负责。组合式重载列车尾部须挂列车尾部安全防护装置(简称列尾装置)。

货物列车在车站始发前,机车调度员或列车调度员应及时向车站值班员提供本务机车机型和号码。车站值班员在规定时间内将出发本务机车的机型、号码及列车车次、股道等信息通知列尾作业人员,列尾作业人员应做好记录。待收到车站值班员关于列车(车列)停妥的通知后,列尾作业人员将置入机车号的列尾装置安装。安装完毕后,列尾作业人员汇报给车站值班员再次确认无误后,车站将列尾主机ID号码通知机车乘务员。

开行重载组合1.5万t、2万t列车时,尾部安装可控列尾装置,同时在中部机车备用检测好的双模列尾主机。

开行重载组合1万t列车时使用双模列尾主机,同时在中部机车备用一台检测良好的双模列尾主机。

【视野拓展4-7】

货物列车尾部安全防护装置

列尾装置分为普通、双模及可控列尾装置。重载组合1.5万t、2万t列车须使用可控列尾装置。

列尾装置主要由以下两部分构成:

(1)列车机车部分:列尾装置司机控制盒(简称司机控制盒)、列尾机车台。

(2)列车尾部部分:列尾装置尾部主机(简称列尾主机)。

列尾主机的附属设备包括列尾主机检测台、机车号确认仪、列尾主机电池、列尾主机电池充电器、简易场强计、屏蔽室、列尾装置数据处理系统等。

列尾装置实行固定区段配属制度,按机车交路循环使用。

重载组合列车在设有检测点的车站,列尾装置须建立"一对一"关系,无法建立时不得发车。

单元式重载列车在设有检测点的车站列尾装置无法建立"一对一"关系时,经列尾作业人员确认列尾主机良好,通信人员确认系通信原因无法建立时,列车调度员发布列尾未建立关系准运行调度命令,方准发车。

双模列尾主机设有检测点的,由车站负责置号;未设检测点的,由机车乘务员负责确认。可控列尾主机由设有可控列尾检测点的车站负责置号。车站须提前将列尾主机ID号码通知机车乘务员,机车乘务员在"司机手册"中记录。

可控列尾主机置号作业应在距离列尾主机10m范围内、列尾主机上电25s时间内进行,同时只能对一台可控列尾主机上电置号。

使用双模列尾装置的列车,运行途中更换本务机车、仅进行摘解补机作业时,列尾装置"一对一"关系的建立和确认由机车乘务员负责,车站派人配合。

使用双模列尾装置不更换本务机车的中转列车,由继乘的机车乘务员对列尾装置"一对一"关系进行确认;列车运行途中,中间站利用本务机车调车完毕再开时,由机车乘务员对列尾装置"一对一"关系进行确认。

使用可控列尾装置的货物列车运行途中需进行分解、组合时,可控列尾操作权转换由机车乘务员负责。

单元四 重载铁路技术站组合列车的分解作业

重载列车途中技术作业站主要办理的作业有少量解编作业,解编作业包括重载列车的分解作业。

调度员应将组合列车分解计划纳入班计划,如临时分解运行时须发布调度命令,列车调度员、车站值班员使用列车无线调度通信设备分别向主、从控机车乘务员传达调度命令,不再向机车乘务员交付书面调车作业计划。

一、重载组合列车基本分解方式

在车站到发线有效长(度)内进行的分解为基本分解方式,分为线路无进路(列车或调车)信号机和有进路(列车或调车)信号机两种方式。其中,后列与前列的摘解作业除由机务负责外,其余作业均由车务负责。

1. 无进路信号机分解方式

无进路(列车或调车)信号机分解时,车站值班员使用列车无线调度通信设备通知主控机车乘务员,由车站负责对组合列车进行分解,前列向前拉开不小于30m距离。前、后列车具备发车条件后,按规定发车。

2. 有进路信号机分解方式

有进路(列车或调车)信号机分解时,车站应设置组合列车停车分解标或通知司机停车位置,列车停妥后,由车站负责对组合列车进行分解,分解后2列分别停于到发线前、后股道内。前、后列车具备发车条件后,按规定发车。到发线设2架及以上进路(列车或调车)信号机时,可根据需要在第2个或第3个进路(列车或调车)信号机防护区段按上述方式进行分解。

二、重载组合列车特殊分解方式

重载组合列车前列头部越过出站信号机进行的分解为特殊分解方式。

重载组合列车前列头部越过出站信号机分解须在分解站出站信号机后方区间设置"1万t(1.5万t或2万t)列车分解标",该标位置须保证分解后的后列停在到发线警冲标内。车站值班员与接车站办妥预告(闭塞),开放出站信号机,在列车接近时,通知司机在本站办理分解作业,列车凭出站信号机显示的允许运行的信号在"1万t(1.5万t或2万t)列车分解标"前停车,列车停妥后,由车站值班员使用列车无线调度通信设备通知司机,由司机负责分解作业。前后两列拉开不小于30m距离,具备发车条件后,按规定发车。出站方向线路坡度超过3‰时,不准进行分解作业。

在中国铁路太原局集团有限公司管辖内,重载组合列车重车前列头部越过出站信号机分解的仅限柳村南站Ⅰ场,具体作业规定如下:

(1)确定前列越过柳村南站Ⅰ场出站信号机分解时,列车调度员提前下达列车分解计划、分解调度命令(含分解后的新车次)。柳村南站Ⅰ场车站值班员与柳村南站Ⅱ场重车场车站值班员按规定办理分解后前列车次预告手续,得到柳村南站Ⅱ场重车场车站值班员承认预告后,方可开放出站信号。出站信号开放后,车站值班员在正常车机联控用语后补充"出站对2万t分解标停车分解",司机按规定复诵。

(2)对标停妥后,由从控司机负责将从控机车与前列摘开,前列主控司机得到从控司机摘解完毕的汇报后,重新输入LKJ、CIR参数,不安装列尾装置,凭区间通过信号机显示的允许运行的信号起动列车,不再执行车机联控相关要求,起动后及时将动车时刻向柳村南站Ⅰ

场车站值班员汇报。后列将给定的新车次号重新输入 LKJ、CIR 参数,凭出站信号机显示的允许运行的信号及车站的发车通知进入区间。遇分解提不开钩时,可采取前列保持制动、后列缓解的方式进行。

【视野拓展4-8】

LKJ、CIR

LKJ 即列车运行监控装置,能准确记录列车运行状况、信号设备状况及机车乘务员操纵状况,并采用双机热备冗余工作方式,工作性能更加可靠;装置的屏幕显示器以图形、文字等方式显示前方线路状况、运行情况等信息,并在列车超速、冒进信号等危险情况时自动采取紧急制动,保障铁路运输安全。

CIR 即机车综合无线通信设备,作为中国铁路的下一代铁路无线通信系统中的机车设备,其具有功能强大、标准化程度高、操作灵活的特点。CIR 具有 GSM-R 和 450MHz 两种工作模式,在这两种模式下均能完成列车调度通信、车次号传送、调度命令传送、列尾风压信息传送等功能。在 GSM-R 模式下,预留的数据接口具有极强的功能扩展性,便于将来传送机车的扩展数据。

三、重载组合列车分解后列尾装置的摘卸

组合列车的分解作业,需摘卸大列的列尾装置,重新给两小列安装列尾装置。摘卸列尾装置的货物列车到达前,车站值班员将列车车次、停车股道通知列尾作业人员;待货物列车到达,列尾作业人员在收到车站值班员关于列车(车列)停妥的通知后,应及时摘卸列尾装置,现场摘卸后立即断电,作业完毕后汇报给车站值班员。

运行途中重载组合 2 万 t 列车、中部使用 HXD 型机车的重载 1.5 万 t 列车分解后,前列 1 万 t 列车使用中部机车携带的双模列尾主机,后列使用原可控列尾主机,前列司机在解除机车同步关系前,须将可控列尾操作权转换给后列司机;中部使用 SS_4 型机车的重载 1.5 万 t 列车分解后,前列 1 万 t 列车使用原 1.5 万 t 列车尾部的可控列尾主机,后列使用中部机车携带的双模列尾主机。

运行途中重载组合 1 万 t 列车分解作业时,前列使用中部机车携带的双模列尾主机,后列使用原列双模列尾主机。

单元五　重载列车换重作业组织

由于重载铁路与相邻衔接线路的牵引定数不统一,而我国的重载铁路往往又不是封闭式运行模式,因此由重载铁路至非重载铁路的通过车流,在衔接的编组站上必须进行补轴和减轴作业。如大秦线与相关衔接线路之间、开行整列式重载列车的既有繁忙干线与衔接支线之间,重载列车运行时须在相关技术站上进行换重作业。

例如,湖东站周边衔接的大秦线湖东—柳村南(秦东)的牵引定数,HXD_1/HXD_2 型车为

2700t/10000t，双 HXD_1/HXD_2 型车为 4200t/20400t；湖大线牵引定数，HXD_1 型车为 10000t/10500t。

为了满足运量增长的需要，京广、京沪两大干线开行了 5000t 重载列车，但其衔接方向的牵引定数在 3500~4000t 之间，需要最大 1500t 的换重作业。

【视野拓展4-9】

补轴、减轴

列车的编成未达到铁路某一区段的牵引质量和长度时，按规定的条件对列车加挂或减少其他车辆。一般要根据机车型号和牵引区段来确定，每个机型都有固定的牵引质量，当所拉的吨数少于定数时可以补轴，当超出时就要减轴。有时候也要根据天气，即使拉的吨数少于定值也可以适当减轴。

按作业地点的不同，换重作业方案有以下几种。

一、到达场作业方案

重载列车接入到达场后，利用驼峰机车摘下减轴车组，将其放在到达场另一线路上。减轴后的非重载列车进行列检，挂上本务机车后，自到达场往非重载线出发。非重载列车接入到达场后驼峰机车将到达场另一线路上事先准备好的加挂车组挂上。补轴后的重载车列进行列检，挂上本务机车后自到达场发出。

这种作业方案必须具备三个条件：其一，到达场专门拨出两条线供换重作业用；其二，到达场进口咽喉应修建相应长度的牵出线供换重车组转线用；其三，到达场应设置通往有关线路的通路及出发信号。采用这种作业方案，加挂车组需从峰下调车场拉上来，作业时间较长，严重影响驼峰的解体能力，故三级三场编组站一般不宜采用。

二、编发场作业方案

调车场外侧设有编发线的编组站，重载列车接入到达场后，驼峰调机将其推往编发线，并将减轴车组摘到另一编发线上。减轴后的非重载列车完成列检，挂本务机车后由编发线发往非重载线。非重载列车接入到达场后，驼峰调机将其推至编发线，峰尾调机将补轴车组自尾部连挂，列检后自编发线发往重载线。

这种作业方案调车作业方便，适用于调车场外侧设有编发线的编组站。

三、出发兼通过场作业方案

重载列车接入通过场后，尾部调机摘下减轴车组，将其放在通过场另一线路上。减轴后的非重载列车在通过场进行列检，挂本务机车后发往非重载线。非重载列车接入通过场后，尾部调机将通过场另一站线上事先准备好的加挂车组挂上，补轴后的重载列车挂机车，列检后发往重载线。

这种作业方案调车作业比较方便，但须在出发场拨出两条到发线，并在出口咽喉修建相应长度的牵出线供换重车组转线用，适用于三级三场编组站或二级四场编组站。

单元六　重载铁路技术站列车技术检查与票据交接

一、列车技术检查

车辆技术检查时间：重载单元1万t列车60min；重载组合1万t列车60min；重载组合1.5万t、2万t列车80min。

大秦线配属的C_{80}型、C_{76}型车辆应固定编组列车，在中国铁路太原局集团有限公司和中国铁路呼和浩特局集团有限公司（途经大秦线而不包括唐呼线等途经其他集团公司列车）管内实行循环一次人工技检作业，卸空后途经第一个列检作业场进行人工技检作业。经其他线运行C_{80}型、C_{76}型车辆固定编组列车，实行始发途经第一个列检作业场进行人工技检作业，质量保证至相邻集团公司相关列检作业场。

重载组合列车技术检查时，车站值班员须通知主控机车降弓，由主控机车乘务员通知从控机车乘务员降弓，同时将自阀置重联位，降弓后由主控机车乘务员通知车站值班员。车站值班员通知列检人员作业，列检人员根据车站值班员通知并确认全部机车降弓后，方可作业。车站值班员收到列检作业完毕的通知后，通知机车升弓。车站值班员与列检值班员须在"车统14"上签认或通过录音电话确认。

车列两端防护距离不足20m，或在无固定脱轨器防护的线路上进行车辆技术检查作业时，车站值班员接到列检值班员电话（语音记录装置作用必须良好）申请，并记明加锁股道及原因后，按列检值班员的申请将有关道岔扳向不能进入该线的位置并单锁，确认道岔单锁正确后，电话通知列检值班员。

车站值班员收到列检值班员列车列检作业完毕，可以解锁的电话（语音记录装置作用必须良好）通知后，根据其他作业情况指示内勤助理值班员（信号）开锁。

二、票据交接

1. 纸质货运票据的传递、保管和交接办法

目前，货运票据已经电子化，车站执行《铁路货运票据电子化作业办法》（铁总货〔2018〕41号）。军运、国际联运等纸质货运单据的传递、保管和交接办法按下列规定执行：

（1）本站装重、倒装的车辆，货运员应不晚于编入列车出发前1.5h将货运票据送交车号长，车号长通过铁路车站综合管理信息系统（SMIS）核对无误后，通知发车场车号员接取有关货运票据。

（2）对于到达货物列车（到达后需进行组合作业的"后列"除外），接车外勤助理值班员应将接取票据交车号员保管。到达后需进行组合作业的"后列"，由组合调人员负责向司机接取票据并妥善保管。

（3）到达本站进行解体、卸车、倒装、整理的列车，车号员应按规定核对无误后将有关车辆的货运票据及时送交车号长。对本站卸车、倒装的车辆，车号长应及时通知货运人员，货运人员应在接到通知后2h内接取货运票据。

（4）对于始发货物列车，发车场车号员负责按规定编制列车编组顺序表，并将货运票据

连同规定份数的列车编组顺序表、列车编组通知单加封、捆扎牢固后交内勤助理值班员,内勤助理值班员按规定核对并保管,发车前交发车外勤助理值班员。工作人员可根据内勤助理值班员的通知修改组合列车"后列"列车的列车编组顺序表车次,然后将其与货运票据捆扎牢固。

(5)本站补轴作业的始发列车,车号员(长)根据货运票据重新编制列车编组顺序表,按规定核对无误后,与原列货运票据一并加封、捆扎牢固后交发车外勤助理值班员保管。

(6)因装载加固不良等需甩车整理时,货检车间应通知车站信号楼值班站长,车站信号楼值班站长通知相关场车号作业人员按规定编制普通记录并将所扣车辆货运票据取出,取出的货运票据在车号长处留存。

(7)货运票据的传递均应办理交接签认手续。

2. 纸质货运票据加封及接收时发现票据问题的处理办法

(1)到开列车的货运票据均实行封票交接。

(2)货运票据在站内各岗位交接、传递中发现错误或不完整时,接收人应及时联系交出人处理。

3. 站车交接的规定

目前,一般情况下均使用电子货票,列车编组顺序表、列车编组通知单电子化正在试运行中,纸质、电子并用,电子正式使用后将取消纸质。

遇特殊情况使用纸质货运票据、列车编组顺序表、列车编组通知单时,按下列方法办理交接:

(1)始发货物列车。

①重载单元列车始发前由发车外勤助理值班员与本务司机办理货运票据的交接;重载组合列车始发前,将货运票据按前后两列分别捆绑,分别对应与主控机车乘务员、从控机车乘务员办理交接,"前列"由发车外勤助理值班员负责,"后列"由组合调人员负责。

②始发列车办理交接前,发车外勤助理值班员(组合调人员)将机后一位(机车后第一辆车)车号与列车编组顺序表核对一致后,方准与司机办理交接。技术站两列车组合时,应将前后列车的列车编组顺序表、列车编组通知单分别交主控和从控机车乘务员,另交主控机车乘务员两份整列(前后两列)列车编组通知单。

(2)到达列车。

①到达列车,由接车外勤助理值班员向司机索取货运票据和列车编组顺序表,组合列车"后列"的货运票据,可由组合调人员向司机索取。

②到达不换挂机车仅更换机车乘务员的中转列车,货运票据和列车编组顺序表由机车乘务员互相交接,应保证途中每班机车乘务员都有一份列车编组通知单。出发变更车次时,由车站值班员通知出发司机车次,出发司机根据车站值班员的通知手动修改列车编组顺序表车次。

(3)办理站车交接时,外勤助理值班员(组合调人员)须填记"列车货运票据交接簿"(各栏资料由相关作业人员提供),司机应在车站的"列车货运票据交接簿"上签字。

(4)到达列车交接票据发现封套失效时,必须书面说明情况并由司机签认,车号作业人员核对确认无误后,重新封票;发现票据不符等问题时,按《铁路货物运输管理规则》有关规定处理。

单元七 重载铁路技术站列车技术作业计划编制

为了使车站各车间、各工种协调而有节奏地进行日常运输生产,充分发挥技术设备的效能,铁路技术站通过制订车站作业计划来组织指挥车站日常的生产活动。

重载运输技术站与普通技术站相比有其独特性,如重载运输技术站一般布局在重载线路的两端(装车端和卸车端),起到列车的组合分解及相关技术检查的作用。在装车端,技术站主要负责重车列的组合发送和空车列的分解配送工作;在卸车端,技术站主要负责重车列的分解配送和空车列的组合回送工作。其作业环节相对普通技术站而言较为简单,作业内容也有相应改变,但车站作业计划仍与普通技术站类似,包括班计划、阶段计划和调车作业计划。

班计划是车站最基本的计划,体现铁路局集团公司调度中心(简称"铁路局调度中心")对车站规定的任务和要求;阶段计划是一个班各阶段工作的具体安排,是完成班计划的保证;调车作业计划(依列车的组合分解模式而定)是列车分解、组合等的具体行动计划。

一、车站组织指挥系统

车站组织指挥系统如图 4-14 所示。

1. 站调

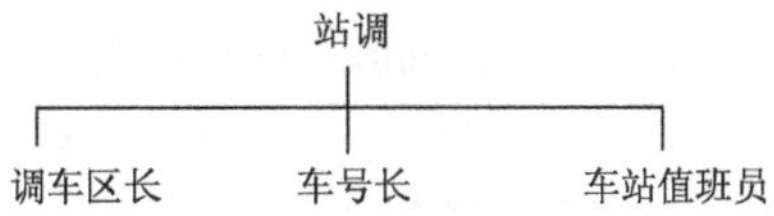

站调具有以下职责:

(1)负责车站的调度指挥工作。

(2)根据调度日(班)计划负责编制、下达车站班计划(简表)。

图 4-14 车站组织指挥系统

(3)掌握站存车、装卸车、扣修及修竣车、调车机作业进度等情况,确定配空车计划,负责安排调车作业阶段计划,并组织实施。

2. 车站值班员

车站值班员具有以下职责:

(1)负责车站接发列车作业的指挥工作。

(2)根据阶段计划和机车交路合理使用到发线,保证不间断地接发列车。

(3)与列车调度员、车站调度员保持密切联系,保证运输组织畅通。

3. 调车区长

调车区长具有以下职责:

(1)负责本站的调车领导工作,组织调车人员合理使用技术设备和调车机车,确保行车安全、正点和运输生产任务完成。

(2)根据站调下达的阶段作业计划和上级的要求,正确、及时编制和下达调车作业计划,布置安全注意事项。

(3)分阶段向站调汇报现在车分布及调车机运用和整备情况,及时与调车工作的有关人员汇报、联系调车作业有关事项及存在的问题,并协调解决。

4. 车号长

车号长具有以下职责：

(1) 负责站编始发列车编组顺序表的编制及票据排序整理。

(2) 负责调车场、段管线、货物线车辆票据保管，并督促各场车号员、列检值班员、货运值班员办理补/减轴车辆、倒装整理车辆、到发路料车辆等有关票据的取送和交接。

(3) 向车站调度员、调车区长提供18:00各场所掌握的重车流向数和空车车种数。

(4) 按规定完成列车预确报及 SMIS 系统现在车信息的修订工作。

二、班计划

1. 班计划的内容

车站班计划一般包括以下内容：

(1) 列车到达计划。

内容包括各方向到达列车的车次、到达时分及编组内容。

(2) 列车出发计划。

内容包括各方向出发列车的车次、出发时分、编组内容、车流来源等。对于组合站而言，车流来源主要是指待组合为"大列"的各个满足一定条件的"小列"车流。

(3) 排空计划。

内容包括本班应该完成的按方向和分车种的排空车列数。

(4) 班工作指标。

主要包括中转车平均停留时间（简称中时）、货拉作业车一次货物作业平均停留时间（简称停时）和货物列车出发正点率。

(5) 重点任务和上级指示。

内容包括上级有关命令、指示和必须完成的重点任务等。

2. 班计划的编制

班计划的编制分收集资料、了解情况和编制计划三个阶段进行。在编制班计划前，需收集以下资料：

(1) 预计 18:00（或 6:00）现在车列数。

车站调度员在 15:00（或 3:00）时，根据当时车站的现在车列数，并考虑 15:00（或 3:00）至 18:00（或 6:00）间列车到发等情况，推算车站 18:00（或 6:00）的现在车列数，并按重车去向、空车车种和停留地点分别统计。

(2) 机车供应情况。

车站值班员收集各次出发列车的机车来源资料。

(3) 到达列车编组顺序表确报。

除了上述资料以外，计划编制人员还应掌握有关本班的实际作业情况。例如，车站现在车列数量、车流特点、调车机车运用情况、列车组合分解作业进度、车列来源情况，以期编制出既具有指导意义又切合实际的计划。

在编制计划阶段，首先铁路局调度中心应在 17:00（或 5:00）前后向车站下达列车到发及各方向排空（车种车列数）等任务，作为车站编制班计划的依据。

班计划的具体编制方法如下：

(1)列车到达计划。

列车到达计划是铁路局调度中心作为任务下达的,车站不另编列车到达计划。将到达本站的列车车次、到达时分、编组内容(去向别重车列数、车种别空车列数、到达本站重车列数)直接填记在班计划表有关栏内。

(2)列车出发计划。

列车出发计划中的出发列车车次和出发时分是铁路局调度中心作为任务下达的,车站编制列车出发计划主要是确定每一出发列车的具体编组内容和车列来源。

每一出发列车的编组内容,按编组计划确定,组合列车的各部分车列的到站应尽量相同,根据具体的车流条件也可为同一径路上的不同到站,但分歧站应具备列车分解作业条件。

出发列车的车列来源为已在到发线等待组合的车列和在计划期内陆续到达的列车。各种车辆都要经过一定的技术作业才能编成列车由车站出发,而且参加组合作业的列车还有前列等待后列的时间。因此,各种需组合列车从其到达车站时起,至由车站发出时止,需要一个间隔时间,这一间隔时间称为车列接续时间。在编制班计划的列车出发计划时,一般均按车列接续时间选择出发列车的车列来源,即每一列出发列车的车列来源都必须满足车列接续时间的要求。在具备组织快速作业的条件下,也可将接续时间不足的车辆作为出发列车的车列来源,但必须有相应措施的保证。

编制列车出发计划的过程,很大程度上就是推算车流的过程。在确定出发列车的编组内容时,如果其中包含一个以上的车流去向,则应优先将组合机会较少的某去向车流编入列车。同时,应对前后出发列车编挂的车流给予综合考虑。

(3)排空计划。

车站在编制排空计划时,必须保证完成铁路局调度中心下达的排空任务,并按指定排空车次、车种、车数进行安排。

(4)班工作指标。

在计算班工作指标时,首先要汇总上班结存车情况,再填记每小段到达与出发的中转车和货物作业车数,据此计算每小时结存的车数,最后计算出中转车平均停留时间和货物作业车一次货物作业平均停留时间。

(5)重点任务和上级指示。

编制班计划时,应将上级有关命令、指示和必须完成的重点任务,完成班计划的关键问题和重点要求,安全生产和作业组织上应注意的事项(如施工封锁、气候变化、设备维修、更换调车机车等)记于记事栏,以引起当班职工重视。

三、阶段计划

阶段计划是班计划分阶段的具体安排,由车站调度员编制,一般情况下,每班编制3~4个阶段计划,即每个阶段计划为3~4h的工作安排。

1. 阶段计划的内容和编制依据

(1)阶段计划的内容。

①到达列车的车次、到达时分、占用股道、编组内容和组合(分解)起讫时间。

②出发列车的车次、出发时分、占用股道、编组内容及车列来源、组合(分解)起讫时间,出发列车的机车及其编挂位置。

③其他有关事项。

由此可见,阶段计划是班计划的具体化,故编制阶段计划时,应根据本站作业的特点,结合本阶段的工作重点进行全面、细致的安排。按照列车编组计划的要求,把车列及时组合成各种列车。按列车运行图发车是技术站的工作中心,编制阶段计划时应围绕这一中心安排机车和到发线的运用。

(2)编制阶段计划所依据的资料。

①本阶段到达列车的车次、到达时分及编组内容(确报)。

②本阶段应出发列车车次、出发时分及机车来源。

③到发场内现车列情况,待组合分解列车的现车情况。

④调车机车在本阶段内是否需进行整备作业及上一阶段作业结束时的情况。

⑤本阶段开始时到发线占用情况。

⑥上级布置的重点事项。

在上述资料中,列车到发车次及时分可能因铁路局集团公司调度所(简称"铁路局调度所")的列车运行调整等因素,而与班计划中的安排不完全相同。

2. 车站技术作业图表

车站技术作业图表是车站调度员用以编制阶段计划和进行调度指挥的工具。由于它还能将一个班的车站实际作业情况记录下来,因而它又是进行车站工作分析的原始资料。车站调度员应正确、及时地填记车站技术作业图表。

车站技术作业图表应能反映车站应用主要设备和作业的情况。由于各个车站设备条件不同,因而车站技术作业图表的形式也有区别,但其组成部分不外如下几项:

①列车到发栏,填画到达列车和出发列车的车次及时分。

②编组内容栏,填记到达列车的编组内容。

③到发场栏,填画列车占用到发线的顺序和起止时间。

④驼峰牵出线栏,填画列车解体和列车编组的起止时间或其他调车作业占用驼峰和牵出线的时间。一般而言,除非扣修车辆,重载线路技术站很少解体列车。

⑤调车机车栏,填画各调车机车在一班中各项生产和非生产停留时间。

3. 阶段计划的编制

阶段计划的内容虽然有很多项,但在编制时主要确定出发列车的车列来源、调车机车的运用和到发线的运用。

(1)确定出发列车的车列来源。

出发列车车列来源不能简单地按车列接续时间来选择出发列车所需的车流,而只能把已在到发线等待组合的列车或根据预确报即将到达的列车,作为出发列车的车流来源。

编组站衔接的方向多、出发列车的数量大,在选择每一列出发列车的车列来源时,应兼顾其他出发列车的待组过程,以确保本阶段和本班所有列车都有车列来源。

(2)调车机车运用计划。

调车机车运用计划是合理安排每台调车机车在本阶段必须完成的调车工作及完成这些调车工作的时间的依据,它是车站阶段计划中的关键内容。只有合理地运用调车机车,正确组织列车的组合作业,才能实现列车出发计划,提高到发线的运用效率,并为缩短货车停留时间创造条件。

调车机车运用计划就每台调车机车分别编制,但应尽可能使各台调车机车的作业在内容和时间上互相配合。

驼峰机车主要任务是解体车列,但在空闲时也可安排其他作业,如协助牵出线进行车列编组。重载线路技术站驼峰运用很少,主要为扣修车辆服务。

牵出线机车主要任务是及时完成列车组合工作,以确保按照列车运行图规定的时刻发出列车。当列车组合方式为调机组合时,某个列车到达车站,且出发场又有符合组合条件的列车正在等待时,应及时安排机车进行组合作业,以便及时腾空到发线,保证不间断工作。

(3)到发线运用计划。

到发线运用计划是规定本阶段内所有到发列车占用到发线的计划。重载列车技术站的到发线运用计划与其他普通技术站有极大的不同,最明显的特点是重载列车技术站到发线允许同一到发线接若干列车(根据腰岔的设置方式,可接 2 列或 4 列)。编制到发线运用计划时,主要应考虑下列因素:

①紧凑使用到发线。安排到、发列车占用到发线时,应充分利用每一条线路的能力,尽量减少空费时间,但是也应适当留有余地。为了充分挖掘到发线的潜力,应提升到发线的通过能力并调整其使用的机动性。

②减少交叉干扰。编制到发线运用计划时,应当根据到发场咽喉布置情况,分析列车到达时间及有关的组合分解作业时间,合理地安排各次列车占用的到发线,以避免列车到发与调车作业进路的交叉干扰。

四、调车作业计划

1. 调车作业计划编制内容和填写要求

调车作业通知单是布置调车作业计划的书面计划,如图 4-15 所示。

填写调车作业通知单应注意以下要求:

(1)车站利用专用调车机、本务机车进行调车作业时,调车作业计划应使用调车作业通知单(《普速铁路行车组织规则》格式)编制[《铁路技术管理规程(普速铁路部分)》《普速铁路行车组织规则》《中国铁路太原局集团有限公司重载运输技术管理规则》规定可不使用调车作业通知单的除外]。

(2)填写调车作业通知单时,要做到正确齐全、字迹清楚。

(3)调车作业通知单的日期,自零时起更换日期。

(4)调车作业通知单的编号,接班后按调别顺序编号,变更计划需重新编制时,计划也应重新按调别顺序编号。如已下达后续计划,不能按规定重新编号,可在原计划编号后冠以后缀号,如"×-1","×"表示原计划号,"-1"表示变更的计划号。

(5)车次栏,填记本务机车的到达车次。

(6)第 × 调车机栏,按调别填记。

(7)计划起止时分,按计划预计起止时分填记。

(8)实际起止时分,按调车机车或本务机车开始动车和一批作业完毕停于计划要求股道(地点)的实际时间填记。

(9)场别栏,按站场简称填写。

(10)股道栏,按股道编号填写;专用线、段管线按《车站行车工作细则》规定的该线路编号或简称填写。

```
                        调车作业通知单
2021年08月24日  第B01号  编组 76535次  第2调车机
计划起止时分：10:00至13:00止
实际起止时分：     至     止
─────────────────────────────────────────────
顺 场 股 首 摘 车
序 别 道 尾 挂 数   作业方法  记事              (残存)
─────────────────────────────────────────────
1  地沟线 W  +  0          △无电出              0
2  货1    S  +  0          △经有电高站台返
                            经一场到发线过东      0
3  311    S  +  55 4505318 经有电拉空看关门
                            占用                 55
4  201    S  -  55 1587216 有电对标+76535
                            13:00开               0
5  货1    S  +  0          △无高站台过           0
6  货4    W  +  26 1571858 鞋有闸拉空看关门
                            高站台                26
7                      0   注意龙门架严禁扒
                            乘严禁探身过远        26
8  货1    W  -  0          高站台过
                            衡5～35km/h           26
9                      0   经有电经一2场到
                            发线过西              26
10 309    W  -  26 1783986 无电有车重车送         0
11 货1    S  +  0          △经有电高站台返
                            经一场到发线过东       0
12 306    S  +  0          △经有电有车占用
                            回禁止进入布顶区       0
─────────────────────────────────────────────
注意事项：注意安全 道口防护
制动阀使用
加强瞭望
注意抑尘设备
严格执行要道还道制度
检查线路道岔大门车辆防溜
尽头线作业注意一度停车
调车长：齐×         填写人：吴××
```

图4-15　车站调车作业通知单

(11)摘或挂(-或+)栏,摘车填记"-",挂车填记"+"。

(12)车数栏,填记本钩作业摘下或连挂的车辆数。

(13)作业方法栏,填写规定的作业方法符号。

(14)记事栏,填记本钩作业有计划的原路返回(折返)、限速、穿越(占用)正线、分路不良等其他有作业限制需要提示注意事项的内容;编组列车时在编组车组的最后一钩记事栏内注明车次及计划开车时间;解体列车时,在解体列车的第一钩记事栏内注明车次;解体或甩挂车辆为10辆及以上时,应在记事栏内注明开口处车号。

(15)残存栏,填记本钩作业完毕调车机车所附挂的车辆数。

(16)注意事项栏,根据作业具体情况,对规定填记但无固定标记符号的事项、高站台等需要重点提示的其他事项进行记录。

(17)调车长处填写本批作业的调车指挥人姓名;填写人处填写编制调车作业通知单人员姓名。

(18)本务机作业、摘挂作业完毕,列车不在原列车到达股道出发且不变更车次时,在最后一钩标记"开车"字样;变更车次或开行单机时,在最后一钩标记"开××(次)"字样。

2.调车作业计划编制依据及方法

(1)编制调车作业计划的依据。

①调车作业计划应根据阶段计划和现车分布状况、到达列车编组确报、驼峰(牵出线)利

用情况及调车场线路固定用途和存车情况、各装卸点作业进度及调车机工作动态等实际情况,按照有关规定编制。

②调动装有超限、跨装货物及其他有运行限制车辆时,调车区长须了解车辆的运行限制,并根据车站设备情况编制调车作业计划。

③车号员须认真核对现车及票据,对中间挂有游车的跨装货物车辆、禁止通过驼峰车辆、禁止通过减速顶的车辆、禁止溜放车辆、换长 1.6 以上的车辆、"限速连挂"车辆、油轮车、锈轮车及其他有运行限制条件的车辆,在报车时须重点汇报,调车作业计划编制人员须做好记录并重点掌握。

（2）编制调车作业计划的方法。

车站设有 SMIS 的岗位编制、下达、接收调车作业计划必须使用系统功能(《普速铁路行车组织规则》格式);SMIS 设备发生故障时,编制、抄收调车作业计划应按规定填写调车作业通知单(《普速铁路行车组织规则》格式);使用电话布置调车作业计划时,有关人员必须认真复诵、核对;计划变更时,由编制人在 SMIS 中修改,并电话通知相关人员。

3. 调车作业计划有关标记符号的规定

装载爆炸品、气体类危险货物的车辆应标明"△""△""△";调动"140 产品"车辆应标明"140";正方向越出站界调车时应注明"出"及"××上行线、××下行线或空(重)×线";电气化区段作业应标明"有电""无电"(连续作业时仅在有电、无电过渡作业的第一钩标明有电);调车作业由无电区经由有电区进入无电区作业时,应在调车作业通知单经有电区进入无电区的第一钩记事栏标注"经有电";使用电力机车进行调车作业,当利用正线调车而区间停电时应标明"区间停电"。调车标记符号见表 4-4。

调车标记符号表　　　　表4-4

序号	作业内容和方法	标记符号
1	经由分路不良的区段	FB
2	牵出作业时,有计划地原路返回(折返)	原返
3	穿越(占用)正线调车作业	正线
4	机车转头	⊗
5	解体或编组列车、挑选车组	解体:-××次,编组:+××次并注明开车时分
6	全列牵出或拉空线路存车	拉空
7	部分牵出(10 辆及以上)	开口车号
8	编组或改编列车需对标	对标
9	进入设有防溜的线路	鞋
10	进入车辆分组停放的线路(有空档)	档
11	溜放时限速连挂	限速
12	禁止溜放	×
13	禁止向有车线溜放	○×
14	有计划地推送下峰作业	送
15	禁止通过驼峰的车辆	×△
16	超限等级	N1、N2、N(分别表示一级、二级、超级超限)

续上表

序号	作业内容和方法	标记符号
17	中间挂有游车的跨装车辆	YC
18	调动锈轮或油轮	锈轮或油轮
19	进入有车线摘车作业	有车
20	线路限速、车辆故障、调动特种车辆、抑尘、装载货物等需限制调车速度且限制速度低于允许调车作业速度时	限×km/h
21	轨道衡称重	衡 5~35km/h
22	连续连挂	++
23	连挂车辆由一股道推送至另一股道(折返道岔或信号机推送时除外)	顶
24	站内作业经由或临时占用到发线	经到发线
25	进入有脱轨器线路	脱
26	非进路调车	F
27	单机	△
28	双机	△△

单元八　重载铁路车站调度指挥

重载铁路车站调度指挥工作必须掌握货源、货流、车流,根据铁路局集团公司下达的日(班)计划,正确编制和组织实现车站的班计划和阶段计划,保证按列车编组计划和列车运行图编发列车,不间断地接发列车,按计划完成班计划和阶段计划规定的任务。

重载铁路车站调度员主要通过编制阶段计划进行调度指挥。但当实际情况的变化如车流到站和数量、列车到达时刻、机车供应情况发生变化,不能按照原来拟定的计划实现时,车站调度员应及时采取必要的调度指挥措施。不同情况下的重载铁路车站调度指挥办法如下:

(1)当出发列车运行线临时运休,造成车流积压时。

由于机车或车列原因造成车流积压时,可采取组织小列发车的措施,这是加速列车排出最经济、有效的方法,但要充分考虑机车牵引力的运用等因素,且必须按调度所的要求进行。

(2)当车流不足,影响列车正点发车时。

由于种种原因,造成某些出发列车的车列来源不足时,可采取如下措施,保证列车正点发车:

①组织同一径路不同到站的车列进行组合作业。

通过这一方式完成列车组合过程特别有效,但要保证相关作业站具备分解条件。

②组织快速作业。

如果出发列车车列不足的原因是其所需车列的接续时间不足,则在一定的条件下,可组织快速作业,保证列车正点出发。例如,对已到达列车实行预检,对后到车列增加人力投入、加快检查速度等,使接续时间减少到最小。

为了提高调度指挥水平和作业计划编制质量,车站还应做好以下几个方面的工作:

(1)正确掌握现车。

现车是编制车站作业计划的一项重要资料。车站调度员应随时掌握车站的现在车列数及其停留地点,其中重车应区分去向、货种、卸车地及车型,空车应区分车种、车型和配空或排空的需要。调车区长应掌握本调车区范围内各股道的现车资料。

(2)加强预确报工作。

为了更好地进行车站作业的计划和指挥,列车的确报应及时送达车站调度员。列车到达车站后,经过核对如发现列车确报与现车不符,车号员应及时通知车站调度员更正。

(3)加强联系报告。

调车区长应将其掌管的调车机车作业进度及时向车站调度员汇报。车站值班员应随时了解列车预计到达时刻及机车交路的变化情况等,并通知车站调度员。

(4)加强班与班之间的工作衔接。

前一班车站调度员应为后一班的工作打下良好基础,创造有利条件。例如,应按计划完成规定的组合、解体等作业,按照规定进行调车机车的整备作业等。

【视野拓展4-10】

铁路重载运输车机联控用语

(1)车站:"××次(列车),×道通过,××号停车标前停车,等待天窗施工。"

司机:"××次(列车)×道通过,××号停车标前停车等天窗施工,司机明白。"

(2)司机:"××站(场),××次(列车)××点××分在××号停车标前停妥。"

车站:"××次(列车)××点××分在××号停车标前停妥,××站(场)明白。"

班级：_____ 姓名：_____ 学号：_____ 日期：_____

模块四　学习任务单

知识认知	1. 重载铁路技术站工作组织的三种模式有何区别？ 2. 重载列车编组有哪些规定？ 3. 重载列车基本组合方式是如何办理的？重载列车特殊组合方式是如何办理的？ 4. 重载组合列车列尾装置的安装是如何办理的？重载组合列车分解后列尾装置的摘卸是如何办理的？ 5. 站车是如何办理票据交接的？ 6. 班计划、阶段计划、调车作业计划的作用分别是什么？它们分别包含哪些内容？
能力训练	1. 根据所学知识，查找资料，列举全开放式重载铁路、半封闭式重载铁路（本书列举过的线路除外）。 2. 分析以下编组形式是否符合重载列车的编组规定。 （1）HXD_1 机车 + 108 辆 C_{70} + HXD_2 机车 + 54 辆 C_{70} + 可控列尾。 （2）HXD_2 机车 + 108 辆 C_{70} + SS_4 机车 + 54 辆 C_{70} + 可控列尾。 （3）HXD_2 机车 + 102 辆 C_{80} + HXD_2 机车 + 102 辆 C_{80} + 可控列尾。 （4）HXD_2 机车 + 54 辆 C_{70} + SS_4 机车 + 108 辆 C_{70} + 可控列尾。 （5）SS_4 机车 + 108 辆 C_{70} + HXD_2 机车 + 54 辆 C_{70} + 可控列尾。 3. 分组角色扮演重载组合 2 万 t 列车的组合过程。 4. 桌面演练重载组合列车的分解作业。 5. 模拟安装列尾装置。 6. 分组角色扮演站车票据交接作业。

续上表

	7.默记调车标记符号,并填写下表。			
能力训练	序号	标记符号	作业内容和方法	
	1	FB		
	2	⊗		
	3	对标		
	4	○×		
	5	送		
	6	×△		
	7	有车		
	8	++		
	9	顶		
	10	△△		

任务评价

任务评价表

评价指标	组长评价	自我评价	教师评价
1.知识学习效果			
2.能力目标达成度			
3.素质提升效果			
本模块最终评价			
个人总结与反思			

注:组长评价、自我评价、教师评价和本模块最终评价可采用等级表示,如优、良、中等、及格、不及格。

模块五

铁路重载运输中间站作业组织

学习目标

1. 知识目标
(1) 掌握铁路重载运输中间站接发列车作业程序;
(2) 掌握摘挂补机作业方法;
(3) 掌握越行站作业组织规定。

2. 能力目标
(1) 能正确办理铁路重载运输中间站接发列车作业;
(2) 能正确办理加挂补机作业。

3. 素质目标
(1) 具有文献检索和资料分析、总结能力;
(2) 具有对新知识和新技术的学习能力;
(3) 具有团队沟通协作能力;
(4) 具有大局观及安全责任意识;
(5) 热爱铁路行业的相关工作。

建议课时

2 课时。

模块导读

接发列车作业是车站行车工作的重要组成部分,也是保证列车按运行图安全、正点运行及铁路畅通的关键环节。

在运输生产活动中,所有列车都需办理发车和接车作业后才能从车站进入区间运行或接入站内进行各项技术作业。

接发列车作业系统,是作业人员间及其与行车设备间相互联系、统一动作且较为复杂的工作系统,是以保证安全为前提,以"统一、协调、精练、优化"为原则,以接发列车作业各工种人员在操作、时机、用语、动作等各方面的最佳配合为目的的综合性作业系统。接发列车的作业安全,直接关系人民群众的生命、财产安全,乃至社会的声誉。

车站值班员是车站接发列车工作的组织者和指挥者,所有参加接发列车工作的人员,均应服从车站值班员(线路所由线路所值班员)的统一指挥。当车站设有几个车场时,各车场分别设车站值班员,负责指挥本车场的行车工作。车场间接发列车进路互有关联的行车事项由指定的车站值班员统一指挥。为了贯彻岗位责任制,要明确各车场管理范围及车站值班员职责,并纳入《车站行车工作细则》(简称《站细》)。

请阅读上述资料并查阅相关资料数据,简略说明车站值班员日常工作内容。

任务发布

请学习本模块内容,完成"任务实施"中本模块学习任务单。(本任务根据本模块部分学习目标设计。在实际教学中,教师可根据本模块学习目标,灵活设计学习任务。)

任务目标

(1)掌握重载列车接发列车的作业程序;
(2)掌握办理预告(闭塞)的规定;
(3)掌握加补机站作业组织办法。

任务分组

建议学习者组建学习小组,共同完成相关任务。

姓 名	学 号	分 工	备 注
			组 长

任务准备

引导问题1　　组合列车的接发列车作业方法是什么?

引导问题2　　简述摘解补机与加挂补机作业办法。

知识储备

中间站是铁路线路上最常见的车站,铁路线路上运行的列车要在中间站办理通过、交会或越行作业;同时,中间站还承担着所在地区的旅客乘降和货物的承运、装卸、保管与交付任务。因此,中间站办理的作业主要是接发列车作业和摘挂列车摘挂车辆的技术作业,少数中间站也办理始发直达列车和终到列车的技术作业。

中间站的服务质量直接影响铁路的运输效益,其行车组织工作质量的好坏,直接影响全路列车能否安全、正点运行。

为保证完成各种技术作业,中间站一般具有如下技术设备:

(1)供接发列车、调车和装卸货物用的配线(如到发线、牵出线、装卸线等)。

(2)供服务旅客用的旅客站舍及站台等。

(3)供货物作业用的货场及仓库等。

(4)信号、联锁、闭塞设备及通信设备。

重载线路的中间站到发线数量和有效长(度)应满足重载列车停留、避让的运行需要,保证重载运输线路能力的发挥和正常作业的需要。

重载铁路中间站办理的作业主要有:

(1)重载列车的接发、会让、越行作业,以满足行车及通过能力的需要。

(2)途中技术检查、乘务人员更换、故障车辆检修等作业。

(3)客货混运的重载铁路中间站还办理有关的客货运业务。

单元一　接发列车作业

接发列车作业是以保证安全为前提,以"统一、协调、精炼、优化"为原则,以接发列车作业各工种人员在操作、时机、用语、动作等各方面的最佳配合为目的的综合性作业。接发列车作业必须在两个相邻车站(或线路所)的设备和作业人员的相互配合下才能实施完成。

一、接发列车的作业程序

因行车闭塞方式及联锁设备类型的不同,接发列车作业的内容和作业程序有所不同,一般有以下作业程序:

(1)办理预告(闭塞)。

(2)准备接车或发车进路。

(3)开放和关闭进站信号或出站信号。

(4)交、接行车凭证(不使用自动闭塞、自动站间闭塞和半自动闭塞时)。

(5)接送列车及指示发车。

在正常情况下,列车运行采用区间(或闭塞分区)间隔行车的方法,即同一时间和同一区间(或闭塞分区)内的一条正线上,只准许一列列车运行,以防止同向列车追尾或对向列车发生正面冲突。实现铁路行车上这一要求的技术设备,称为闭塞设备。因此,在列车进入区间前,两站间办理闭塞手续是车站接发列车工作的首要作业程序。

列车到达、出发或通过需要占用的一段站内线路称为列车进路。分散自律模式下,集控站接发列车进路均为自动触发,助理调度员可根据需要人工修改接车股道,允许将接发列车方式改为人工触发;非集控站接发列车进路均为人工触发,可根据需要人工修改接车股道,允许非集控站将接发列车方式改为自动触发。

只有在闭塞手续办理完毕,列车进路已准备妥当以后,才能开放进站信号或出站信号;在列车进入或开出车站之后,应及时关闭信号。

【视野拓展 5-1】

列 车 进 路

列车进路包括接车进路、发车进路和通过进路。

1. 接车进路

接入停车列车时,由进站信号机起,至接车线末端警冲标或出站信号机止的一段线路,称为接车进路,如图 5-1 所示。

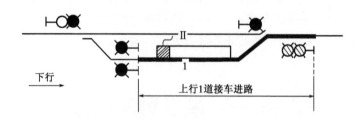

图 5-1　接车进路示意图

2. 发车进路

发出列车时,由列车前端起至相对方向进站信号机或站界标止的一段线路,称为发车进路,如图 5-2 所示。

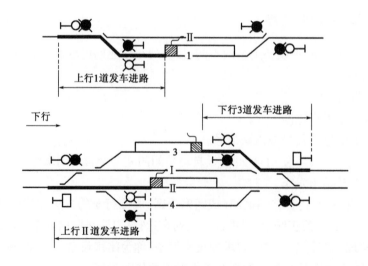

图 5-2　发车进路示意图

3. 通过进路

列车通过时,该列车通过线两端进站信号机或进站信号机至站界标间的一段线路,称为通过进路,如图 5-3 所示。

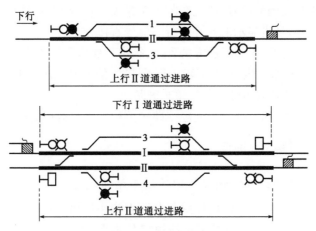

图 5-3 通过进路示意图

二、组合式重载列车的接发列车作业要求

对于组合式重载列车,其接发列车作业具体要求如下:

(1)调度集中区段车站办理货物列车、路用列车、自轮运转特种设备发车时,司机确认出站(进路)信号机已开放、行车凭证正确,具备发车条件后,直接起动列车。调度集中区段车站接本线列车时,不办理迎送列车作业,分界口车站接发相邻集团公司列车按《铁路接发列车作业标准》执行。

(2)取消发车进路时,集控站及无人站由助理调度员通知司机,非集控站由车站值班员通知司机,在确认列车尚未起动时,方可收回行车凭证(使用 CIR 设备发布的行车凭证,可口头通知司机取消,并得到回示),取消发车进路。

(3)非调度集中区段车站办理发车作业按《铁路接发列车作业标准》执行。

三、设有腰岔并设进路(列车或调车)信号机的线路接发货物列车作业规定

对于设有腰岔并设进路(列车或调车)信号机的线路,其接发货物列车作业应符合以下规定:

(1)车站股道设有进路(列车或调车)信号机时,准备接车进路原则上应一次排通至出站信号机前,列车凭进站、进路(列车或调车)信号机显示的允许运行的信号运行;在出站(发车进路)信号机前停车或按出站(发车进路)信号机显示的允许运行信号运行。遇特殊情况接车时,准许列车进路排列至进路(列车或调车)信号机前。

(2)设有七灯位的进路信号机和红、黄、白矮型三灯位机构的列车信号机前发车时,在具备发车条件后,应先开放出站(发车进路)信号,再开放进路或列车信号,司机在收到车站发车的通知后(调度集中区段车站可不通知司机发车),凭信号机显示的允许运行的信号发车。

设有红、蓝、白矮型三灯位机构的调车信号机(图5-4)前发车时,在具备发车条件后,先开放出站

图 5-4 调车信号机

(发车进路)信号,再开放调车信号,司机在收到车站发车的通知后,凭调车信号机的白色灯光及出站(发车进路)信号机显示的允许运行的信号直接开车。

停在进路(列车或调车)信号机前方的列车,须由后股道向前股道运行时,排列好后股道进前股道的调车进路,车站值班员须通知司机,司机凭信号机显示的允许运行信号运行,列车未停妥前,严禁排列前股道相对方向的调车进路。

(3)车站接发通过列车时,禁止排列经线路中部腰岔侧向运行的通过进路。

四、办理预告(闭塞)的规定

1. 调度集中区段集控站与非调度集中区段车站间规定

分散自律模式下调度集中区段集控站与非调度集中区段车站办理接发列车作业时,由助理调度员与非调度集中区段车站值班员按规定办理预告(闭塞);非常站控模式下,由车务应急值守人员与非调度集中区段车站值班员按规定办理预告(闭塞)。

2. 调度集中区段非集控站与非调度集中区段车站间规定

调度集中区段非集控站与非调度集中区段车站办理接发列车作业时,由两站车站值班员按规定办理预告(闭塞)。

3. 调度集中区段集控站间、非集控站间或集控站与非集控站间规定

(1)在分散自律模式下,调度集中区段的集控站间、非集控站间或集控站与非集控站间不办理列车预告,不通知接车站发车时刻以及不向列车调度员报点。

(2)转入非常站控模式的车站与集控站或非集控站办理接发列车作业时,由车站值班员(车务应急值守人员)与助理调度员(非集控站为车站值班员)按规定办理预告(闭塞),并按规定办理接发列车作业。

(3)在非常站控模式下,调度集中区段的集控站间、非集控站间或集控站与非集控站间办理接发列车作业时,由两站车站值班员(车务应急值守人员)按规定办理预告(闭塞)。

五、调度集中区段车机联控的补充规定

(1)在调度集中区段内运行的列车(含单机)应安装机车综合无线通信设备(CIR,图5-5),列车司机、车辆乘务员、列车长等均应配备 GSM-R 手持终端。

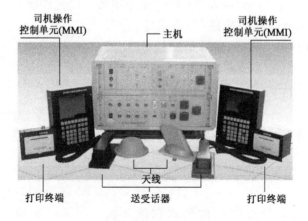

图5-5 机车综合无线通信设备(CIR)

（2）调度集中区段内正常情况下不执行车机联控，遇下列情况执行车机联控制度：

①危及行车安全、行车设备发生故障或停用、恶劣天气、施工期间等须提醒司机注意运行时。

②列车在规定时机和地点未接收到前方站进路预告信息时，司机应主动呼叫列车调度员或车站值班员，列车调度员或车站值班员应及时将进路信息通知司机。

③车站由分散自律控制模式转为非常站控模式后，车站值班员（车务应急值守人员）应主动呼叫司机。

④接发未安装 CIR 设备的列车时，由列车调度员发布调度命令（该命令应包含司机 GSM-R 手持终端号码），由车站值班员（车务应急值守人员）使用 FAS 与司机 GSM-R 手持终端联系。未安装 CIR 设备且未配备 GSM-R 手持终端的机车应附挂运行。

【视野拓展5-2】

GSM-R 铁路移动通信系统标准

GSM-R 是用于铁路通信的国际无线通信标准。GSM-R 是常规 GSM 技术应用于铁路系统的技术延伸，沿袭了 GSM 基本功能。中国铁路的频段，上行方向为 885~889MHz，下行方向为 930~934MHz。GSM-R 系统包括网络子系统（NSS）、基站子系统（BSS）、运行和业务支撑子系统（OSS/BSS）、终端设备（图5-6）四个部分。

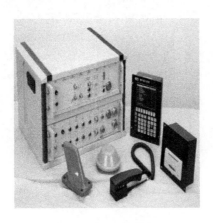

图 5-6　GSM-R 终端设备

⑤汛期进入临时限速区段前，集控站由车务应急值守人员、无人站由助理调度员主动与司机核对限速命令。除汛期以外，进入临时限速区段前，分散自律控制模式下，集控站和无人站由助理调度员主动与司机核对限速命令，非集控站由车站值班员主动与司机核对限速命令；非常站控模式下，由车站值班员（车务应急值守人员）主动与司机核对限速命令。

六、特殊区段（站）非正常行车组织

重载列车重车需引导接车进站时，机外有长大下坡道的车站须按以下规定办理：

（1）车站开通正线进路，并对进路上所有道岔按规定加锁（集中联锁良好的道岔可在控制台上进行单独锁闭）。开放引导信号，车站使用语音记录装置作用良好的列车无线调度通信设备通知司机，司机将 LKJ 设置为"补机"模式，以不超过 60km/h 速度进站，进站后选择合适地点（站内外均可）停车，将 LKJ 恢复为"本机"模式。

（2）有的车站编成单元 1 万 t 列车后，列车头部越过发车进路信号机。在发车进路准备妥当，出站信号开放，列车具备发车条件后，车站值班员填写绿色许可证，经车场值班员核对后，使用通信记录装置作用良好的列车无线调度通信设备，将绿色许可证号码通知司机，司机复诵正确后，按规定发车。列车运行至出站信号机，凭其显示的允许运行信号进入区间。遇通信记录装置故障时，按规定向司机递交书面行车凭证。

【视野拓展 5-3】

LKJ-2000 型列车运行监控装置

LKJ-2000 型列车运行监控装置（图 5-7）是国内新一代列车超速防护设备，能准确地记录列车运行状况、信号设备状况及机车乘务员操纵状况，并采用双机热备冗余工作方式，工作性能更加可靠；装置的屏幕显示器以图形、曲线、文字等方式来显示前方线路状况、运行情况等信息，并在列车超速、冒进信号等危险情况时自动采取紧急制动，保障铁路运输安全。

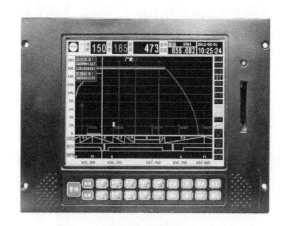

图 5-7 LKJ-2000 型列车运行监控装置

单元二　摘挂补机作业组织

一、摘补机站作业组织

摘解补机作业组织办法如下：

（1）确定摘补地点。

（2）摘补机准备工作。摘补机站加强与列车调度员联系，根据四小时阶段计划，提前预留重载列车到达股道。

（3）摘补机作业办法。万吨列车进站停稳后，补机司机进行列尾销号处理，由本务机司机重新建立列尾的"一对一"关系;遇本务机无法确认列尾装置时,车站应使用列尾确认仪进行输号协助确认。补机司机负责摘开软管,根据调车信号转线。摘补机站根据列车调度员的指示放行补机。补机转出本线后,车站与列车调度员联系确认发车时刻,办理发车。

二、加补机站作业组织

加挂补机作业组织办法如下:

(1)确定加补机型。由列车调度员指定机型。

(2)补机运用。原则上在加补机站加挂补机,遇特殊情况,由列车调度员调整。

(3)日班计划。根据调度日班计划,车站值班员应加强与列车调度员联系,确保补机先于万吨列车到达车站,补机到达后,车站值班员根据实际情况,指挥补机停放在适当地点等待,以便万吨列车到达后及时进行加挂补机作业。

(4)线路运用。加补机站要严格掌握到发线的使用情况,合理确定重载列车接车进路,确保机列无缝衔接。

(5)车机联控。万吨列车接近车站进行车机联控时,车站值班员通知司机在"机车停车位置标"停车,在列车前部加挂补机,并须得到司机的应答。

(6)车站值班员根据现场实际情况,按照先到先加的原则合理安排补机停留顺序。

(7)补机加挂办法。加补机站设有到发线防溜装置,车站值班员确认万吨列车停妥后,命令信号员将尾部防溜装置操纵至"制动位",然后排列调车进路、开放调车信号、办理加挂补机作业。补机司机根据调车信号进行连挂并连接制动软管,加挂补机后原则上不更换列尾主机及中继器,列尾装置确认由补机与本务机联合进行;遇补机无法确认列尾装置时,车站应使用列尾确认仪进行输号确认。

车站值班员接到补机司机连挂作业完毕、"一对一"关系确认好的汇报后,请示列车调度员发车时刻,指示司机进行充风、试风作业,确认列车具备发车条件后,命令信号员缓解防溜装置(修车器),确认缓解后,开放出站信号指示发车。

(8)车号员根据加挂补机计划,在确报系统查找加补万吨列车编组,提前打印"列车编组顺序表",一式两份,补机加挂好后交补机司机一份,存查一份。

(9)发现列尾装置故障时,车站值班员及时通知列尾作业员处理,必要时及时更换列尾主机。

【视野拓展5-4】

补机的形式

由于列车属于轨道车辆,因此补机的形式比较多,只要是两个或两个以上机车共同联合使得列车运行,统称为补机。一般有如下几种形式:

双机牵引式:把两个或两个以上机车连接在一起,集中挂在列车行进方向的前部,机车联合的动力集中在列车的前方进行牵引工作。与列车车厢连接的机车为本务机,前方的机车为辅助机,这时本务机起到主力牵引的作用,辅助机起到附加动力和引导方向的作用。双机牵引式如图5-8所示。

拉动推进式:把机车分别挂接在列车的前后两端,在列车运行的时候,机车的动力分别处于列车的前后位置。前方的机车把动力集中在前方进行拉动;后方的机车在后方向前推进。前方进行拉动的机车为本务机;后方进行推进的机车为辅助机。

图 5-8　双机牵引式

前拉中推式:机车挂在列车的前方,另外的机车挂在列车车厢的中间位置。列车在运行时,前方的机车为辅助机,在前方进行牵引拉动,并且引导方向;车厢中间的机车为本务机,起拉动和推进双重作用。

单元三　越行站作业组织

万吨重载列车(图 5-9)是货运列车中级别最高的列车,其他货运列车一般不能越行万吨重载列车。

图 5-9　万吨重载列车

万吨重载列车仅在组合站、加补机站、摘补机站及需要待避客车的车站停车,运行途中一般不停车,列车调度员应合理安排列车越行计划,相关车站应做好万吨列车越行的进路和线路安排。

万吨重载列车停车待避车站的到发线有效长(度)须满足列车长度要求,如果列车停站时间超过 1h,车站须采取防溜措施。

重载运输专线(双线)中间站(越行站)布置如图 5-10 所示。

图 5-10　重载运输专线(双线)中间站(越行站)布置图

【拓展知识】

接发列车作业的有关规定

(1)接发列车时,接发列车人员应穿着规定服装,衣帽整齐,佩戴臂(胸)章,携带列车无线调度通信设备,持规定信号旗(灯),立正姿势,站在《站细》规定地点,面向列车,注意列车运行和货物装载状态。

(2)办理接发列车用语应使用普通话。遇"0""1""2""7"可发"dòng(洞)""yāo(幺)""liǎng(两)""guǎi(拐)"音。用语中括号内的"站""次""×点""分""了"可省略。办理动车组以外的旅客列车接发作业时,车次前冠以"客车"两字(向列车调度员报点除外)。例如,动车×(次),客车×(次),客车直(特、快、内、临、游)×(次)。

(3)开放信号时,执行"一看、二按(点击)、三确认、四呼唤"及"眼看、手指、口呼"制度。眼看:看准应操纵的按钮;手指:中、食指并拢成"剑指",指向应确认的按钮(为计算机联锁设备,鼠标箭头或光电笔对准应确认的按钮);口呼:规定用语,吐字清楚。

(4)填写"行车日志"(旅客列车使用红笔)、调度命令及各种行车凭证,做到正确齐全、字迹清晰。使用无线传送系统传送各种行车凭证时,有关输入、核对、传送、接收等办法由铁路局集团公司规定。

(5)一端有两个及以上列车运行方向,办理预告及下达接发车命令时,应以线名或邻站名区别方向("线"或"站"字可省略);有两个及以上车场或经路时,要讲明车场或经路。具体办法按《站细》规定执行。

(6)遇有超长、超限列车,单机挂车及列尾装置灯光熄灭的列车,应在办理发车预告时通知接车站。

(7)列车区间运行时分小于规定的开放进站信号时分时,办理信号时机按《站细》规定。

(8)车站使用列车无线调度通信设备发车时,通知司机用语为"×(次)、×道发车",并听取复诵无误。

(9)接发列车作业中,发现列车有异状等问题时,接发车人员应立即报告,同时按规定采取安全措施。

(10)始发列车发车后,应向列车调度员报告列车编组简报、机车号码、司机和运转车长姓名或代号及晚点原因,摘挂列车还应报告摘挂辆数等。

(11)接发列车时,应执行车机联控标准。

(12)列车同时到发,助理值班员不能兼顾时,应先办理发车。

(13)信号控制台上使用的行车表示牌(帽、卡)及揭挂办法,按《站细》规定执行。

(14)由于设备、人员组织不同,执行"岗位作业技术要求"中的有关内容有困难时,可由铁路局集团公司(车站)补充规定。

(15)使用自动通过按钮的办法,由铁路局集团公司制定。

班级：_____ 姓名：_____ 学号：_____ 时间：_____

 任务实施

模块五　学习任务单

知识认知	1.接发列车作业一般包括哪些步骤？ 2.重载组合列车接发车作业有什么具体要求？ 3.加挂补机作业组织办法是如何规定的？
能力训练	1.根据所学知识，分析中间站完成各种技术作业需要具备哪些技术设备。 2.根据所学知识，分析我国大秦铁路沿线车站采用了哪些接发列车作业标准。 3.根据所学知识，分析在哪些情况下需执行车机联控制度。 4.根据所学知识，搜集资料，列举我国重载铁路所采用的补机形式。

任务评价

任务评价表

评价指标	组长评价	自我评价	教师评价
1.知识学习效果			
2.能力目标达成度			
3.素质提升效果			

续上表

本模块最终评价
个人总结与反思

注:组长评价、自我评价、教师评价和本模块最终评价可采用等级表示,如优、良、中等、及格、不及格。

模块六

铁路重载运输安全管理

学习目标

1. 知识目标

(1) 掌握行车安全设备和货运安全设备的类别与作用;
(2) 掌握重载列车运行安全问题的分析及处理办法;
(3) 掌握重载列车应急救援的处理原则及办法。

2. 能力目标

(1) 能够正确认识、使用行车安全设备;
(2) 能够了解铁路供电安全检测监测系统;
(3) 能够正确处理重载列车运行安全问题;
(4) 能够妥当处理重载列车应急救援工作。

3. 素质目标

(1) 具有文献检索和资料分析、总结能力;
(2) 具有对新知识和新技术的学习能力;
(3) 具有团队沟通协作能力;
(4) 具有大局观及安全责任意识;
(5) 热爱铁路行业的相关工作。

建议课时

4 课时。

模块导读

某年 8 月 17 日 21 点左右,大秦线一列重载列车在北京市昌平区下庄站发生脱轨事故,导致大秦线全线关闭。

某年 8 月 24 日上午,大秦铁路再次发生脱轨事故——大秦铁路煤运专线列车在河北省涿鹿站发生脱轨事故。受暴雨影响,导致货车车辆 4 辆脱线。

某年 9 月 25 日,陕西省延安市宜川县境内浩吉铁路发生一起货物列车脱轨的铁路交通较大事故。

请阅读上述资料并查阅相关资料数据，分析以上事故发生的原因，并论述重载列车发生脱轨后应如何救援起复。

任务发布

请学习本模块内容，完成"任务实施"中本模块学习任务单。（本任务根据本模块部分学习目标设计。在实际教学中，教师可根据本模块学习目标，灵活设计学习任务。）

任务目标

(1) 掌握车辆运行安全监测系统 THDS、TPDS、TADS、TFDS、TWDS 的工作原理；
(2) 掌握铁路供电安全检测监测(6C)系统的作用及配置标准；
(3) 掌握列尾装置的定义、功能及工作原理；
(4) 掌握货运安全设备的工作原理及作用；
(5) 掌握重载列车运行途中出现的安全问题及其处理办法；
(6) 掌握重载列车应急救援流程；
(7) 掌握救援列车的开行流程及开行规定。

任务分组

建议学习者组建学习小组，共同完成相关任务。

姓　名	学　号	分　工	备　注
			组　长

任务准备

引导问题1　请简述重载铁路5T系统。

引导问题2　请简述6C系统的具体装置。

引导问题3　列尾装置的主要功能有哪些？

引导问题4　请简述列尾装置的工作原理。

引导问题5　重载铁路的货运安全设备有哪些？

引导问题6　重载列车运行途中的安全问题有哪些？

引导问题 7　　区间内发生脱轨或颠覆事故如何救援？

引导问题 8　　站内发生脱线事故如何救援？

单元一　重载运输安全保障

一、行车安全设备

（一）车辆运行安全监测系统

重载铁路需安装车辆运行安全监测系统，其包括车辆轴温智能探测系统（THDS）、车辆运行品质轨边动态监测系统（TPDS）、车辆滚动轴承故障轨边声学诊断系统（TADS）、货车运行故障动态图像检测系统（TFDS）、货车轮对尺寸动态检测系统（TWDS），简称 5T 系统。该系统利用红外测温、力学检测、声学检测、图像检测、激光测量等手段和信息化技术对运行中的货车进行动态检查和监测。

1. 车辆轴温智能探测系统（THDS）

车辆轴温智能探测系统是利用轨边红外线探头，对通过车辆每个轴承温度进行实时检测，并将检测信息实时上传到铁路局集团公司车辆安全监测中心，进行实时报警。通过配套故障智能跟踪装置，实现车次、车号跟踪，以及热轴货车车号的精确预报，重点探测车辆轴承温度，对热轴车辆进行跟踪报警，重点防范热切轴事故。THDS 探测站及工作示意图如图 6-1、图 6-2 所示。

图 6-1　THDS 探测站

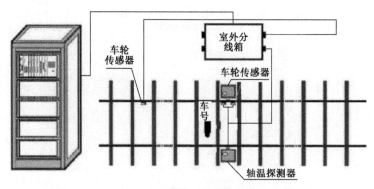

图 6-2 THDS 工作示意图

THDS 对热轴的报警分为 3 个标准：微热、强热和激热。若车辆产生了微热报警，则对车辆进行跟踪处理；若车辆产生了强热报警，则车辆必须在前方站停车；若车辆产生了激热报警，则须立即停车处理。此外，若车辆产生热轴报警，THDS 复示中心接收到相应信息后，THDS 值班人员应立刻通知列检值班人员，列检所的室外检车人员对即将到来的车辆的报警轴承进行相应的检查。THDS 实现了联网运行，每个探测站可直观显示列车和轴温探测信息，实现跟踪报警。

(1) THDS 技术指标及功能。

①适应列车运行速度 5～360km/h。

②存储 120 列车的探测数据。

③适应温、湿度条件：室外设备环境温度 -40～70℃，相对湿度 0～100%；室内设备环境温度 0～60℃，相对湿度 0～85%。

④系统是完全自动化的，无人操作。

⑤自动定量测量轴箱的温度。

⑥自动判别列车(上、下行)运行方向。

⑦自动识别和排除机车。

⑧自动测速。

⑨自动识别客、货车辆。

⑩自动计轴、计辆，系统内置故障自检系统，监测并提示系统故障，自动识别滚动轴承和滑动轴承。

(2) THDS 探测站轨边设备。

THDS 探测站轨边设备主要包括红外线探头、探头保护箱、探头箱托架、车轮传感器、车轮传感器卡具、车号自动识别天线、防护板等，其作用是进行轴温探测、计轴、计辆以及热轴判别。

2. 车辆运行品质轨边动态监测系统(TPDS)

车辆运行品质轨边动态监测系统是针对货车空车脱轨问题而开发的一种轨边监测系统。该系统利用设在轨道上的检测平台，实时在线监测运行中货车轮轨间的动力学参数，并对其运行状态进行分级评判，在此基础上各 TPDS 探测站联网识别运行状态不良的车辆。通过对运行状态不良车辆进行预警、追踪、处理，TPDS 可以减少货车提速后空车脱轨事故的发生。TPDS 兼有货车超偏载报警和踏面损伤报警功能。TPDS 探测站及工作示意图分别如图 6-3、图 6-4 所示。

图 6-3　TPDS 探测站

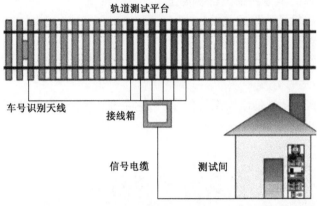

图 6-4　TPDS 工作示意图

(1) TPDS 监测功能。

①识别运行状态不良的车辆。

②测量车辆装载的超偏载状态。

③识别车轮踏面损伤。

④统计轨道负荷当量通过总重。

(2) TPDS 探测站的构成。

TPDS 探测站安装在轨道上,由以下设备构成:

①测试平台与传感器:平台一套(22 根轨枕,间距 760mm)、传感器一套(8 对剪力传感器,12 只二维板式传感器)、接线箱与接线盒、信号电缆、雨量桶。

②车号识别装置:开关磁钢、计轴测速磁钢、天线、电缆。

③测试间设备:机柜、传感器信号调理单元、测试工控机、测点服务器、不间断电源、车号识别主机、数据远传单元、防雷箱、隔离电源、雨量计主机。

TPDS 对经过探测站的货车运行状态实行联网分级评估,对故障车辆的处理分为跟踪、就近拦停和立即拦停 3 个等级。

3. 车辆滚动轴承故障轨边声学诊断系统(TADS)

车辆滚动轴承故障轨边声学诊断系统采用声学诊断技术和计算机网络技术,通过对运行中货车轴承噪声信号的采集和分析,识别轴承的工作状态,可提供有效的轴承内部早期故障诊断结果,在发生热轴之前发现故障。

TADS 与 THDS 相结合,能更加有效地防止切轴和脱轨事故,提高轴承故障的防范水平,使列检对滚动轴承的检查从人判为主逐步过渡到人机结合、机判为主的阶段。TADS 增强了对轴承的预警能力,将防范关口前移,体现了"预防为主"的安全指导思想,确保行车安全。

（1）TADS 功能及主要技术指标。

①自动识别列车车次、车号信息。

②自动计轴、计辆和测速。

③自动检测通过列车滚动轴承的滚子、内套、外套等故障。

④预报等级:3 级。

⑤适应车速:30~110km/h。

⑥检测精度:预报准确率大于或等于 97%。

⑦预报轴承故障的车号和轴位自动定位。

⑧自动跟踪故障轴承的发展趋势。

⑨数据查询和统计功能。

⑩能够存储至少 1 个月的过车数据,具有自检、远程维护、升级和监控功能。

（2）TADS 探测站的构成。

TADS 探测站轨边设备是诊断系统的核心,它主要由室外、室内两部分和局域网系统组成。TADS 探测站如图 6-5、图 6-6 所示。

图 6-5　TADS 探测站（一）

图 6-6　TADS 探测站（二）

①室外设备。室外设备主要由声音采集阵列、声学传感器、车轮传感器（磁钢）、地面车号自动识别系统（AEI）天线等部分组成。

②室内设备。室内设备主要有主服务器(MA)、远端(FS)服务器、近端(NS)服务器、调制解调器(MODEM)、远程电源控制箱、信号控制(SIPS)箱、集线器(HUB)、转换器(KVM)、远端(FS)放大器、近端(NS)放大器、AEI主机、防雷箱、温控箱等。

③局域网系统。两台从机负责采集、处理声音采集阵列和车轮传感器的信号,主计算机负责两台从机的同步数据的通信、存储,三台计算机通过网卡和一个网络交换机连接。

4. 货车运行故障动态图像检测系统(TFDS)

货车运行故障动态图像检测系统是一套集高速数字图像采集、大容量图像数据实时处理和精确定位、模式识别技术于一体的智能系统。该系统由检测信息采集、信息处理传输和列检检测中心等设备构成,系统通过高速相机阵列,拍摄列车车底和侧下部的全部可视信息,经数字化处理后显示于检测中心的信息终端上,通过人机结合的方式进行故障判别,并及时通知室外检车员处理。

(1) TFDS 检测范围。

TFDS 能够自动抓拍车底和侧下部的所有图片,主要包含列车钩缓配件、制动配件、底架、转向架、车体侧下部,通过人机结合方式对拍到的内容进行分析,可预防大部件断裂、配件脱落、列车分离等故障。TFDS 还可根据不同类型列检所的需要定制系统检查范围和客户机数量,以满足列检的要求。

(2) TFDS 主要功能。

①自动判别货车车种、车型、速度及计轴、计辆。

②主要探测部位为侧架、摇枕、交叉杆、制动梁、钩缓、轴承、枕簧、心盘螺栓、斜拉板、上下拉杆、钩托板、软管等部件,制动故障关门车、车号标签。

③通过人机结合的方式,对抓拍到的图像进行分析,判别故障情况。

④预留铁路货车技术管理信息系统(HMIS)接口,可自动生成车统-15、系统-81等列检所常用报表。

(3) TFDS 硬件结构。

TFDS 硬件结构可分为轨边探测硬件设备、轨边机房设备、列检检测中心设备三部分。TFDS 探测站如图 6-7 所示。

①轨边探测硬件设备(图 6-8)。

图 6-7 TFDS 探测站

图 6-8 轨边探测硬件设备图

轨边探测硬件设备由一套沉箱、两套轨边探测箱、一套室外分线箱、一套车轮传感器、一套铁路车号自动识别系统(AEI)、室外设备组成。

②轨边机房设备。

轨边机房设备由三台图像信息采集计算机、一台车辆信息采集计算机、一台车号信息采集计算机、一套室外设备控制箱、一套 KVM 设备、一台信号防雷箱、一台电源防雷箱、一套网络传输设备(含交换机及光端机各一台)、一套远程启动设备等组成。

③列检检测中心设备。

列检检测中心设备由两台服务器、一台磁盘阵列柜、一套远程启动设备、一套 KVM 设备、一套网络传输设备、一台服务器机柜等组成。

5. 货车轮对尺寸动态检测系统(TWDS)

货车轮对尺寸动态检测系统能够自动检测车辆车轮轮缘厚度、轮缘高度、轮缘垂直磨耗、车轮直径、轮对内侧距、踏面圆周磨耗、轮辋厚度,并准确提供报警轮对的详细信息,用快速、高效的方式代替人工检测,避免由于人的主观因素造成的漏报和误报,以辅助列检车间的轮对故障检查工作,从而提高了车辆检修质量,减少了由于轮对磨耗带来的行车安全隐患。

(1)TWDS 主要功能。

①测绘车轮踏面截面曲线并与标准曲线对比。

②对车轮轮缘厚度、轮缘垂直磨耗、轮对内侧距、踏面圆周磨耗、轮辋厚度超限自动实时报警,其中轮辋厚度按两级报警。

③具有自动判别列车运行方向、车次、车种、车型、车号、端位、车速及计轴、计辆等功能。

④具有系统自检、故障提示、远程维护功能。

(2)TWDS 结构组成。

TWDS 由轨边设备、探测站机房设备和远程复示终端设备组成。

①轨边设备包括 7 台车轮信号传感器、1 个车号自动识别天线、3 对车轮尺寸探测箱。

②探测站机房设备包括系统控制机、车号读出设备、图像数据服务器、图像采集机 1、图像采集机 2、网络交换机、切换机、显示设备、不间断电源设备(UPS)、电源防雷箱。

探测站机房主要通过轨边的传感器信号来控制高速相机对轮对图像进行实时采集、分析、传输,同时获取列车车号等过车信息,并将这些信息通过网络设备传输到远程复示终端设备。

③远程复示终端设备安装了系统浏览软件,可按月、按日、按车次查询通过列车数据,包括各辆车的车号数据、各轮对的测量尺寸数据、踏面擦伤和其他故障数据、原始采集图片。

TWDS 示意图如图 6-9 所示。

(二)铁路供电安全检测监测系统

铁路供电安全检测监测系统(简称 6C 系统)具备检测监测、综合诊断、数据存储、视频显示、数据通信等功能,是目前具有供电设备问题处理功能的安全综合监控管理平台。6C 系统对各监控分部系统进行数据集中以及信息共享,并且通过网络数据库对发现的问题、缺陷进行综合分析,对历史数据进行纵向对比,对不同数据进行横向对比,发掘出监测数据所反映的设备状态,发现设备存在的问题,及时调整检修计划,在检修时有针对性地及时解决供电设备存在的故障及各类安全隐患。

1. 6C 系统构成

6C 系统由弓网综合检测装置(1C 装置)、接触网安全巡检装置(2C 装置)、车载接触网运行状态检测装置(3C装置)、接触网悬挂状态检测监测装置(4C装置)、受电弓滑板监测装置(5C装置)、接触网及供电设备地面监测装置(6C装置)组成。

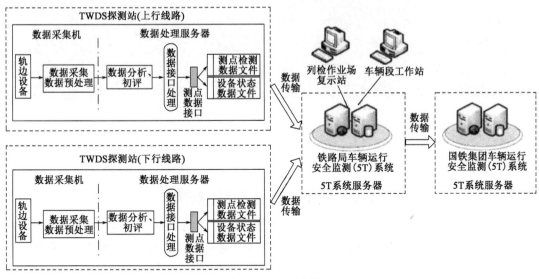

图6-9 TWDS示意图

(1)弓网综合检测装置(1C装置)。

弓网综合检测装置安装在检测车和作业车上,对重载铁路按季度检测(如大秦线每季度检测3次,平均每月1次),动态检测接触网导高、拉出值、硬点、电压等参数,主要用于发现导高、拉出值和跨内高差超标缺陷。弓网综合检测装置如图6-10所示。

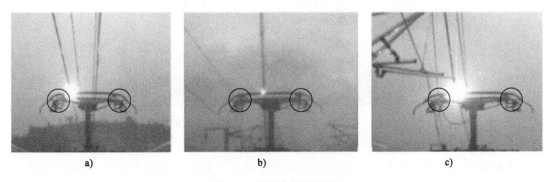

图6-10 弓网综合检测装置

【视野拓展6-1】

大秦铁路弓网综合检测装置运用

某年,中国铁路太原局集团有限公司检测车对大秦重载铁路设备完成弓网综合检测3次,累计动态检测7617.277km,共计发现各类缺陷4660处。弓网综合检测装置的使用,弥补了静态测量的不足,有效降低了弓网故障概率。

(2)接触网安全巡检装置(2C装置)。

接触网安全巡检装置(图6-11)为便携式视频采集设备,对接触网状态及外部环境进行视频采集,采集结果用于指导接触网运行维护。

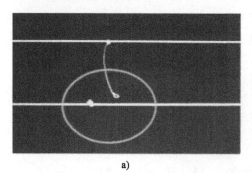
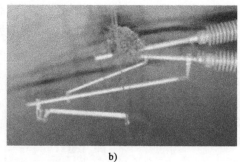

a)　　　　　　　　　　　　　　b)

图 6-11　接触网安全巡检装置

【视野拓展 6-2】

大秦铁路接触网安全巡检装置运用

大秦重载铁路有 7 套 2C 装置。利用 2C 装置，每 10 天对全段接触网设备巡检 1 次，采用定期监测与重点监测相结合，全面监控设备状态。遇有季节变化、气候突变、大风雨雪等情况，安排专项监测。

该装置于某年完成恶劣天气专项监测 13 次，鸟窝专项排查 118 次，彩钢瓦隐患排查 1 次，圆满完成了设备巡检任务，为供电设备安全提供了有力保障。

某日，运用 2C 装置检测大秦线，发现沙城东—涿鹿 313 号支柱平腕臂上搭建有鸟窝，如图 6-12 所示。

图 6-12　沙城东—涿鹿 313 号支柱平腕臂上搭建的鸟窝

(3) 车载接触网运行状态检测装置 (3C 装置)。

车载接触网运行状态检测装置是加装在电力机车上的接触网检测设备，对接触网状态进行动态检测，具体如图 6-13 所示。

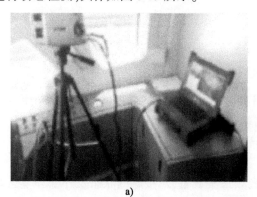

a)　　　　　　　　　　　　　　b)

图 6-13

c) d)

图 6-13　车载接触网运行状态检测装置

【视野拓展 6-3】

大秦铁路车载接触网运行状态检测装置运用

某年，工作人员运用 3C 装置发现疑似缺陷 78 处，包括一级缺陷 12 处、二级缺陷 10 处、三级缺陷 56 处。

某日，工作人员运用 3C 装置发现大秦线化稍营站下行 K141+472 处疑似燃弧，如图 6-14 所示。

车配配属	湖东机务段	车辆编号	HXD10014
线路名称及行别	大秦线下行 K141+472(9号交路运用区段：748号站点化稍营)	公里标	K141+472
检测日期	4-06	检测时间	06:59:51
车速(km/h)	74	受电弓位置	A弓
拉出值(mm)	253	导高值(mm)	6088
缺陷温度(℃)	205	环境温度(℃)	0
车次号	73181	经纬度	114°44′5″, 40°15′
图像分析			
1.红外图像		2.可见光图像	

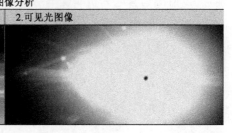

图 6-14　大秦线化稍营站下行 K141+472 处燃弧图

(4) 接触网悬挂状态检测监测装置(4C 装置)。

接触网悬挂状态检测监测装置主要是对接触网的悬挂状态进行视频拍摄，统计分析接触悬挂部件技术状态，及时发现接触网零部件松、脱、断、裂故障及影响接触网安全运行的异物。

4C 装置每季度对重载铁路进行一定次数的动态检测(如大秦铁路每个季度进行 1 次动态检测)。接触网悬挂状态检测监测装置如图 6-15 所示。

a)   b)

图 6-15 接触网悬挂状态检测监测装置

某日，茶坞接触网作业车运用 4C 装置检测大秦线军都山隧道，发现茶坞—下庄 S105 上部地线与保护线连接处断股，只剩钢芯，如图 6-16 所示。

图 6-16 地线与保护线连接处断股

(5) 受电弓滑板监测装置(5C 装置)。

受电弓滑板监测装置用于车站、咽喉区、电力牵引列车出入库区、重点隧道口、局界口及道岔等地点，以监测运营电力机车受电弓滑板的技术状态，具体如图 6-17 所示。

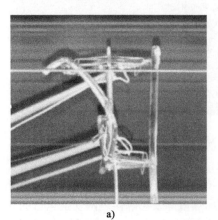 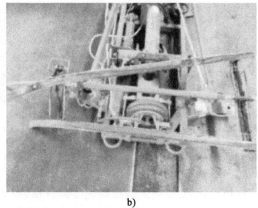

a)   b)

图 6-17 受电弓滑板监测装置

【视野拓展6-4】

大秦铁路受电弓滑板监测装置运用

大秦铁路茶坞站西岔共安装了4套5C装置,实现了调度指挥中心和当地两级实时监控功能。某日,茶坞站运用5C装置发现 $HXD_2 20166B$ 机车受电弓滑板受损。

(6)接触网及供电设备地面监测装置(6C装置)。

接触网及供电设备地面监测装置已实现在线检测和缺陷报警功能,可在局域网网电连接监测模块中查询。接触网及供电设备地面监测装置如图6-18所示。

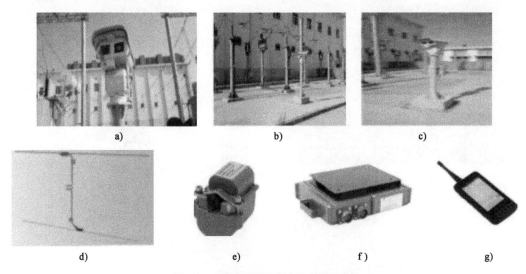

图6-18 接触网及供电设备地面监测装置

【视野拓展6-5】

大秦铁路接触网及供电设备地面监测装置运用

大秦重载铁路共安装了4套6C装置。某年,工作人员通过牵引供电主导电回路线夹状态自动检测报警系统,共筛选出线夹温度状态优秀的205处、良好的607处、合格的333处、不合格的7处、未知的4处。

2. 重载铁路6C系统装置配备标准

(1)弓网综合检测装置(1C装置)由集团公司配备1台;

(2)接触网安全巡检装置(2C装置)按电气化运营里程每150km配备1台;

(3)车载接触网运行状态检测装置(3C装置)应覆盖重载电气化线路(电力机车总数的10%配备3C装置),供电段配置1套地面数据接收装置;

(4)接触网悬挂状态检测监测装置(4C装置)按电气化运营里程配备,不足400km配备1台,每400km增配1台;

(5)受电弓滑板监测装置(5C装置)在集团公司每个局界口、段界口、机务段出入库线各配备1台;

(6)接触网及供电设备地面监测装置(6C装置)应根据供电设备运用状态需要配备。

(三) 列尾装置

如图 6-19 所示,列尾装置由列尾主机(图 6-20)、列尾司机控制盒(图 6-21)以及附属设备(图 6-22)组成。

列尾装置是货物列车取消守车后,在尾部无人值守的情况下,为了保证列车安全运行而研制的,是综合运用计算机编码、无线遥控、语音合成、计算机处理等技术的专用安全防护设备,也是重要的铁路行车设备。

图 6-19 列尾装置

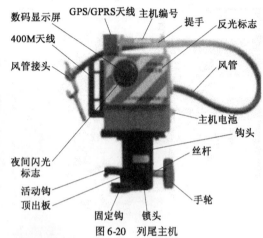

图 6-20 列尾主机

图 6-21 列尾司机控制盒

列尾主机确认仪　　列尾主机电池　　列尾电池充电器　　列尾主机检测台

图 6-22 列尾附属设备

列尾装置以体积小巧、功能完备的优点,取代了几十年来守车和运转车长的位置。

列尾装置提高了编组站(包括区段站和中间站)的列尾编组、摘挂作业效率,减少了调车作业量,提高了列车牵引质量。

(1) 列尾装置的主要功能。

①列车尾部风压查询。

②列车尾部风压异常告警。

③列车尾部排风制动。
④列尾主机电池电量不足告警。
⑤列车尾部标识。
⑥黑匣子记录。

(2)列尾装置的原理。

①机车乘务员操作列尾司机控制盒功能键,首尾以无线数据传输方式传递信令(编码信息),其信令通过机车列调电台(或列尾专用机车电台)发送出去,列尾主机接收到列尾司机控制盒发送的信令后,其响应信息再以同样的方式返回至列尾司机控制盒,司机通过列尾司机控制盒合成的语音或显示的信息来了解列车尾部风压及列尾主机的工作状态等情况。

②列尾主机内设有本机出厂 ID 编号,安装于列车尾部车钩或提钩杆上,与列车尾部制动软管连接。它主要用于实时监测列车尾部风压,实现列车尾部排风制动、昼夜尾部标识(白天用红白相间斜彩条标识,夜间用光控红色发光管组闪光标识)。

③列尾司机控制盒内设有本务机车的机车号码,与列调电台控制盒或与列尾机车台相连,它还带有数码或液晶显示屏,以显示列车的尾部风压信息;自带语音播放系统(即音频功率放大器、扬声器)。列尾司机控制盒带有列尾装置运用数据记录(俗称"黑匣子"),可滚动记录多条数据。

列尾装置工作原理如图 6-23 所示。

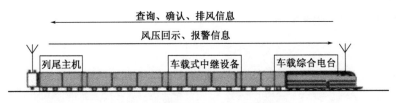

图 6-23　列尾装置工作原理示意图

【视野拓展 6-6】

列尾装置的产生

常听人说起火车列尾,到底火车列尾是什么呢?在弄清楚火车列尾之前,我们首先需要明白守车是什么。

守车(图 6-24)又称瞭望车,是挂在货物列车尾部的木质铁皮工作车,用来瞭望车辆及协助刹车,它主要供运转车长乘坐。

运转车长是列车安全的"大管家",他戴着臂章、拿着对讲机、摇着信号旗,总是一个人值乘在列车的尾部,用一红一绿两面信号旗,指挥列车安全运行。

守车十分简陋,里面的主要设备是一块风表和一个紧急制动阀。在守车两侧的窗户处,各焊制了一个方便运转车长途中瞭望列车运行情况的铁椅子。守车中间安装有一个铁炉子,供冬季运转车长取暖使用。

图 6-24　守车

在列车开车前,运转车长要检查风表的风压是否达到了规定要求(也就是列车的主风管是否贯通)。列车运行途中,运转车长还要负责观察列车运行情况,监控货物装载情况。

守车除了供运转车长乘坐以外,还是铁路部分职工经常乘坐的交通工具。守车给铁路增加了运输成本,例如运用中的调车作业、在线路上的停留、守车备品的使用及冬季取暖等。同时,铁路部门还要设置几万人的运转车长队伍以及守车整备人员,人力成本颇高。另外,在货物列车中加挂守车,在一定程度上影响了货车的编组以及运输效率。因此,随着铁路技术的发展,铁路部门逐渐取消了守车。

守车不用了,但尾部的事还得有人干,火车列尾应运而生。火车列尾就是列尾装置。它是在列车尾部无人值守的情况下,为提高铁路运输的安全性而研制的专用运输安全装置。

二、货运安全设备

1. 轨道衡系统

轨道衡系统(图6-25)要利用安装在装车站、货检站和编组站的动态轨道衡检测仪,检测通过车辆的各车轮对轨道的压力值,通过对检测数据的后续分析和处理,检测和计算车辆的自重、标重、牵引质量、车号、盈亏等情况。

值班员根据检测和计算的结果对报警车辆实行扣车、警告、放行等相应处理,以保障货物列车的安全运行。

轨道衡结构示意图如图6-26所示。

图6-25 轨道衡

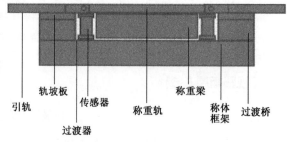

图6-26 轨道衡结构示意图

2. 超偏载检测装置系统

铁路货车超偏载检测装置是一种自动安全检测设备,它可以对行进中的货物列车在不停车、不摘钩的状态下实现连续动态称量,进而判断铁路货车是否发生超载、偏载、偏重,是货运计量安全检测系统的重要装备部分。

超偏载检测装置系统利用安装在编组站进站口的超偏载仪,检测通过车辆各车轮对轨道的压力和剪力数据值,通过对检测数据进行分析和处理,得出车辆货物装载超载、偏载、偏重等情况。

值班人员根据超偏载检测装置系统检测信息对通过的报警车辆(超载、偏载和偏重)做出相应的处理(扣车、通知和放行),保障货物列车的安全运行。

超偏载检测装置系统主要包括称重系统、车号识别系统、数据处理系统、防雷系统和数据显示系统。其结构示意图如图6-27所示。

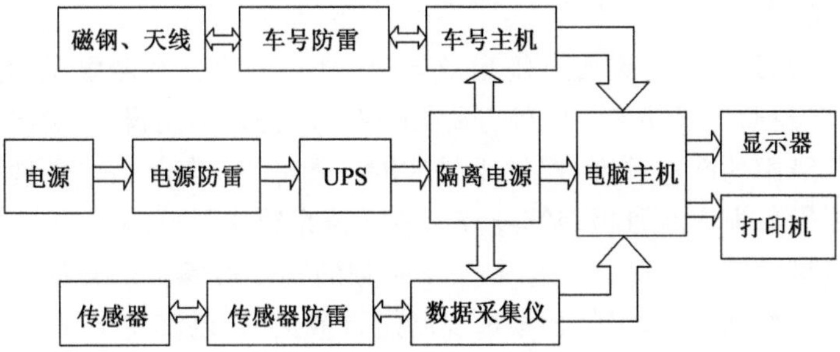

图 6-27　超偏载检测装置系统结构示意图

3. 货车装载安全视频监控系统

铁路货车装载安全视频监控系统利用高分辨率线扫描视频采集技术、高性能存储技术、基于静止图像的视频智能分析技术、红外探测技术、雷达测速技术和计算机网络技术,对铁路货运车辆状态、货物装载状态、货车行走状态和车尾标志进行实时监控;对触发报警规则的可疑情况做出反应,并通过声光报警等手段通知值班人员及时处理;同时给操作人员提供事故车厢高清图像进行确认,采用自动分析和人工分析相结合的模式进行分析,极大地提高了货运检查工作效率,降低了劳动强度,实现铁路货运安全、高速发展。

它能够自动识别以下情况:
①车厢异常,如车门(中门、小门)未关闭、松动等;
②车厢内装载货物异常,如超高、超宽、偏载等;
③车辆行走中车轮等关键部件异常,如松动或脱落、与钢轨产生火花等;
④苫盖篷布货车异常,如搭扣松开、被风刮起等;
⑤车尾标志异常,如丢失、脱落等。

【视野拓展6-7】

货场视频监控系统

货场视频监控系统是运用先进的传感器、监控摄像、通信、图像处理、计算机等技术,组成的一个多功能、全方位监控的数字处理系统,对货场关键地点进行传感成像、信号传输,实现对车站货场的远程实时监控,并能将监控的情况记录备查。该系统实现了视频、报警联动,多画面同时监控,安全控制,权限管理,数据传输和硬盘录像等功能,主要监测货场内的仓库、站台、车辆通道等状况。此外,它对货场安全管理,防范货物丢失、被盗和火灾等突发事故也能起到监控作用。

三、自然灾害设备保障

1. 大风预警系统

大风预警系统自动将沿线采集到的数据经大风数据服务器实时地传送至数据中心,有效地保证了数据的实时性和可靠性。结合区段线路参数与从铁路运输管理信息系统(TMIS)和调度指挥管理信息系统(DMIS)获得的当前列车车型、载重及实时运行等信息,确定大风环境下当前列车运行速度限值,为在大风环境下列车安全运行指挥调度提供决策依据。该系统主要监测风速、风向、刮风时间等参数。

2. 雨量监测系统

雨量监测系统在采集点处设置有雨量监测仪,具有采集并存储雨量信息、雨量报警、现场雨量曲线打印以及通信等功能。此外,通过采集各监测点降雨量,结合各监测点历年降雨情况,分析和判断降雨的严重程度,提供雨量实时监测信息,实时在电子地图上展示工务段的报警信息,并提供日报表和月报表等统计信息。该系统主要监测监测点地区的日雨量、最大雨量时间、雨量最大值、连续雨量、每个正点时刻的雨量等参数。管理人员根据历史雨量监测信息、实时雨量数据,结合天气预报情况制定警戒措施,以实现指导防洪的目的。

3. 道岔融雪监控系统

道岔融雪监控系统通过监测雪地环境下道岔的工作状态,根据设备内建的算法分析,设定加热阈值,当满足条件时,输出加热信号,启动加热设备。该系统主要检测环境温度、钢轨温度等参数和是否下雪。

4. 天气预报系统

天气预报系统运用卫星、雷达、大型计算机等高科技手段对卫星云图、雷达气象图进行分析,能够实现查询天气及降水实况、特殊天气(大风、暴雨、冰雹、高温等灾难性天气)信息服务、长期气象服务等。该系统主要监测铁路沿线的大气温度、湿度、风力、风向、雨雪等天气状况。目前,该系统已经在全路实现联网运用,由各铁路局集团公司当地气象局每日2次(8:00和17:00)将该局铁路沿线主要站点天气预报数据发送至工务部门。

单元二　重载列车运行安全问题及处理办法

一、重载列车运行途中区间被迫停车的处理办法

(1)列车在长大下坡道区间被迫停车后,主控司机立即汇报车站,追加减压至100kPa及以上(停车缓风除外)。车站值班员(列车调度员)接到司机通知后,应将区间内列车运行情况通知司机,并立即使用列车无线调度通信设备转告区间内有关列车。在停车原因消除前不得再放行追踪、续行列车。

(2)列车在区间被迫停车需检查车辆或线路时,由机车乘务员持通信、照明工具及短接铜线负责本单元列车的检查。

(3)列车在坡道上停车超过180min(6‰及以上坡度坡道停车超过120min)时,由列车调度员指派人员拧紧足够轴数的人力制动机,保证就地制动。

(4)列车在区间停车再开前,主控司机必须进行简略试验或利用列尾装置确认列车风管贯通状态,发现异常时果断采取处理措施。

【视野拓展6-8】

列车在区间被迫停车需往后退行的处理办法

列车在区间运行中遇突然变故被迫停车,如不立即退行将严重危及列车安全时,按下列办法退行:

(1)司机应立即鸣示警报信号(一长三短声)和退行信号(长声),并以不超过15km/h的速度退行至安全地段。在退行中须连续鸣示警报信号,并使用列车无线调度通信设备与后续列车及两相邻站联系,并向列车调度员(车站值班员)报告情况,听其指示。列车调度员(车站值班员)接到上述报告后,应采取办法,停止向该线发出列车。

(2)在一切电话中断后发出的以及在自动闭塞区间运行的其他列车司机除应不间断瞭望外,还应随时注意听取信号,如有停车或警报信号,应采取保证安全的措施。后续列车司机发现有列车退行而来时,亦应按上述规定退行。

二、重载列车运行途中车辆热轴应急处理办法

(1)车辆轴温智能探测系统(THDS)将货车热轴报警信息分为微热、强热、激热3个等级。车辆调度员及列车调度员按照"强热前方车站停车,激热立即停车"的规定对强热、激热的铁路货车进行处置,预报微热时,由车辆调度员负责跟踪。

(2)对于强热、激热报警信息,车辆调度员须立即分析和确认,按规定通知列车调度员。

(3)对于强热报警,列车调度员须立即安排列车在前方站停车,并布置车站通知司机,司机采用常用制动停车。前方停车站有列检作业场的,由列检人员处理;无列检作业场的,甩车后由车辆部门派员前往检查处理。

(4)对于激热报警,列车调度员须立即布置车站呼叫司机就地停车,司机采用常用制动停车。停车后,按报警信息确定激热货车编组位置和轴位,对轴承进行外观检查,并执行以下规定:

①列车在区间停车时,由机车乘务员负责检查处置。当确认轴承外观无异状,可以继续运行时,应及时报告车站值班员并转报列车调度员,列车按调度命令限速运行到前方站或退行至后方站停车;当检查发现不具备运行条件时,列车不得移动,并及时报告车站值班员转报列车调度员,安排列检人员现场处理。

②列车在站内停车时,停车站有列检作业场的,由列检人员处理;无列检作业场的,甩车后由车辆部门派员前往检查处理。

三、重载列车运行途中弓网故障的处理办法

(1)重载单元1万t列车发生弓网故障时采取常用制动最大减压量,接触网失压时采取常用制动减压。

(2)组合式重载列车发生弓网故障时处理办法如下:

①接触网摆动大时,组合列车主控机车司机及时降弓并采取初制动停车;从控机车司机发现接触网摆动大时及时降弓,通知主控机车司机采取初制动停车。

②发生弓网故障,主控机车立即降弓,并采取最大减压量停车,停车后立即通知从控机车和车站。

③列车现场指挥权交刮弓机车司机,由刮弓机车司机向车站汇报。

④两台机车刮弓,刮弓机车司机向列车调度员汇报各机车停车位置,电联列车调度员根据刮弓机车停车位置确认机车是否分别停在两个供电臂内,如在两个供电臂内应同时停电。准许登顶作业的调度命令必须发给所有刮弓机车司机。

⑤非刮弓机车司机派一名司机协助处理。

⑥刮弓机车司机接到准许登顶作业命令并核对无误后升弓验电,挂接地线后方准上车

顶作业。

⑦从控机车刮弓,司机处理完毕后立即向主控机车司机汇报,同时指挥权交回主控机车司机,主控机车司机确认从控机车作业完毕,所有人员处于安全位置,具备送电条件后向车站或列车调度员汇报。

四、重载列车运行途中 GSM-R 网络故障中断处理办法

(1)重载组合列车运行中,GSM-R 网络故障影响 DP 通信,800MHz 无线数据传输设备 DP 通信正常时,可维持至前方站停车分解运行。大秦线两隧道群[化稍营(出站)—涿鹿(进站)、延庆北(出站)—茶坞(进站)]区段无 DP 连接,禁止维持运行,组合列车就地分解运行。

(2)DP 通信正常的重载列车运行中,遇机车综合无线通信设备语音故障而接收进路预告功能良好时,可继续运行,司机应立即使用大功率电台、公网手机等各种通信工具通知列车调度员(车站值班员),列车调度员(车站值班员)利用各种通信工具通知后续列车注意运行,并通知通信段检查处理故障,故障恢复后再向区间放行列车。遇大功率电台、公网手机等各种通信工具均不能通话时,列车运行到前方站停车汇报。

【视野拓展6-9】

DP 是什么?

PROFIBUS-DP 中的 DP 即 Decentralized Periphery,是一种计算机电子元件。它具有高速、低成本的特点,用于设备级控制系统与分散式 I/O 的通信。它与 PROFIBUS-PA(Process Automation)、PROFIBUS-FMS(Fieldbus Message Specification)共同组成了 PROFIBUS 标准。

五、重载列车运行途中监控装置、机车信号故障处理办法

重载列车本务机车或主控机车在长大下坡道发生列车运行监控装置、机车信号故障时,机车乘务员应立即使用列车无线调度通信设备报告列车调度员、车站值班员(车务应急值守人员),机车信号故障时机车乘务员将 LKJ 转为"20km/h 限速"模式,列车运行监控装置故障时,将本初切换盒切换至补机位,控制列车以不超过 45km/h 的速度运行至前方站更换机车,区间可停车缓风。如前方站容纳不下本列,可运行到前方下一站,退出"20km/h 限速"模式,重新设定,按压开车键再次进入"20km/h 限速"模式,维持运行至能容纳本列的下一站。

重联(包括回送、补机)机车、组合列车中部机车等处于非本务状态下的机车,遇 LKJ 故障时可不停车,司机使用列车无线调度通信设备报告车站值班员(列车调度员),运行至分解站或终到站处理或更换机车。

六、重载组合列车运行途中主控与从控机车同步操纵系统通信中断处理办法

同步操纵系统通信中断是指 GSM-R 网络和 800MHz 无线数据传输设备均故障,DP 显示屏出现"通信中断"提示的现象。

重载列车司机发现同步操纵系统通信中断,应立即使用机车综合无线通信设备、GSM-R 手持终端、大功率电台(400kHz + 400MHz 电台)、公网(移动、联通运营商)手机等各种通信

工具通知列车调度员(车站值班员),列车调度员(车站值班员)立即通知通信段检查处理故障,并根据影响范围及时通知相关车站停止组合作业。

重载组合列车运行中,发生同步操纵系统通信短时中断时,不改变操纵工况维持运行,等通信恢复后再进行正常操作;需施行空气制动时,必须减压至不小于70kPa停车,制动减压后或制动减压过程中,发生同步操纵系统通信中断,严禁缓解列车。通信中断无法恢复时,立即汇报列车调度员(车站值班员),就地分解运行。

七、车载数据设置"走停走"模式的区间通过信号机故障行车办法

遇车载数据设置为"走停走"模式的区间通过信号机显示停车信号(包括显示不明),司机应使列车在该信号机前停车,并利用CIR通信设备或GSM-R手持终端将信号机编号、机车停车位置通知列车调度员(车务应急值守人员)。列车调度员(车务应急值守人员)接到司机汇报区间通过信号机显示停车信号(包括显示不明或灯光熄灭)的报告后,立即通知工务、电务人员进行检查与处理。在未得到线路设备正常的通知前,后方站不得再向该区间放行列车。列车调度员(车务应急值守人员)确认该列车的前行列车全部到达前方站,得到工务人员检查该信号机所防护的闭塞分区线路设备正常和电务人员检查次一架信号机显示允许运行信号的汇报后,列车调度员发布调度命令指示司机以不超过45km/h速度运行到次一架信号机前,按其显示的要求运行。后续列车运行到该信号机前仍未恢复正常显示时,列车调度员在得到车务应急值守人员前行列车整列到达或通过前方站的汇报后,方可指示司机以不超过45km/h速度运行。该信号机显示允许运行信号后,司机及时汇报列车调度员(车务应急值守人员),列车按信号机显示运行。

遇通过信号机灯光熄灭,机车信号显示允许运行的信号,且与机车监控装置接收的机车信号信息相一致时,装有连续式机车信号的列车应按机车信号的显示运行。

八、重载列车运行区间发生车钩分离时的处理办法

(1)列车在区间内发生分离后,应立即用列车无线调度通信设备报告列车调度员、两端车站值班员。司机须指派机车乘务人员由前向后检查分离处的情况,在得到机车乘务人员检查车辆状态的汇报后,使用列车无线调度通信设备将分离情况、车钩破损情况、停车位置报告列车调度员和两端车站值班员,同时对所分离的后部车列(辆)按照规定数量拧紧车辆人力制动机,保证就地制动(采用自动防溜装置列车除外)。

(2)在条件具备的情况下方准重新连挂,重新连挂好后,机车乘务员应将分离车钩钩锁销捆绑,防止再度分离。

(3)后部车列位于下坡道方向,凡有下列情形之一时不准重新连挂:
①车辆连接装置严重破损,修复难度大时;
②列车前方处于长大坡道,机车牵引力不能使列车移动时;
③列车处于长大坡道,缓解列车后机车制动力不足以控制列车连挂速度时。

(4)分离地点位于曲线地段,不具备连挂条件时,组织自救。

九、重载列车运行途中发生不明原因紧急制动停车后的处理办法

(1)重载列车在区间发生不明原因紧急制动停车后,司机应立即使用列车防护报警装置

(LBJ)进行防护。同时使用列车无线调度通信设备通知两端车站值班员(车务应急值守人员)和列车调度员。接到司机报告后,两端站不得再向本线和邻线区间放行列车。列车调度员使用列车无线调度通信设备转告区间内运行的列车。本线和邻线区间运行中的列车收到无线防护报警信息时,司机应采取常用制动停车。

发生不明原因停车的重载列车由司机(组合列车由主、从控司机分工负责)确认是否妨碍邻线,不妨碍邻线时立即汇报列车调度员并解除防护报警。列车调度员恢复邻线列车运行。

由(主控)司机组织机车乘务员先对机车及邻近10辆机车进行检查。遇列车紧急制动后,列车管充不起风,仍未检查出原因时,应逐辆进行检查。

(2)HXD型机车牵引重载组合2万t列车运行途中出现紧急制动时,司机必须停车检查从控机车钩缓状态,确认状态良好后,报告列车调度员,列车调度员组织列车分解运行。机车回车辆段后须对从控机车钩缓装置进行分解检查。

(3)重载组合列车因紧急制动被迫停于长大下坡道时,主控司机不得缓解,立即汇报车站,必须分解运行,必要时请求救援。

(4)工务部门接到紧急制动被迫停车的通知后,立即派人到车站登记,同时赶赴现场检查线路。检查范围:从机车停车位置向后检查,重载1.5万t、2万t列车向后检查4.1km,重载1万t列车向后检查2.5km。重点检查线路几何尺寸的变化情况,全面检查钢轨、轨枕、道床状况。工务人员检查完毕,立即报告车站线路情况。

线路几何尺寸不超临时补修标准,可以正常放行列车;超过临时补修标准,应封锁线路并组织整修,开通后根据工务负责人确定速度(不低于35km/h)放行列车。在限速放行列车期间,工务人员应全过程监护,逐列检查并做好记录。

十、重载列车运行途中可控列尾发生"疑似故障列尾"的处理办法

重载列车运行途中可控列尾控制盒发出语音预警时,视可控列尾为"疑似故障列尾"。

重载组合2万t列车重车运行途中遇"疑似故障列尾"时,机车乘务员立即向列车调度员(车站值班员)请求停车分解,列车调度员(车站值班员)用列车无线调度通信设备(调度命令无线传送系统)将有关分解调度命令向主控机车和分解后担当主控机车的机车乘务员传达或传输。按区间分解规定进行分解,前列可无列尾运行至前方能容纳车列车站,到达车站后由调度员安排安装列尾装置继续运行。

其他重载列车运行途中遇"疑似故障列尾"时,机车乘务员立即向列车调度员(车站值班员)汇报,列车调度员(车站值班员)安排列车运行到分解站或终到站,对"疑似故障列尾"进行下线处理。

调度所、车务站段负责组织"疑似故障列尾"下线,经厂家检修、检测合格后方可重新上线运用,车务站段办理交接签认手续。

十一、重载列车运行途中发生抱闸的处理办法

(1)列车运行途中,车站助理值班员发现车辆抱闸,须立即向列车调度员汇报,并汇报抱闸车辆大致位置,列车调度员将抱闸车辆抱闸情况通知前方站,由前方站停车处理。

(2)机车乘务员发现列车运行途中有车辆抱闸,将抱闸车辆大致位置通知该列车运行的前方车站,前方车站助理值班员接车时观察确认,无异状继续运行,有异状则通知机车乘务

员前方站停车,由车站处理后开车。

(3)如采取关门处理,关门车辆位置在禁关位置时,有列检作业的车站,由列检人员处理;无列检作业的车站,由列车调度员安排甩车。

十二、重载列车运行途中发现接触网上挂有异物的处理办法

(1)列车运行途中铁路工作人员发现本线或邻线接触网上有异物时应立即向车站值班员报告情况和地点,车站值班员及时在"行车设备检查登记簿"上登记,通知供电工队检查处理,并报告列车调度员。

(2)不影响行车时,正常通过;影响行车可以降弓通过,列车调度员向后续列车发布降弓通过故障地点的调度命令;不能降弓通过时立即停车,车站值班员通知后续列车停车,不得再向该区间放行列车。

(3)如影响邻线行车,车站值班员应立即通知邻线尚未经过该地点的列车停车,不得再向邻线该区间放行列车;如不能确定是否影响邻线行车,车站值班员应立即通知邻线尚未经过该地点的列车注意运行,确认接触网设备状态。

十三、重载列车运行途中发现受电弓挂有异物的处理办法

(1)列车运行途中,司机发现或接到受电弓挂有异物的通知时,应立即降弓停车,报告车站值班员,车站值班员立即汇报列车调度员,并通知后续运行列车停车,不得再向该区间放行。

(2)停车后司机目视检查受电弓无明显损坏时,隔离该受电弓,换弓继续运行;不能继续运行时,请求救援。

(3)司机现场检查发现受电弓滑板及托架有损伤或接触网有异样时,应报告车站值班员,车站值班员在"行车设备检查登记簿"上登记,通知供电工队对接触网设备进行检查处理,并报告列车调度员。

单元三　重载列车应急救援

重载货物列车载重量大,列车编组长,运行速度相对较快,一旦发生事故,可能出现下列情况:颠覆车辆数量多,对运输影响大,造成上下行正线中断;颠覆车辆部件破损严重,起复后无法恢复运行;线路破坏严重,起重机无法进入作业现场,电气化区段不易展开作业;事故车辆吨位大,起重机整体吊复困难。

一、区间发生脱轨或颠覆事故的救援

1.重载列车在区间发生脱轨或颠覆事故时的救援处理流程

(1)司机:立即通知列车调度员。

(2)列车调度员:发布命令封锁区间,并逐级上报;需要出动救援列车时,直接向救援列车发布救援出动命令,事故紧急时,应向相关部门发布出动事故救援班指示。

(3)机车调度员:发布救援列车出动命令。

(4) 救援列车:救援列车负责人在接到调度命令时应立即组织救援工作,及时起复机车车辆,清除线路上的障碍;当发生人员伤亡时,积极抢救,妥善处理。

(5) 工务抢修队:工务救援班值班人员接到调度命令后,救援班班长应立即召集人员迅速赶到救援列车处报到,与救援列车协同行动。到达事故现场后,抢修受损路基,尽快恢复通车。

(6) 货运部门:运输处应马上了解发生事故的货车和受影响货车的货物装载信息,迅速调集装卸机械和工作人员进行现场清理并编制货运记录。

2. 区间发生脱轨或颠覆事故的救援处理原则

救援原则:迅速开通线路,恢复行车。具体分以下两种情况:

(1) 脱线车辆较少,线路破坏程度不大时。

使用轨道起重机将事故车快速吊移线路限界,整修线路后开通线路;事故车台车完好,线路条件允许时,也可采用拉复法作业。由于顶复法作业速度慢,故一般不采用。

(2) 颠覆车辆数量多,线路破坏严重时。

采用起重机由一侧向另一侧推进作业,配合整修线路和卸空重车;若台车破损严重,直接将事故车吊移线路限界;如台车状态完好,整修线路后,亦可直接用起重机吊复上道。因受线路和车辆条件限制,拉复法和顶复法一般不采用。

【视野拓展6-10】

一般区间内发生事故救援原则

救援原则:采用清障法,将事故车吊移线路限界,尽快开通线路。

(1) 脱线车辆较少,颠覆程度较轻时。

如事故车台车完好,线路破损不严重,可对线路进行整修后,采用原线复轨法将事故车吊复上道,拉至站(段)内处理;如台车破损,直接将事故车和散件吊移线路限界,整修线路恢复后行车。

(2) 脱线车辆多,事故严重时。

①事故车侵入另一线数量较少,可采用清障法,用起重机将事故车吊至线路外,首先开通一线。

②侵线车辆多,两线完全中断时,起重机从一端开始作业,向另一端推进;线路和台车无破损,具备原线复轨条件时,可直接吊复上道,拉至站(段)内处理。

③线路和事故车破坏严重,不具备原线复轨条件,采用清障法,将事故车移出线路限界,整修线路,起重机向前推进作业,直至全部清除完毕,开通线路。

二、站内发生脱线事故的救援

救援原则:利用站线或侧线迅速开通便线,恢复行车,再根据事故情况采取不同方案进行起复作业。

1. 脱线车辆较少,救援作业不影响便线运行

(1) 尽量采取原线复轨法,利用起重机吊复。如线路和车辆条件允许,也可使用拉复法和顶复法进行作业。

(2)如线路破损严重,可用起重机将事故车吊移线路限界。如起重机作业幅度达不到要求,可将事故车移开后整修线路,再行复轨。

(3)若车辆破损严重,可用装车法将破损车辆及部件运走。

2. 线路条件复杂,作业环境恶劣

线路条件复杂,作业环境恶劣,一旦发生重载列车脱线事故,线路破坏将十分严重,一般无法采用拉复法和顶复法进行作业,主要使用起重机进行吊复作业。

【视野拓展6-11】

一般站内发生事故救援处理办法

救援原则:迅速开通便线,恢复行车,在不影响运行的情况下,根据线路和车辆状态,采取不同的方法起复。

脱线车辆较少,救援作业不影响便线运行时:

(1)尽量采取原线复轨法,利用起重机吊复;如线路和车辆条件允许,也可使用拉复法和顶复法进行作业。

(2)如线路破损严重,可用起重机将事故车吊移线路限界;如起重机作业幅度达不到要求,可将事故车移开后整修线路,再行复轨。

(3)若车辆破损严重,可用装车法调用平车将破损车辆及部件运走。

三、救援列车的开行

1. 救援列车出动流程

救援列车出动命令由调度指挥中心向救援列车值班人员及机辆分公司调度员下达,救援列车值班人员接到命令后,立即召集救援列车所有人员,车站值班人员应组织救援列车迅速开出。

(1)车站值班员:车站值班员接到司机或工务、电务、供电等人员的救援请求后,应立即报告列车调度员。需封锁区间派出救援列车时,列车调度员应向有关车站发布命令封锁区间,并派出救援列车。

(2)列车调度员:向封锁区间发出救援列车时,不办理行车闭塞手续,以列车调度员的命令作为进入封锁区间的许可。

当列车调度电话不通时,应由接到救援请求的车站值班员根据救援请求办理,救援列车以车站值班员的命令作为进入封锁区间的许可。

(3)司机:司机接到救援命令后,应认真确认。命令不清、停车位置不明确时,不准动车。

救援列车进入封锁区间后,在离被救援列车或车列2km时,要严格控制速度,同时,使用列车无线调度通信设备与请求救援的机车司机联系;或以在瞭望距离内能够随时停车的速度运行,最高不得超过20km/h,在防护人员处或压上响墩后停车,并按要求进行作业,使用列车无线调度通信设备与请求救援的机车司机联系。

2. 救援列车的出发或返回规定

救援列车的出发或返回均应通知列车调度员及对方站。若事故现场设有临时线路所,车站值班员应于发车前取得线路所值班员的同意。

3. 救援列车其他补充规定

在事故调查组人员到达前,站长或有关人员应随乘发往事故地点的第一列救援列车(分部运行时挂取遗留车辆的机车除外)到达事故现场,负责指挥列车有关工作。

【视野拓展6-12】

什么叫救援列车?

救援列车(图6-28)是为及时起复发生脱轨、颠覆等事故的机车车辆而设置的专用列车。为了保证发生事故后能迅速出动,救援列车应停放在固定线路上,要求两端均能开入区间。救援列车编组中应有工具存放车、抢险人员宿营车和现场指挥车等,尾部则是一台巨型的铁路起重机和一节摆放吊臂的平车,用于将脱轨、颠覆的火车车厢和车头起吊复位。起重机臂长能达到21m左右,起升高度能达到15m左右,约五层楼高,最大能起吊160t的重物,专门应对列车脱轨等突发铁路事故的救援任务。

图6-28 救援列车

【拓展知识】

朔黄铁路2万t重载列车的安全管控

截至2021年3月8日18:00,国家能源集团朔黄铁路2万t重载列车实现安全开行五周年,累计开行51029列,完成煤炭运输任务6.2亿t。

2万t重载运输安全是基础,朔黄铁路以安全管控为重点,夯实重载基础,主要从以下几个方面进行安全管控:

一是构建双控机制安全管控制度体系,通过持续开展危险源辨识,加强风险宣传贯彻,定期组织开展座谈会、交流会、专项培训等,不断提升全员安全意识及敬畏意识。

二是建立健全规章制度,先后编制和完善了2万t重载运输18项管理制度及9项业务通知,逐步构建2万t重载运输管控标准,实现重载运行有章可循、有规可依、有标可查。

三是扎实开展隐患排查治理,结合重载典型案例,开展2万t重载运输安全专项整治及违章清筛等活动,系统梳理24项管控重点及30项专项整治工作,并逐项解决和落实,有效降低2万t重载运输安全风险。

四是强化重载数据分析,每日持续从运用数据、乘务员作业、设备质量、专题分析等方面开展2万t重载运输专项数据分析,利用趋势、对比、交叉分析,深挖数据背后客观规律,查找存在倾向性问题,实现数据分析结果集中整合,为2万t重载运输安全管控提供科学数据支撑。

五是通过加大现场添乘频次,实行监控文件、安全因素百分百分析等,全面提升现场安全管控能力。

班级：_____ 姓名：_____ 学号：_____ 日期：_____

任务实施

模块六　学习任务单

知识认知	1. 车辆运行安全监测系统包括哪些子系统？并分析各子系统的工作原理。 2. 铁路供电安全检测监测(6C)系统包括哪些子系统？各子系统分别有什么作用？ 3. 什么叫列尾装置？其有什么作用？ 4. 货运安全设备有哪些？分别有什么作用？ 5. 重载列车运行途中区间被迫停车该如何处理？ 6. 重载列车在区间发生脱轨事故该如何救援？ 7. 救援列车开出的流程是什么？出发和返回有哪些规定？
能力训练	1. 请查找资料，分析我国哪些重载铁路安装了车辆运行安全监测系统。 2. 根据所学知识，分析列尾装置的产生原因。 3. 请查找资料，列出我国重载列车开行途中发生的安全事故及处理的案例。（至少1个） 4. 请查找资料，列出我国重载列车发生重大事故需要开行救援列车的案例。（至少1个） 5. 请查找资料，列出我国重载列车由于自然灾害发生的事故案例。（至少1个）

 **任务评价**

任务评价表

评价指标	组长评价	自我评价	教师评价
1. 知识学习效果			
2. 能力目标达成度			
3. 素质提升效果			
本模块最终评价			
个人总结与反思			

注：组长评价、自我评价、教师评价和本模块最终评价可采用等级表示，如优、良、中等、及格、不及格。

模块七

重载铁路运输组织案例

1. 知识目标

(1) 掌握朔黄铁路技术指标、运行概况、运营情况及万吨运输组织模式；

(2) 掌握大秦铁路技术指标、建设和运行概况、运营情况及万吨运输组织模式。

2. 能力目标

(1) 能够描述朔黄铁路万吨运输组织模式；

(2) 能够描述大秦铁路万吨运输组织模式。

3. 素质目标

(1) 具有文献检索和资料分析、总结能力；

(2) 具有对新知识和新技术的学习能力；

(3) 具有团队沟通协作能力；

(4) 具有大局观及安全责任意识；

(5) 热爱铁路行业的相关工作。

建议课时

4课时。

模块导读

国家能源集团作为我国规模最大、现代化程度最高的煤炭企业和世界上最大的煤炭经销商，其运营的铁路里程仅次于国铁集团。

铁路是国家能源集团一体化运营的重要组成部分，是其实现大销售、大物流战略的重要保障。经过多年的发展，国家能源集团铁路系统已具有一定的规模，成为我国"北煤南运、西煤东调"的第二大通道，包括包神铁路、神朔铁路、大准铁路、朔黄铁路、甘泉铁路、巴准铁路、准池铁路等铁路线。在这些铁路通道上，运行着大量的1万t、1.5万t、2万t重载列车。至2021年3月，朔黄铁路2万t重载列车安全运行5周年，积累了丰富的重载铁路运输组织的运营经验。

请阅读上述资料并查阅相关资料数据，总结分析国家能源集团开行重载列车的铁路线路,列举这些铁路线路可开行重载列车的牵引质量,并分析其铁路重载运输组织。

任务发布

请学习本模块内容,完成"任务实施"中本模块学习任务单。(本任务根据本模块部分学习目标设计。在实际教学中,教师可根据本模块学习目标,灵活设计学习任务。)

任务目标

(1)掌握朔黄铁路线路情况、货源来源情况、集疏运情况;
(2)掌握朔黄铁路列车的牵引编组模式;
(3)掌握朔黄铁路全线站场设置情况;
(4)掌握大秦铁路线路的特点;
(5)掌握大秦铁路煤炭来源及去向情况;
(6)掌握大秦铁路的牵引编组形式;
(7)掌握大秦铁路的货流及车流组织。

任务分组

建议学习者组建学习小组,共同完成相关任务。

姓　名	学　号	分　工	备　注
			组　长

任务准备

引导问题1　简要概述朔黄铁路情况。

引导问题2　朔黄铁路列车的牵引模式有哪几种?

引导问题3　朔黄铁路的天窗时间是如何设置的?

引导问题4　简述朔黄铁路隧道内事故救援处理办法。

引导问题5　简述桥梁上事故救援处理办法。

引导问题6　简述接触网下起复救援作业处理办法。

引导问题7　简要概述大秦铁路情况。

引导问题 8　简述大秦铁路的建设情况。

引导问题 9　简述大秦铁路的煤炭来源。

引导问题 10　大秦铁路万吨牵引编组形式有哪些？

单元一　朔黄铁路运输组织

一、朔黄铁路概况

(一) 朔黄铁路简介

朔黄铁路隶属于国家能源集团朔黄铁路发展有限责任公司,以起止点朔州和黄骅两地名首字"朔、黄"命名。其主要承担朔黄线、黄万线、黄大线(在建)的运营任务。朔黄线西起山西省神池县境内神池南站,东至河北省黄骅市黄骅港站,正线总长 589km,属国家Ⅰ级、双线、电气化重载铁路,共设 33 个车站,其中技术站 3 个。朔黄铁路作为国家能源集团运输通道的主干线,上游汇聚神朔、淮池的货物,途经山西、河北、天津、山东 3 省 1 市 9 区(市)30 县(市),与神朔、北同蒲、京广、京九等铁路干线接轨,形成以黄骅港、天津港、龙口港(在建)为出海口的"多线对一线、一线连三港"的路网格局。朔黄铁路(图 7-1)是继大秦铁路后中国"西煤东运"的第二条大通道。

图 7-1　朔黄铁路路线图

【视野拓展 7-1】

朔黄铁路地理概况

朔黄铁路自西向东,海拔差达 1527m,最大坡度为 12‰,最小曲线半径为 400m。全线围难地段位于神池南至肃宁北,线路横穿恒山、太行山山脉,地形、地质条件极为复杂,桥、隧相连,曲线半径较小,共有隧道77座,共66246m。其中,长梁山铁道隧道全长12780m,特大桥、大中桥164座,共41771.4m,桥隧长度占线路长度的25.7%。

(二)主要技术指标

(1)线路:Ⅰ级,双线;朔黄铁路全线为重型有砟轨道,钢轨上行重车方向为75kg/m区间无缝线路;下行线为有缝线路,采用25m长60kg/m标准轨。

(2)区段限制坡度:神池南—西柏坡,上行坡度为4‰,下行坡度为12‰;西柏坡—黄骅港,上、下行坡度均为4‰;全线无超限坡或动能闯坡地段。

(3)最小曲线半径:400m。

(4)牵引种类:电力。

(5)机车类型:神华号8轴机车(图7-2)、HXD_1、神华号12轴机车(图7-3)、SS_4型、DF_{4B}型。

图7-2 神华号8轴机车

图7-3 神华号12轴机车

(6)到发线有效长(度):2800m、1800m、1050m。

①神池南、肃宁北、黄骅港站为技术站,到发线有效长(度)均为2800m,具备万吨级列车的组合(分解)作业条件。

②原平南、东冶、小觉、西柏坡、定州西、沧州西、黄骅南等中间站,设有2800m长度到发线,具备万吨级列车的组合(分解)功能。如沧州西站可利用具有腰岔的2800m到发线进行电厂的空车组合作业及万吨级列车分解作业。

(7)列车编组。

①普通货物列车:C_{64}车,66辆;C_{70}车,58辆;C_{70E}车,58辆;C_{80}车,54辆。

②万吨货物列车:C_{64}车,132辆;C_{70}车,116辆;C_{80}车,106辆;KM_{98}车,104辆。

③1.6 万 t 货物列车：C_{80} 车 108 辆 + C_{64} 车 66 辆；C_{80} 车 108 辆 + C_{70} 车 58 辆；C_{80} 车 108 辆 + C_{80} 车 54 辆。

④2 万 t 货物列车：C_{80} 车，216 辆。

(8) 牵引质量：普通货物列车 6000t；万吨货物列车 1.16 万 t；1.6 万 t 货物列车 1.6 万 t；2 万 t 货物列车 2.16 万 t。

(9) 闭塞类型：自动闭塞，移动闭塞。

(三) 运营状况

朔黄铁路是我国"西煤东运"第二通道，设计为国家级Ⅰ级干线、双线电气化铁路，重载路基，设计年运输能力近期 6800 万 t，远期 1 亿 t，于 1997 年开工建设，2002 年 11 月全线建成开通。

2000 年 5 月 18 日开通运营至今，朔黄铁路保持了年运量持续增长千万吨的速度，已累计运送煤炭等货物 24 亿余吨，实现运输收入 1600 多亿元。

2006 年 12 月，年运量突破 1 亿 t，提前 6 年达到路线远期设计年运输能力，成为继大秦铁路、神朔铁路、侯月线后的第四条年运量超亿吨的铁路。2006—2012 年，国家能源集团朔黄铁路发展有限责任公司实施年运量 2 亿 t 扩能改造，以提升运输能力、加大科技创新、开行万吨列车、优化运输组织、提高运输效率。

2009 年 10 月 15 日，首列万吨组合列车平稳驶出神池南站，朔黄铁路正式跨入重载铁路运输行列。

2012 年 12 月 27 日，一列编组 C_{80} 型 216 辆、总重 2.16 万 t、列车总长为 2720m 的神华 2 万 t 重载试验列车，从朔黄铁路神池南站出发缓缓驶入肃宁北站，标志着朔黄铁路首列 2 万 t 重载列车开行成功。

2013 年 6 月 18 日，涉及 13 个车站技术改造的 3.5 亿 t 扩能改造主体工程全部完成，全线万吨车站增至 10 个，接车能力大幅提升；同年 11 月 6 日，朔黄铁路年运量首次突破 2 亿 t。

2014 年 9 月 29 日，搭载新型无限宽带通信系统开行了 30t 轴重 2.5 万 t 重载列车，首次将第 4 代无线通信(4G)技术应用在重载铁路领域。

2015 年 1 月 11 日，开行交、直流机车"1 + 1"模式牵引 174 辆 C_{80} 型货车 1.74 万 t 重载组合列车。

2016 年 3 月 9 日，正式开行交流机车"1 + 1"模式牵引 216 辆 C_{80} 型货车 2 万 t 重载列车，目前已形成常态化开行，日均开行 25 对，最高日均开行 39 对。

朔黄铁路自开通运营以来，运量每年以千万吨级增长，2015 年朔黄铁路通过运量为 2.15 亿 t，2016 年通过运量为 2.55 亿 t，2017 年约为 3.1 亿 t。2021 年 3 月 8 日，朔黄铁路 2 万 t 重载列车常态化安全开行五周年，累计承担煤炭运输任务达 4.59 亿 t。自开通之日 2000 年 5 月 18 日至 2020 年 5 月 18 日，朔黄铁路已开通运营了整整 20 周年，累计运送煤炭等货物 33.86 亿 t。

【视野拓展 7-2】

朔黄铁路试验开行 3 万 t 重载列车

3 万 t 重载列车试验开行最佳编组方式为"1 + 1 + 1 + 1 组合编组"，即神 8 机车(主控) +

108辆C_{80}+神8机车(从控1)+108辆C_{80}+HXD_1型机车(从控2)+108辆C_{80}+SS_{4B}型机车(从控3),计长369.2m,车长4061m,总重32400t。

(四)朔黄铁路货源

朔黄铁路主要运输神木、东胜和榆林矿区的动力煤和无烟煤,除少量供应沿线电厂外,绝大部分运至黄骅港和天津港,供应国家能源集团在绥中、盘山和台山等地的发电厂或出口至亚欧多个国家。

朔黄铁路西端和沿线具有丰富的煤炭资源,国家能源集团旗下的神东煤炭集团公司、准格尔公司、包头能源有限责任公司均具有较强的煤炭生产能力,沿线地区也有丰富的煤炭资源,特别是准神铁路的建成,弥补了朔黄铁路集运系统的不足,货源进一步得到保证。朔黄铁路东端是快速发展的环渤海经济圈,具有丰富的岸线港口资源。随着黄万线、黄大线以及黄骅港扩能,天津港煤炭码头的建设,朔黄铁路的疏运系统将更加完善。同时,随着环渤海地区经济的快速发展和岸线资源的开发,货物回流运输的需求也必将增加。在远期规划中,朔黄铁路将不仅是"西煤东运"的铁路大通道,还将成为环渤海港区向内地辐射、延伸腹地的铁路大通道,成为东、中、西互动的重要桥梁。

(五)朔黄铁路集疏运情况

朔黄铁路上游集运线为神朔铁路和准池铁路,如图7-4所示。其中,神朔铁路为双线电气化Ⅰ级铁路,车站到发线有效长(度)为1800m,目前开行由2台直流机车牵引的普通列车(简称"2+0"普通列车)、由3台交流机车牵引的单元万吨重载列车(简称"3+0"单元万吨列车),以及由前部2台直流机车+中部2台直流机车牵引的组合万吨重载列车(简称"2+2"组合万吨列车);准池铁路为双线电气化Ⅰ级铁路,车站到发线有效长(度)为1800m,目前开行由1台直流机车牵引的普通列车和由2台直流机车牵引的单元万吨重载列车(简称"1+2"单元万吨列车)。朔黄铁路下游直达黄骅港,黄骅港拥有4台"O"形四翻式翻车机,具备万吨列车整列卸车条件。

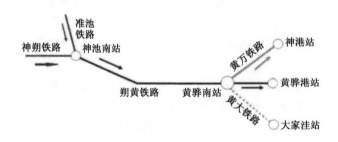

图7-4 朔黄铁路集疏运图

1. 集运通道

(1)包神铁路。

①甘泉线:北段(甘其毛都—金泉)铺画普通货物列车13对,南段(金泉—河西)铺画普通货物列车4对(南线),铺画通勤车1对。北线图定能力1700万t,南线600万t。

②塔韩线:铺画3对货物列车,图定能力450万t。

③包神北线:铺画31对货物列车,通勤车1对。图定能力4400万t。

④包神南线:东胜—大柳塔铺画货物列车80对,其中万吨列车30对,普通货物列车50

对(含非煤共线列车1对)。图定能力1.57亿t。

⑤神朔线:共铺画115对货物列车,其中万吨列车93对(其中单元万吨40对),普通货物列车22对(含非煤共线列车2对);朔西口铺画12对货物列车(其中万吨列车6对)。图定能力3亿t。

(2)新朔铁路。

①巴准线:单线区段(巴图塔—海勒斯壕南)普通货物列车16对,双线区段(海勒斯壕南—点岱沟)货物列车15对,其中万吨货物列车11对,普通货物列车4对(非煤共线)。反向铺画非煤货物普通列车4列。单线区段图定能力2600万t,双线区段图定能力4200万t。

②大准线:货物列车84对,其中万吨列车61对(其中大同—东口34对,准池27对),普通货物列车23对(含非煤共线列车4对,其中大同—东口2对,管内电厂17对,准池方向4对)。点岱沟至外西沟区段反向铺画非煤货物普通列车4列。双线区段图定能力2亿t,九苏木至燕庄单线区段(大同—东口)图定能力9500万t。

③准池线:货物列车33对,其中万吨列车29对(含管内自装2对),普通货物列车4对(含非煤共线列车4对)。反向铺画非煤货物普通列车4列。图定能力9300万t。

2.疏运通道

①朔黄线共铺画100对货物列车,其中2万t列车40对(含1.6万t共线),万吨列车40对,普通货物列车20对(含非煤共线列车6对)。反向铺画非煤货物普通列车14列。图定能力3.84亿t。

②黄万线共铺画40对普通货物列车,图定能力5500万t。

③黄大线共铺画13对货物列车,其中万吨列车7对,普通货物列车6对。图定能力2800万t。

二、朔黄铁路重载运输组织模式

1.列车的牵引编组模式

(1)"1+1"牵引编组模式,即1台SS_4型机车+58辆(66辆)+1台SS_4型机车+58辆(66辆)+列尾装置。"1+1"牵引机车连挂方式如图7-5所示,"1+1"牵引模式列车编组参数如表7-1所示。

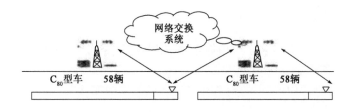

图7-5 "1+1"牵引机车连挂方式

(2)"2+0"牵引编组模式,即2台SS_4型机车+116辆(132辆)+列尾装置,列车编组参数如表7-1所示。

(3)"1+0"牵引编组模式,即1台HXD型机车+116辆+列尾装置。"1+0"牵引机车连挂方式如图7-6所示。"1+0"牵引机车连挂编组参数如表7-2所示。

"1+1"和"2+0"牵引模式列车编组参数　　　　　　　表7-1

编组辆数（辆）	车型	单台车辆自重（t）	载重（t）	车辆换长	整列自重（t）	总重（t）	整列换长
116	C_{80}	20	80	1.1	2320	11600	127.6
	C_{70}	23	70	1.2	2668	10788	139.2
132	C_{64}	23	63	1.2	3036	11352	158.4

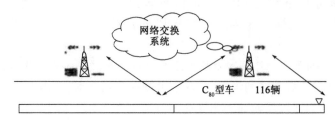

图7-6 "1+0"牵引机车连挂方式

"1+0"牵引机车连挂编组参数　　　　　　　表7-2

编组辆数（辆）	车型	单台车辆自重（t）	载重（t）	车辆换长	整列自重（t）	总重（t）	整列换长
116	C_{80}	20	80	1.1	2320	11600	127.6
	C_{70}	23	70	1.2	2668	10788	139.2

(4)2万t重载列车。

1台交流机车+108辆(C_{80}型)+1台交流机车+108辆(C_{80}型)+列尾装置。

2.列车运行组织模式

(1)开行区段。

上行方向:神池南—黄骅港。

下行方向:肃宁北—神池南。

(2)列车运行。

①"五定"列车要求。

万吨列车的开行按"五定"(定装车站、定卸车站、定机车、定车底、定运行线)班列办理,并纳入月度运输计划。在调度日(班)计划中确定万吨列车终到站和分解站,由列车调度员在阶段计划中组织实施。

②车次规定。

朔黄线以及黄万线郭庄子站(西柏坡电厂、定州电厂、沧州西电厂、李天木电厂、沧港铁路内除外)装、卸车车次前冠以"Y"。

黄万线到南环铁路管内卸车的列车在肃宁北站开车时车次前冠以"J",卸后空车车次前冠以"J"。

车次中,"Y"发"沿"音;"J"发"津"音。

列车肃宁北、西柏坡站列检完毕后,去掉车次前"Y""J"。

伊泰煤炭运输车次,在原车次前加"YT",发"伊泰"音。

蒙煤运输车次,在原车次前加"M",发"蒙"音。

车次中,"FM"发"非煤"音。

③列车追踪间隔时间。

朔黄铁路技术站普通货物列车追踪间隔时间为9min,万吨列车追踪间隔时间为12min,2万t列车追踪间隔时间为15min。中间站根据设备情况掌握列车追踪间隔时间。

(3)天窗时间设置。

冬季天窗时间:1月、2月、3月、11月、12月每周1次,每次3h。夏季天窗时间:4月、6月、7月、8月、9月每周2次,每次4h;5月、10月每周3次,每次4h。全年累计天窗时段91个,折合18天,年度运输时间为347天。

(4)机车交路。

由神池南至太师庄、河间、沧州西、李天木、黄骅港、黄骅南间列车本务机车采取长交路,神池南—肃宁北间列车本务机车采取短交路,神池南—定州西间列车本务机车采用立折交路。

5000t机车交路:由肃宁北机务段开出的电力机车,承担黄骅港站至东冶站间的半循环机车交路。

万吨机车交路:由神池南折返段开出的电力机车,承担神池南站至西柏坡站、定州西站及肃宁北站间的肩回机车交路。

2万t机车交路:由神池南折返段开出的电力机车,承担神池南站、原平南站、东冶站至肃宁北站、黄骅南站、黄骅港站及黄大线肩回机车交路。

3. 全线站场设置

朔黄铁路西起山西省神池县神池南站,东至河北省黄骅港口车场,设有33个车站。其中,区段站4个,其余29个为中间站。朔黄铁路车站除黄骅港口车场外,其余均为横列式站型,其中原平南、西柏坡站等9个中间站可满足2万t级列车停靠,其余车站到发线有效长(度)为1050m,到发线有效长(度)范围内站坪坡度均小于或等于1.5‰。

【视野拓展7-3】

朔黄线33个站点

朔黄线站点分别为神池南、宁武西、龙宫、北大牛、原平南、回风、东冶、南湾、滴流蹬、侯刻、小觉、古月、西柏坡、三汊、灵寿、行唐、新曲、定州西、定州东、安国、博野、蠡县、肃宁北、太师庄、河间、行别营、黎民居、杜生、沧州西、李天木、黄骅南、段庄、黄骅港。

【视野拓展7-4】

沿线万吨、2万t列车停靠

朔黄线共有原平南、西柏坡站等9个站设有万吨列车停靠到发线路。该9个站2800m和1800m有效长(度)的到发线分别为82条(上行37条、下行45条)和8条(上行4条、下行4条)。在朔黄铁路3.5亿t运量重载下,朔黄铁路上运行列车数约为43对/日,其中2万t列车9对/日,万吨列车33对/日,普通列车1对/日。

4. 车站到发线使用原则

(1)神池南站:改造后6道、Ⅳ道及三局整备线为接发万吨列车重车到发线,改造后25

道、26道及牵出线(部分)为接发、组合万吨列车空车到发线。

(2)肃宁北站:既有重车场11道、12道、13道和联2线为接发万吨列车重车到发线。既有空车场13道、14道、15道和联Ⅰ线为万吨列车空车组合线。

(3)各中间站:朔黄线回风、东冶、南湾、小觉、西柏坡、定州东、博野、蠡县、太师庄、河间、杜生、沧州西、李天木、黄骅南14个车站进站信号机外方300m内为坡度小于或等于1‰坡道,上述中间站在天窗点前具备列车停车条件。

5. 神池南站通过能力

神池南站西咽喉神朔、准池方向列车可实现平行进路接车,且神朔方向列车可实现联3线、联4线交替接车;东咽喉也可联2线、联5线交替使用同时发车。咽喉能力满足未来5亿t车流通过要求。

神池南站重车场到发线有12条,根据现有技术设备和作业方法,一条到发线一昼夜可办理普通列车18列(4道、6道)、组合万吨列车9列(7道、9道、10道、12道、13道)、2万t列车6列(15道、16道、18道、19道、21道),则神池南站到发线能力为每昼夜办理2万t列车30列、组合万吨列车45列、普通列车36列。

6. 港口站卸车能力

黄骅港站列车站停技术作业时间见表7-3。由表7-3可以看出,黄骅港站卸车作业从对位到重新编组完毕(卸车机占用时间)约为143min。神港站现有翻车机4台,黄骅港站现有翻车机13台。在不考虑翻车机检修率的情况下,神港站年卸车能力约为0.57亿t,黄骅港站年卸车能力为1.85亿t,神港站和黄骅港站年总卸车能力约为2.42亿t。

黄骅港站列车站停技术作业时间表　　表7-3

顺序	作业项目	作业时间(min)									
1	港前—港口Ⅰ场运行	13.4									
2	技检(重)		13.0								
3	挂车试风(重)			8.2							
4	Ⅰ场—Ⅱ场				10.8						
5	机车转线					9.3					
6	对位						14.3				
7	卸车							96.8			
8	编组								31.5		
9	清煤									29.8	
10	挂车试风(空)										9.8
11	港口—港前运行										21.0
12	技检试风(空)										45.7
	总计	303.6									

此外,黄骅港站到达重车对位卸车前以及卸车完毕重新编组后,需进行人工列检作业,延长列车站停时间约58.7min。

三、朔黄铁路事故应急救援

1. 朔黄公司救援队设置

朔黄铁路发展有限责任公司下设线路检测和救援中心,设救援列车基地,全线设 10 个区域救援队,共有专、兼职救援人员 431 人。救援队以救援列车为核心,一、二级区域救援队以辅助的方式组成,形成专业与站区相结合,彼此呼应、协同作战的应急救援网络。

2. 事故救援的重点和难点

事故发生的地点是不确定的,可能在直线上,也可能在曲线上;可能在桥梁上,也可能在隧道内。起复救援工作从难、从严、从实际出发,选择特殊地段事故救援作为重点和难点,特殊地段主要包括隧道内、桥梁上、接触网下、小半径曲线及高路堑和坡道上。

3. 事故救援的具体处理办法

特殊地段起复救援方案应遵循的基本原则:一是尽快将能运行的其他车辆拉到两端就近车站,以便救援列车或其他救援机具尽快赶到事故现场;二是尽快接通通信线路及事故现场照明;三是隧道内的事故车辆绝对不能卸车,桥梁上、接触网下的事故车辆可根据实际情况确定是否需要卸车,以减少起复作业中的困难。

(1)隧道内事故救援处理办法和安全注意事项。

①隧道内事故救援处理办法。

事故发生在隧道内时,受空间范围的限制,轨道起重机的作用很难发挥,应根据事故现场机车、车辆的具体状态,采用牵引、复轨、解体、破拆等方法进行救援,优先采用拉复或顶复方法。

a. 拉复。

当事故机车车辆脱轨不严重、台车未散架时,可优先考虑使用复轨器进行拉复,尤其是空车,拉复快。拉复一辆就牵出一辆,依次起复。

b. 顶复。

一般当脱轨机车车辆破损不严重时,可以使用顶复方法(根据事故车自重选择最佳顶复设备),如果台车未散架,则直接顶复;如果台车散架,则可考虑顶起后将散架台车拖出线路,使用拼装式台车复轨并将事故车拉出隧道;如果脱轨车辆倾斜,应先使用顶镐扶正,然后顶复或用拼装式台车将事故车拉出隧道。

c. 吊复。

受隧道内空间范围的限制,在双线隧道内可使用伸缩臂轨道起重机进行作业,但要考虑好吊机的转向问题,在隧道外必须将吊机吊臂朝向隧道内转好,吊机前不得挂平车;在隧道内使用吊机作业时,吊机的羊角钩、吊车钩或挂端梁、边梁进行作业;吊机在隧道内起吊事故机车、车辆,打 4.8m×11m 支腿或打均载油缸,必须是平臂(吊臂基本不升或倾斜升起极小)。

d. 牵引拖出。

当台车全部散架,又无拼装式台车或无法使用拼装式台车复轨时,可以将事故车拖出隧道,尤其当距离洞口不远时,拖出后使用起重机进行吊复轨、装车、吊移或翻车清除障碍。

②隧道内事故救援安全注意事项。

一是在隧道内发生火灾、爆炸时,若灭火困难,则先堵洞口灭火,然后戴防毒面罩进行救援作业。二是当事故点出现有毒气体泄漏时,禁止救援人员贸然进入,并向现场总指挥请示要求消除泄漏毒气后,才准救援人员戴好防毒面罩进入。三是当发现事故车辆有放射性物质时,禁止救援人员贸然进入,并向现场总指挥请示要求消除放射源,并做好使救援人员不受放射伤害措施后,才能让救援人员进入现场。四是当事故现场发现酸等腐蚀性物质时,要求救援人员戴好口罩、防酸手套并穿好防酸鞋后才能进入事故现场。五是吊机挂好配重,打均载油缸,推进或拉进,起吊前确认力矩限制器显示的数据。六是作业时指挥人和司机密切配合,动作应缓慢,防止发生误动作,造成设备事故。

(2)桥梁上事故救援处理办法。

事故发生在桥梁上时,因受两边钢架限制,起重机不能旋转也不能打支腿,所以起重机在桥梁上救援受到限制,一般优先采用拉复,顶复次之,吊复只能直吊。

①拉复。

一是脱轨机车、车辆接近桥头时,可将枕木之间的空隙用石砟填满,将事故车拉出桥头,安装复轨器进行拉复。二是脱轨在桥中部距两头都很远,脱线一个台车时,可在事故车前方安装"人"字形复轨器进行复轨,车轮前方填满石砟,稍高于轨面,进行拉复。

②顶复。

一是当脱轨机车车辆破损不严重时,可以进行顶复(根据事故车自重选择最佳顶复设备),如果台车未散架,则直接顶复;二是如果台车散架,则可考虑顶起后,将散架台车拖出线路,使用拼装式台车将事故车复轨;三是对于没有起复价值的事故车辆,可根据方案,顶翻清除障碍(顶翻车辆时,必须征得现场总指挥、桥梁专业人员的同意,在不损坏桥梁的前提下进行),开通线路。

③吊复。

一是空车在桥梁上轻微脱轨,台车没有散架时,可使用起重机进行直吊,但回转角度不得大于±10°,且不在曲线上作业。二是轨道起重机上桥梁作业前,做好各项准备工作,挂好配重,打均载油缸,机车连挂。三是可考虑使用桥墩对起重机前部进行支腿(左右),如桥不高,可考虑采用从地面打枕木跺的方式对起重机进行支腿。

(3)接触网下起复救援作业处理办法及注意事项。

①接触网下起复救援作业处理办法。

接触网下救援受空间限制,使用起重机起复很难发挥作用,如果停电、拆网,则对铁路运输秩序影响太大。因此,在接触网下优先采用拉复、顶复方法。

a.拉复。

同正常拉复作业处置方案。

b.顶复。

一是若线路无损坏,台车完好,利用专用索具将事故车捆绑牢固,使用横移机具将事故车一端顶起,轮缘过轨面,然后使用横向镐进行移动,落镐复轨。二是如一组台车破损不能起复,应用液压起复设备将事故车辆顶起,将破损的台车清除后,组装简易台车,将事故车放在简易台车上,维持运行,开通线路。

c.吊复。

若机车台车未散架,可采用邻线整吊,将事故车与台车利用专用索具捆绑牢固,支撑梁支撑、挂好相匹配的吊绳,按照吊复作业处置方案程序进行作业。也可以采用单端起吊,采用与吊钩头相匹配的吊绳兜挂钩脖或使用钢丝绳,钢丝绳两端用"U"形卸扣锁闭牢固兜挂钩脖,将相匹配的2根吊绳分别挂于机车两侧承吊销;调整吊臂(二节臂伸出约1/3),以使羊角钩高于机车头灯为宜。

②接触网下起复救援作业注意事项。

一是未接到停电命令,不得动用轨道起重机,严禁爬上事故车顶部;二是拆解承力索和吊弦,把接触网拉向一侧,必要时拆除接触网,为吊机作业创造空间;三是起重机起吊、回转作业时,防止碰撞接触网杆及其他障碍物;四是使用长大工具,与接触网必须保持2m以上距离;五是严禁在接触网下抛掷绳索;六是因事故车破损严重需拉翻时,应和事故车辆保持足够的距离;七是拉车复轨前,应在脱线轮对与复轨器之间铺垫石砟,拉车复轨时,用力不宜过猛,速度不宜过快,人员应远离事故车辆,以防意外伤人;八是使用千斤顶作业时,随着千斤顶的起降,应随时用枕木将事故车辆垫好,以防倾倒伤人。

单元二 大秦铁路运输组织

一、大秦铁路概况

1. 大秦铁路简述

大秦铁路是我国第一条电气化双线重载铁路,是太原铁路局集团公司管辖的一条重载煤运专线,承载着我国"西煤东运"的艰巨任务,西起大同韩家岭站,东至秦皇岛柳村南站,纵贯山西、河北、北京、天津两省两市,全长653km,承担着山西北部、内蒙古西部、陕西北部等地区煤炭的外运任务。大秦铁路有以下特点:

(1)运输及站间距离长。

大秦线西起大同地区的韩家岭站,东至秦皇岛地区的柳村南站,全长653km。全线设23个车站,站间距平均达28km,化稍营至涿鹿站间距离达53km。

(2)地理条件和线路环境复杂。

大秦线多山区、多隧道、多曲线,全线共有隧道48座,总长65.8km。重车方向有2段长大下坡道,一段线路长度为47km,平均坡度达8.2‰,一段线路长度为50km,平均坡度达9.1‰,最大坡度达12‰,是大秦线重载运输最困难区段。

(3)运输密度大。

大秦线担负着全国六大电网、五大发电公司、380多家主要电厂、十大钢铁公司和6000多家工矿企业的生产用煤和出口煤炭运输任务,煤炭运量约占全国铁路煤运总量的1/7。

(4)集疏运系统复杂。

装卸车地点包含大秦本线及相关北同蒲线、云支线、口泉线、宁岢线、平朔线等众多站点,车流来源和去向分散,连接京秦、京承等多条联络线。装卸作业有人工、筒仓、装载机、翻车机等方式,是世界上最为复杂的装卸系统之一。

【视野拓展7-5】

大秦铁路集疏运路线

大秦线西端分别与京包线古店站、北同蒲线韩家岭站、大准线大同站、云支线小站站、口泉支线平旺站接轨；东端分别与京哈线秦皇岛东站、沈山线柳村南站接轨；中部分别与京承线高各庄站、津蓟线蓟县西站、迁曹线迁安北站接轨。

2. 主要技术指标

(1)线路等级：Ⅰ级；

(2)正线数目：双线；

(3)最小曲线半径：一般800m，困难400m；

(4)牵引种类：电力；

(5)限制坡度：重车方向4‰，空车方向12‰；

(6)机车类型：8K、SS_4（图7-7）、HXD_1（图7-8）、HXD_2、SSG_4（韶山4型改进型）；

(7)车辆类型：C_{80}（图7-9）、C_{70}（图7-10）、$C_{63}/C_{62}/C_{64}$、C_{80E}、C_{76}等；

(8)到发线有效长(度)：有4个车站股道有效长(度)为1050m、5个车站股道有效长(度)为1700m、14个车站股道有效长(度)为2800m；

(9)闭塞类型：四显示自动闭塞；

(10)技术特殊要求：大秦线由于地处山区，多隧道，不利于无线信号传输，同时要面临列车在长大下坡道如何保证列车再充风时间，实现平稳操纵和运行安全问题。列车编组长度和辆数是影响列车再充风时间的重要因素，必须采取相应的行车组织措施减少再充风时间，避免由于充风不足导致制动力减弱。

图7-7　SS_4型机车

图7-8　HXD_1型机车

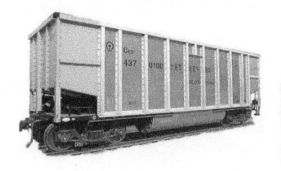

图7-9　C_{80}型车辆

图7-10　C_{70}型车辆

3. 建设情况

大秦铁路始建于1985年,大秦铁路地质情况较为复杂,尤其是桑干河峡谷地段,河道曲折、山势较陡、地形险峻;全线60%的线路穿越山区,桥梁、隧道占线路总长的21%(桥梁384座,隧道48座),曲线占27%,线路最大坡度为12‰,工程量巨大,全线分三期建成。

一期工程由韩家岭站到大石庄站,经联络线接入京秦铁路,其后在秦皇岛站西方区间出岔,经新建的大秦铁路本线东部末端约20km后引入秦皇岛三期煤港,正线全长410.8km,基建投资为37.8亿元。1985年元旦开工,1988年年底与部分建成的晋北煤炭装车点和秦皇岛港三期煤码头同步具备装卸能力,1988年12月28日开通运煤。

二期工程于1988年6月开工,自大石庄站,经天津、遵化、迁安、抚宁等至柳村南站的三期煤码头,正线全长242km,基建投资为27.5亿元。工程于1992年年底开通后,运煤列车从大同经大石庄,直达秦皇岛港三期煤码头,不再绕行京秦铁路。

三期工程为年运输能力达1亿t配套工程,1995年开工,至1998年完成,建设投资5.5亿元。通过扩建湖东编组站、茶坞区段站,增建秦皇岛、大同枢纽疏解线和联络线,完善通信、信号、电力、给排水等配套工程,使大秦铁路达到1亿t的运输能力。

2002年,大秦铁路煤炭运量达到1亿t设计能力。为适应运量增长的需要,2004年大秦铁路开始进行2亿t运量的扩能改造。

2007年,大秦铁路煤炭运量达到3.038亿t。为缓解运能紧张的状况,大秦铁路又开始启动运量4亿t的整体扩能改造。

2010年,大秦铁路实现了煤炭运量4亿t的宏伟目标,2014年4月2日大秦铁路3万t组合列车运行试验顺利完成。

【视野拓展7-6】

重载组合3万t列车成功开行

2014年4月2日,注定是一个被载入我国铁路发展史册的日子。这一天,大秦铁路重载组合3万t列车运行试验取得成功。当日18:56,由4台SS_4型电力机车牵引编组320辆、总长8971m、牵引总重量为3万t的试验列车在安全运行12小时25分钟后顺利到达终点站柳村南站。这标志着我国铁路重载技术创新取得重大突破,成为我国铁路重载运输发展史上一座新的里程碑。

4. 运营情况

(1)缓慢发展期(1992—2002年)。

主要开行5000t级货物列车,采用循环直达组织形式,空车大部分原列折返。1992年大秦铁路完成运量4259.9万t,并以年平均13.4%的速度递增;2001年完成运量9271.8万t,2002年运量首次突破亿吨大关,达到1.0339亿t,实现初始设计能力。

(2)快速发展期(2003—2007年)。

主要开行1万t、2万t列车。单元万吨列车从1993年试验到2003年大量开行,组合万吨列车从2004年4月试验至同年6月正式开行,2万t组合列车从2004年11月试验至

2006年3月开行;到2008年,大秦铁路图定计划已没有低于1万t级的列车编组。2003年完成运量为12369万t,2004年为15289万t,2005年为20300万t,2006年为25300万t,2007年达到30380万t,年平均递增25.2%,相当于年平均递增4500万t。

(3)向年运量4亿t冲刺期(2008—2011年)。

主要开行2万t、万吨列车,行车密度大幅增加。2008年完成运量3.4亿t,2009年完成运量3.8亿t,2010年运量突破4亿t,2011年运量达到4.4亿t,完成冲刺目标。

(4)平稳发展期(2012年至今)。

2014年运量达4.5亿t,日均运量达123万t。2017年完成运量4.323亿t,同比增加8113万吨;2018年完成运量4.51亿t;2019年完成运量4.31亿t。

大秦铁路开通至今,以不足中国铁路运营总里程8‰的长度,完成了全路1/10的货物发送量、1/5的煤运量,累计运输煤炭60亿t。大秦铁路运量创造了单条铁路重载列车密度最高、运输能力最大、增运幅度最大、运输效益最佳的世界纪录,创造了世界重载运输史上的惊人业绩,成为世界铁路重载的发展典范。

【视野拓展7-7】

4.5亿t煤炭是什么概念?

4.5亿t煤炭,是世界公认的单条铁路年运量极限2亿t的2.25倍,目前世界上还没有哪一条重载铁路的运量能达到这样的水平。

4.5亿t煤炭,可为国家生产2.5亿t钢铁或3亿t化肥,可满足全国4.5亿城镇居民1年的生活用电。

4.5亿t煤炭,用C_{80}型货车连挂在一起,可绕地球1.8圈。

5. 大秦铁路煤炭来源

大秦铁路的煤炭主要来自山西、内蒙古、陕西。我国埋深在1000m以内地层的煤炭总资源量为2.6万亿t,其中,新疆、内蒙古、山西和陕西占了全国煤炭资源总量的81.3%,而在煤炭输出中,又以"三西"地区为主。大秦铁路输送的货源,主要来自"三西"地区的北同蒲线、云岗支线、口泉支线和地方铁路大准线、神朔线等。

国家能源局公告显示,截至2018年年底,在全国3373处生产煤矿中,山西、陕西、内蒙古共有生产煤矿1204处,生产能力占全国生产能力的64%;在全国1010处开工建设煤矿中,山西、陕西、内蒙古共开工建设煤矿511个,新增产能占全国新增产能的56%。内蒙古自治区鄂尔多斯市、山西省大同市、长治市、陕西省榆林市生产能力较强。目前,全国证照齐全的千万吨级煤矿共有41个,山西、陕西、内蒙古有35个,占比85.4%。其中,山西有7个,主要分布在大同、朔州地区;内蒙古自治区有17个,主要分布在鄂尔多斯、锡林郭勒盟、通辽、呼伦贝尔地区;陕西有11个,全部在榆林地区。全国已核准开工建设的千万吨级煤矿共有19个,山西、陕西、内蒙古有17个,占比89.5%。其中,山西有2个,分布在大同、吕梁地区;内蒙古自治区有10个,主要分布在鄂尔多斯、锡林郭勒盟;陕西有5个,全部在榆林地区。在未来很长一段时间内,"三西"地区仍是煤炭生产、开发和运输的重点地区。

6. 大秦铁路煤炭货源流向

大秦铁路承担全国主要发电厂、钢铁公司与生产企业的用煤、出口煤的运输任务。煤炭到达秦皇岛码头后,经海运送往华东、华南沿海和沿江内陆 26 个省(区、市)的 33 个装卸煤码头。出口韩国、日本、东南亚国家的优质煤占大秦铁路出口煤总量的 86%。大秦铁路货源具体流向见图 7-11。

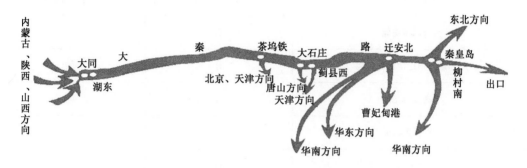

图 7-11 大秦铁路货源流向示意图

二、大秦铁路万吨级列车运输组织

1. 大秦铁路万吨级列车主要牵引编组形式

(1)重载组合 2 万 t 列车。

HXD_1 机车 + 105 辆 C_{80} + HXD_1 机车 + 105 辆 C_{80} + 可控列尾。

(2)重载组合 1.5 万吨列车。

①HXD_1/HXD_2 机车 + 108 辆 C_{70} + HXD_1/SS_4 机车 + 54 辆 C_{70}/48 辆 C_{80E} + 可控列尾。

②HXD_1/HXD_2 机车 + 105 辆 C_{80} + HXD_1/SS_4 机车 + 54 辆 C_{70}/48 辆 C_{80E} + 可控列尾。

(3)重载单元 1 万 t(含 1.2 万 t)列车。

HXD_1/HXD_2 机车/(双)SS_4 机车 + 105 辆 C_{80}/105 辆 C_{76}/108 辆 C_{70}/120 辆 C_{62}/120 辆 C_{64} + 普通列尾(可控列尾)。

(4)重载组合 1 万 t 列车(可根据"前多后少"的原则进行组合)。

SS_4 机车 + 60 辆 C_{62}/60 辆 C_{64}/54 辆 C_{70} + SS_4 机车 + 54 辆 C_{70}/60 辆 C_{62}/60 辆 C_{64}。

注:以上编组形式除 1.5 万 t 外亦适合重载列车空车。

【视野拓展 7-8】

大秦线可控列尾装置与普通列尾装置的区别

(1)可控列尾司机控制盒具有发送制动指令的功能,即可控列尾司机控制盒可根据机车、均衡风缸的变化向可控列尾主机发送制动指令;而普通列尾司机控制盒只具备查询风压和异常情况下的排风功能。

(2)可控列尾主机具有排风量可控的同步排风制动功能。可控列尾主机的电磁阀是可控的,可以根据机车发送的制动指令按照车辆制动的要求进行常用制式减压的排风动作,减压量可以根据机车的排风指令而定。

(3)可控列尾装置的信令传递通道使用大秦线 GSM-R 网络,具有实时性好、盲区少(基本无盲区)和数据集中管理功能;而普通列尾使用传统的 400MHz 或 800MHz 传输方式,在地形不好区段有较多的盲区。另外,在编组站由于使用单一频点,干扰比较大。

可控列尾装置与普通列尾装置区别如表 7-4 所示。

可控列尾装置与普通列尾装置区别　　　　表 7-4

功能及性能	可控列尾装置	普通列尾装置
查询风压功能	有	有
尾部风压不正常报警功能	有	有
强制排风功能	有	有
可控排风功能	有	无
定时自动报风压功能	有	无
有无通信盲区	基本无	有
万吨列车以上是否需要挂中继器	不需要	需要
各列车间信号是否互相干扰	无干扰	有干扰
可否监控列尾主机运行情况	可以	不可以

【视野拓展 7-9】

可控列尾装置组成及工作原理

(1)可控列尾装置整套系统有 4 大组成部分:
① 机车部分;
② 网络部分(GSM-R 网络及 AN 节点控制器);
③ 可控列尾主机;
④ 监测系统。

(2)可控列尾装置的工作原理及流程。

当司机需要制动时,操纵机车制动机减压,这时均衡风缸压力及主风管压力通过机车运行监控装置的 RS485 接口送到列尾装置司机控制盒中,经过判断后,司机控制盒将减压的信息(包括减压起始时间及减压量等),通过 RS422 接口送到机车 GSM-R 数据处理中心(OCU),OCU 通过 GSM-R 网络及 AN 交换节点与挂在列车尾部的可控列尾主机中的 GSM-R 数据处理模块(TCU)进行数据交换,TCU 将相关数据通过 RS422 接口送到列尾主机控制单元,控制单元根据机车输来的减压信息通过可控电磁阀进行排风、减压。这样,就完成了机车与可控列尾装置同步减压操作,达到列车头尾同时开始制动的目的。可控列尾装置的工作原理及流程如图 7-12 所示。

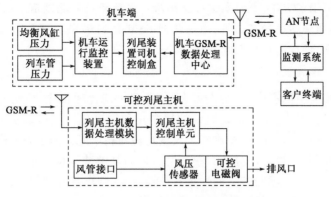

图7-12 可控列尾装置的工作原理及流程

【视野拓展7-10】

可控列尾装置常见故障

(1)在列车运行途中司机查询不到列车尾部风压。

此类故障绝大部分都是由牵引变流控制系统(TCU)模块松动导致虚接造成的。可控列尾主机中TCU模块是负责数据传输的单元,主要使可控列尾主机与GSM-R网络建立关系并传输相关数据。TCU模块由于受单元结构限制,该模块里的控制单元板采用插板连接方式,插入后用封胶固定。列车运行途中列尾主机受到长时间高强度振动,造成TCU模块控制单元板连接松动虚接,导致司机查不到列车尾部风压。

2011年1月3日,P77037次列车运行至大同—阳原间,因查询不到列车尾部风压,司机要求在阳原站内停车处理,于13:55停于阳原站4道,维修人员到达现场处理后,列车于23:05开车。

(2)可控列尾电池运行中电量报警或忽然断电。

造成此类故障的主要原因如下:一是可控列尾装置只安装1个电池盒,电池盒内部由2组电池组成,列车运行中列尾主机需要2路同时供电,2组电池额定总容量为17Ah,但设备厂家生产的电池在实际运用当中,有个别电池盒出现一路供电、另一路不供电的现象。在一路不供电的情况下,另一路承担两路供电,致使电池低电压报警。二是通过技术人员对2台可控列尾主机的分解式检查,发现电池安装处电池触点与主机主控板触点不在同一中心线上,位差1.5mm,随着可控列尾装置使用中长时间高强度的振动,触点与触点之间会发生接触不良现象。

2011年1月8日,77091次列车运行至下庄—茶坞间因列尾电量报警3%,查询列尾正常,司机向茶坞站汇报后,6:04停于茶坞站2道,车站更换列尾电池试验正常,于6:11开车。同年1月18日,77089次列车运行至下庄—茶坞间因可控列尾电量不足(0~20%),17:46停于茶坞站2道,车站更换列尾电池后试验良好,于18:05开车。

可控列尾电池运行中电量报警或忽然断电均为隐性故障,在列尾主机检测、电池充电过程中无法发现。

(3)可控列尾装置经常出现掉网现象。

可控列尾主机是通过GSM-R网络来完成各项工作的,但由于个别区段GSM-R网络通道覆盖面小,且GSM-R网络受气候条件的影响,列车主机会出现瞬间或长时间掉网的现象。

2011年1月6日,77003次列车运行至阳原—化稍营间列尾提示"注意连接",司机查不到列尾风压,向化稍营站进行了汇报,通过询问 GSM-R 网络中心得知信号不好,23:40 列车停于化稍营站 4 道,停车后查询列尾正常,0:05 开车。

2. 货流组织

在大秦线货源吸引范围内,煤炭产量大,来源和去向比较集中,十分有利于组织由装车地至卸车地间的直达运输,实现货源组织的集中化和规模化。大秦线货流组织以基地装车为主要形式,目前,在吸引区内已经建成了大量有整列装车能力的 1 万 t 和 2 万 t 基地,形成了规模化装车基地网络,绝大部分的大秦线发送量为基地装运量。单元万吨、组合 1 万 t 和 2 万 t 重载列车在卸车地整列卸空,回送至装车地后,在装车基地直接组织装车并直接发车,最大限度地实现车流与列流的有效对接,减少了货车装车后到技术站、编组站的集结改编作业环节,缩短了货物在装车地的待装、待运停留时间和在技术站的车流集结时间。

3. 车流组织

(1) 按班列化组织车流。

大秦线全部货物列车按班列化组织直达循环运输,通过组织专用车底从装车地至主要卸车地间循环拉运,实行固定发到站、固定发到时刻、固定运行线、固定车底不拆解,按煤种定向组织运输。车流排空后组织空车直达列车按原径路、在原分解站重新组合返回装车地。同时,积极组织港口返空货源,将京唐港到遵化地区的煤炭、矿石由公路改为铁路经迁曹线、大秦空车线运输,实现了大秦线的"重去重回"。

(2) 车流输送组织。

在质量方面,大秦线大量开行万吨、2 万 t 列车,试验完成 3 万 t 列车,扩大列车编组规模,增加货车质量。在速度方面,体现在通过优化机力配置,在提高限速区段限速值的基础上,提高了列车运行速度。目前大秦线开行的 2.1 万 t 列车编组 210 辆货车,重车方向的运行速度为 80km/h,日均开行 90 列左右,大秦线已经成为世界上年运量最大的重载铁路。

此外,还采取调整车流组织办法、畅通湖东枢纽等技术,取消 C_{63} 型、C_{76} 型、C_{80} 型专用车底在湖东一场的列检作业,缓解湖东站到发线不足的状况,提高湖东站办理万吨大列的能力。

4. 装车作业组织

大秦线煤炭来源广泛、煤种繁多、去向复杂,货流结构和规定去向不协调、煤种和港口要求不符都会加大秦皇岛港、京唐港、曹妃甸港等港口的待卸和调卸工作量,降低机车和车辆运用效率。针对这种情况,为加强港口的接卸组织、实时掌握港口的动态,大秦线对装车组织实行了菜单化管理,同时港务局对以往的菜单下达方式进行调整,由原来港务局根据港口垛位、存煤、船舶到港情况下达装车菜单,太原、呼和浩特铁路局集团公司按照运输组织方案和调整菜单安排装车,制定大秦线 2 万 t、1 万 t 装车点日历装车方案(以卸定装),改为结合各装车点存煤、煤种等情况共同确定菜单。

大秦线以菜单化装车组织为纽带,将集、疏、运紧密联系在一起,缩短车辆在港口停留时间,及时送重取空,提高港口作业效率,为集疏运一体化打下了较好基础。

5. 机车运用及乘务制度

(1) 延长机车整备距离,减少机车整备作业,同时可以实现机车不入折返段,在车站立折,提高了机车运用效率。

(2)贯通大秦线、北同蒲线、云支线(小站—燕子山)、大准线(大同—薛家湾)、口泉线(平旺—口泉)的机车交路,延长北同蒲线机车交路,减少换乘,如取消了大准—湖东、湖东—秦皇岛、云冈支线—大秦线3条主要线路机车的途中换挂作业,实行机车长交路。

此外,乘务员可以跨线跨局值乘;跨局机车实现互通,太原铁路局集团公司机车可以直接通至北京铁路局集团公司管内车站,呼和浩特铁路局集团公司机车也可以直通到湖东站;对局管内多线实施双司机配班、单司机值乘。

6. 施工组织模式

大秦线高密度开行1万t、2万t列车,因此,大秦线每年按连续50天、每天3h安排施工天窗点,进行立体化、多工种大型综合施工,创造了大运输、集中修的施工组织模式,有效维护了大秦线的基础设施。大运输、集中修的施工组织模式是为缓解线路施工、运输与安全间的矛盾,将线路全年的大中修施工任务最大限度地集中在最短时间内,根据各相关专业及施工项目之间的逻辑关系,制定施工组织方案,采用网络图安排组织施工,进行大规模、多工种平行作业的一种施工作业方式。大秦铁路的施工组织主要有以下模式:

(1)实行"天窗"集中修。

将大秦线全年综合大型施工集中安排在40~50个连续天窗内,每天进行180min立体化、多工种大型综合施工。

(2)采用施工分号运行图。

施工期间采用特殊运行图,工务、电务、供电系统平行作业,相邻铁路局集团公司"天窗"同步共享,可以组织大型施工机械集中施工,有利于施工队伍的大兵团作业,缩短施工周期和降低施工成本,最大限度地减少施工对运输的影响。

(3)采取超常作业组织办法。

施工期间采取区间坡度为6‰以下坡道停留列车、组织防溜大队协助司机对区间停留列车进行防溜作业、施工作业车连续放行进入区间等超常规运输组织措施和作业办法,高效率、高质量完成施工任务。

(4)组合安排多工种平行施工作业计划。

在施工组织中运用工程项目管理理论,充分考虑各相关专业及施工项目之间的逻辑关系,制定施工组织方案。

(5)多点、多级施工过程控制。

在施工组织中运用"施工网络图技术"安排施工任务,实现多点、多级施工过程控制和天窗点综合利用。

【视野拓展7-11】

大秦铁路的六个首次

(1)在世界上首次实现了机车同步操纵(LOCOTROL)技术和GSM-R技术的结合并成功应用于2×10000t重载组合列车上,解决了数台机车间通信距离限制的关键问题。

(2)首次实现采用两台和谐型大功率机车加可控列尾的方式开行2万t重载组合列车,是世界重载技术的又一次创新。

(3)在世界上首次实现了800MHz数据电台与LOCOTROL技术的结合并成功应用于大秦线4×5000t重载组合列车,使通信传输距离由450MHz的650m提高到800MHz的790m,

进一步拓展了 LOCOTROL 技术的应用领域。

(4) 首次采用单套 LOCOTROL 技术与 SS$_4$ 型机车结合，实现了主控机车双端同步操作控制功能，与国外 GE 公司推荐的方案相比，200 台 SS$_4$ 型机车设备改造节约资金 1 亿元。

(5) 首次采用了重载车辆及重载配套技术，为大秦线设计生产了载重 80t 的 C$_{80}$ 型重载货车。加装了 120-1 制动阀和中间牵引杆。在 SS$_4$ 型机车上加装了 E 级钢车钩和大容量弹性胶泥缓冲器，使纵向冲击力减小 35%。

(6) 首次采用机车自动过分相装置。自主研制的机车自动过分相装置确保了重载组合列车安全、平稳运行。

【拓展知识】

浩 吉 铁 路

浩吉铁路起自内蒙古自治区鄂尔多斯市，途经内蒙古、陕西、山西、河南、湖北、湖南、江西 7 个省(区)，终至江西省吉安市。全线设浩勒报吉南、延安东、三门峡西、吉安等 77 个车站。通道规划设计年输送能力 2 亿 t，建成运营初期年输送能力 1 亿 t。设计行车速度为 120km/h。

浩吉铁路线路、车站及设备情况如下：

(1) 铁路等级：国铁 I 级。

(2) 正线数目：浩勒报吉—岳阳段双线；岳阳—吉安段单线，预留双线技术条件。

(3) 最小曲线半径：一般地段 1200m，困难地段 800m。

(4) 限制坡度：浩勒报吉—纳林河，6‰；纳林河—襄阳，下行 6‰，上行 13‰；襄阳—吉安，6‰。

(5) 到发线有效长(度)：浩勒报吉—邓湖(襄阳)段 1700m；邓湖(襄阳)—吉安段 1050m，部分车站预留 1700m。

(6) 牵引种类：电力。

(7) 货车机型：HXD 系列。

(8) 牵引质量：浩勒报吉—襄阳段 1 万 t，部分 5000t；襄阳—吉安段 5000t。

(9) 闭塞类型：浩勒报吉—岳阳段自动闭塞；岳阳—吉安段站间自动闭塞。

(10) 在襄阳设置了襄州北万吨组合分解站，所有北线来的万吨列车均在襄州北站进行分解。

班级：_____ 姓名：_____ 学号：_____ 时间：_____

 任务实施

模块七 学习任务单

知识认知	1. 简要描述朔黄铁路线路概况。 2. 简述朔黄铁路的主要技术指标。 3. 简述朔黄铁路货源及集疏运情况。 4. 朔黄铁路列车牵引编组模式有哪几种？ 5. 朔黄铁路列车运行组织包括哪些方面？ 6. 大秦铁路线路有哪些特点？ 7. 简述大秦铁路的主要技术指标。 8. 简述大秦铁路的建设情况。 9. 大秦铁路的煤炭来自哪些地方？流向哪些地方？ 10. 大秦铁路列车的牵引编组形式有哪些？ 11. 大秦铁路的车流如何组织？ 12. 大秦铁路的装车作业如何组织？
能力训练	1. 请查找资料，描绘朔黄铁路的线路走向以及沿线站点。 2. 根据所学知识，简述朔黄铁路使用车辆的主要技术参数。 3. 请查找资料，在我国地图上标记出朔黄铁路的集疏运线路。 4. 请查找资料，在我国地图上描绘大秦铁路线路走向及沿线站点。 5. 请查找资料，在我国地图上标记出大秦铁路煤炭来源地点。

 **任务评价**

任务评价表

评价指标	组长评价	自我评价	教师评价
1. 知识学习效果			
2. 能力目标达成度			
3. 素质提升效果			
本模块最终评价			
个人总结与反思			

注：组长评价、自我评价、教师评价和本模块最终评价可采用等级表示，如优、良、中等、及格、不及格。

参 考 文 献

[1] 中国铁路太原局集团有限公司.重载运输技术管理规则[R].2021.
[2] 张巍.重载铁路煤炭装载系统与车站布局探讨[J].高速铁路技术,2017,8(6):50-55.
[3] 乔小平,王淑梅,杨瑞荣.神朔铁路重载运输中使用的机车技术[J].神华科技,2019,17(4):79-83.
[4] 蒋国良.提高点岱沟站装车组织能力及适应性分析[J].科技创新导报,2018,15(18):13-16.
[5] 周祥.港口卸车工艺中的抑尘技术[J].起重运输机械,2019(20):74-79.
[6] 冯卓鹏.重载运输卸车组织优化研究[D].成都:西南交通大学,2015.
[7] 樊运新.我国重载电力机车发展历程及思考[J].机车电传动,2019(1):9-12,22.
[8] 马孟祺.基于车站技术作业仿真的重载铁路车站通过能力评估与优化[D].北京:北京交通大学,2018.
[9] 王春毅.朔黄铁路量化开行2万t重载列车运输组织研究[J].中国铁路,2018(7):48-53.
[10] 王智业,张兵.重载铁路技术作业站图型研究[J].中国铁路,2019(6):71-76.
[11] 刘汉刚.大型底开门火车卸煤系统设计[J].煤炭工程,2016,48(4):33-35.
[12] 周祥.抑尘技术在黄骅港四车翻车机的应用[J].设备管理与维修,2017(13):71-74.
[13] 丁跃凡.散堆装铁路装卸场站型布置研究[J].交通世界,2021(1):31-33.
[14] 潘建勇.快速定量装车系统建设技术研究[D].唐山:华北理工大学,2019.
[15] 任智斌.大秦线重载运输卸车组织分析[D].成都:西南交通大学,2011.
[16] 钟铎.既有线重载运输安全保障问题研究——以呼和浩特铁路局为例[D].兰州:兰州交通大学,2015.
[17] 李跃虎.瓦日重载铁路长子南货运安全保障体系的实践与思考[J].河南科技,2018(13):109-110.
[18] 周峰.包神铁路重载运输组织关键技术研究[D].兰州:兰州交通大学,2019.
[19] 杨建兵.世界铁路重载运输现状及对我国的启示[J].中外企业家,2019(18):2.
[20] 李伟平.基于能力能耗协调利用的煤运通道列车组织优化[D].北京:北京交通大学,2020.
[21] 刘彦虎.国内外重载铁路技术发展研究[J].冶金经济与管理,2020(4):24-26.
[22] 田葆栓,魏鸿亮.基于工业4.0的铁路重载技术发展分析[J].铁道车辆,2020,58(10):9-12.
[23] 蒋国良.大准铁路货车装载加固技术研究与运用[J].科技资讯,2017(21):83-85,87.
[24] 袁立伟.重载铁路专用线装车方式的比选研究[J].山西建筑,2013,39(8):127-129.
[25] 田葆栓.在变化的世界中推进重载铁路技术和运营(续完)——第11届国际重载运输大会综述[J].国外铁道车辆,2019(2):1-5.